내 안의 징비록

역사로 바로보는
국가와 진정한 리더십

선영제 지음

borim snp
도서출판

프롤로그

저자는 제복을 입고 군(軍) 생활을 37년간 지냈다. 전역 후에는 대학 강단에서 8년 동안 학생들을 가르치면서 많이 배웠고, 전쟁기념사업 회장(3년) 시절에는 수많은 국내외 인사를 만나면서 많은 생각과 느낌을 받았다. 최근에는 한국군사문제 연구원에서 훌륭한 선후배, 안보전문가들과 충분한 대화와 토론의 시간을 가졌었다.

이러한 과정에서 국가와 역사, 안보 그리고 인생과 전란(戰亂)의 위기에서 나라를 구한 전쟁영웅들의 이야기를 생각하게 되었다. 이러한 내용들이 저자의 손주들과 다음 세대에게 하고 싶은 이야기를 정리하게 된 것이 이 책이 나오게 된 배경이다.

이 책을 통해서 젊은 후배들이 인생을 살아가는데 필요한 지식과 상식 그리고 지혜를 넓히고 나라의 주역으로 활동하는데 도움이 되기를 바라는 마음이다.

대한민국의 오늘의 분열과 갈등은 잘못된 역사인식에서 비롯되었다. 한 나라의 역사를 올바르게 기억하지 못한다면 그 나라는 분열될 수밖에 없다. 국사(國史)란 '국가의 역사'이다. 따라서 현대사는 당연히 국가 핵심과제인 안보와 경제 그리고 정치 등을 종합적으로 살펴보아야 한다. 역사는 선악평가 이전에 국민 모두가 우리의 것이라는 인식과 함께 계승하고 발전되어야 하는 것이 본류이며, 결코 청산과 타도의 대상으로 삼아서는 안 된다. 오늘날의 역사인식은 북한에서는 김일성 유일체제를 위해 통제로 일원화되었으나, 대한민국은 국가의 건국과 정통성에 대한 혼란으로 올바른 역사인식을 통한 사회통합이 긴요한 시점이다.

국가의 존재 목적은 생존과 번영에 있고, 위대한 역사는 위대한 국민에 의해 창조된다. 올바른 역사인식 없이 올바른 국가관이 형성될 수 없고, 불분명한 국가관으로 위대한 역사를 창조할 수 없는 것이다.
한국에 거주하고 재직중인 어느 미국인 교수는 우리가 이룬 대단한 업적은 '한(韓)민족'이 아니라 '대한민국'이 성취한 것이라고 지적했다. 오늘날 우리가 누리는 번영과 위상은 우리의 민족적 자질 덕분이기도 하지만, 그보다 더 한반도 남쪽에 거주해온 대한민국 국민의 체제선택과 함께 건국 후 피땀 흘려 이루어 낸 것이다. 오늘을 사는 우리는 자랑스러운 나라를 만들었다. 자긍심을 가져야 할 때다.

경제는 잘 사느냐 못 사느냐의 문제이고, 안보는 죽느냐 사느냐의 문제다. 안보는 국가의 생존과 발전의 최우선 과제이고 필수요소이다. 국가의 기능 중 가장 중요한 것이 국내외 위협으로부터 국가의 주권과 국민의 생명과 재산을 지키는 안보이다.

국방은 상대의 선의(善意)를 전제로 하는 것이 아니다. 상대의 악의(惡意)를 전제로 대비하는 것이 안보다. 오늘날 북한은 헌법에 핵 사용을 명문화하고 적으로 명시하고 있어 우리나라의 확실한 위협이다. 이에 대한 확고한 대책이 필요하다. 항상 강한 국방력을 준비하는 것만이 평화를 지키고 유지하는 최선의 길이다. 평화는 강력한 힘으로 지켜지는 것이다. 국력(힘)이 뒷받침되지 않는 주장은 광야의 외침일 뿐이다.

인생을 어떻게 올바르게 살아갈 것인지, 자기 철학을 분명히 세우는 것이 인생관이다. 인생을 어떤 관점으로 바라보느냐에 따라서 의미가 달라지고 뜻과 방향이 달라지며, 생각과 마음 그리고 자세가 달라진다. 사람들은 누구나 성공하고 행복하게 살고 싶어하며 더 나아가 의미 있고 보람 있는 삶을 살고 싶어한다. 성공은 준비된 자에게 주어지며 노력한 만큼 이루게 된다. 성공의 키워드는 '훌륭한 인성과 열정 그리고 창의력'이다. 성공은 매일 반복한 작은 노력들의 합(合)인 것이다.

동·서양의 병법에서 전쟁에서 승리할 수 있는 지혜를 배우고, 국가를 위기에서 구해 낸 전쟁영웅들로부터 교훈을 찾아내 전쟁에서 승리할 수 있는 능력을 갖추어나가야 한다.

이 책의 구성은 제1부 국가와 역사, 제2부 인생과 전쟁영웅으로 구분하였다. 제1부 1장에서는 역사를 왜 올바르게 알아야 하나라는 내용에 대해서, 2장에서는 대한민국의 정체성과 건국 이후 남북한 체제경쟁과 오늘의 대한민국의 위상에 대해서 살펴보았다. 3장에서는 나라를 지킨다는 것은 내 가족을 지키는 것이라는 것과 미·중 패권경쟁과 대한민국의 생존전략에 대해서 알아보았다. 제2부 4장에서는 인생을 어떻게 살 것인가와 인간관계와 말 그리고 사생관에 대해서 알아 보았다. 5장에서는 전쟁승리 조건과 국가를 위기에서 구한 위대한 전쟁영웅들의 전장 리더십에 대해서 살펴 보았다.

건강하고 건전한 시민이 많은 사회, 바르게 인생을 살고, 국가 및 사회의 리더들로서 구비요건을 고루 갖춘 구성원들이 많을 때 국가는 발전하고 번영할 수 있을 것이다.

이 책이 나오기까지 지도와 도움을 준 주변의 많은 사람들에게 진심으로 고마운 마음을 전한다. 특히 임종천, 정동한, 엄기학 장군 그리고 아내 鎔과 아들 종우 등의 도움에 진심으로 감사드린다. 또 출판을 기꺼이 허락 해주신 (주)보림에스엔피 황연하 사장님께도 감사를 드린다.

2024년 4월
남한산성 기슭 연구실에서 **선 영 제**

목차

프롤로그 002

1부 국가와 역사 이야기

1장. 역사를 왜 올바르게 알아야 하나
1절. 조선은 왜 망했나 ………………………………………… 012
2절. 구(舊)한말 서양인이 본 조선과 그들의 예언 ………… 021
3절. 한반도에서 벌어진 동북아 전쟁역사 …………………… 027
4절. 대한민국의 건국역사 ……………………………………… 037
5절. 역사 바로보기와 사회통합 ……………………………… 051

2장. 국가는 왜 존재하는가?
1절. 국가 정체성과 올바른 국가관 …………………………… 074
2절. 남북한 체제경쟁과 결과 ………………………………… 085
3절. 한국의 세계적 위상과 희망의 증거 …………………… 100
4절. 애국심이 나라를 지킨다 ………………………………… 109
5절. 대한민국을 진정한 선진국, 세계 선도국으로 만들자 … 114

3장. 국가안보가 왜 중요한가
1절. 국가안보 위협과 대비책 ………………………………… 126
2절. 한반도의 지정학과 생존전략 …………………………… 136
3절. 미·중 패권경쟁과 대한민국 생존전략 ………………… 142
4절. 나라를 지킨다는 것은 내 가족을 지키는 것이다 …… 152
5절. 징비록에서 유비무환을 배우자 ………………………… 160
6절. 호국보훈정신이 나라를 지킨다 ………………………… 168

2부 인생과 전쟁영웅 이야기

4장. 인생을 어떻게 살아야 하나

1절. 인생은 '살아가는 것'이 아니라 '살아내는 것'이다 ·············· 184
2절. 감사하면 행복해진다 ··· 201
3절. 인생에서 가장 중요한 것은 '인간관계'와 '말'이다 ·············· 222
4절. 삶과 죽음에 대한 생각 ·· 246
5절. 인생의 황금률과 실천해야 할 인생수칙 ··························· 261

5장. 위대한 리더들은 어떻게 위기에서 나라를 구했나

1절. 손자와 클라우제비츠 병법과 전쟁승리의 조건 ·················· 272
2절. 위대한 명장들의 전장리더십 ··· 290
    1. 이순신장군의 탁월한 리더십과 뛰어난 용병술 ·············· 290
    2. 춘천전투, 김종오 6사단장의 유비무환 리더십 ··············· 321
    3. 워커장군과 백선엽장군의 리더십 ······························· 328
    4. 지평리전투와 몽클라르 리더십 ··································· 335
    5. 베트남전의 영웅, 채명신장군 리더십 ··························· 341

에필로그 348

1부 국가와 역사 이야기

1장

역사를 왜, 올바르게 알아야 하나

1절. 조선은 왜 망했나
2절. 구(舊)한말 서양인이 본 조선과 그들의 예언
3절. 한반도에서 벌어진 동북아 전쟁역사
4절. 대한민국의 건국역사
5절. 역사 바로보기와 사회통합

1절   조선은 왜 망했나

조선이 왜 망했는가?

나라가 나라 구실을 제대로 못했기 때문이다.

망국의 책임을 묻지 않는 역사는 희망이 없다.

미래는 과거의 결산이다. 역사의 교훈을 망각하면 고통과 수모의 역사는 되풀이 된다.

외국인의 눈에 비친 대한제국은 열강의 침략에 대항할 군사력도 없었고, 외교 정책을 추진할 능력을 지닌 인재도 부족했다.

국가재정은 빈약했다. 누적된 악정(惡政)과 국제정세에 대해 무지했다. 조선이 망한 이유는 외부에도 있지만, 그 원인은 명백하게 내부에 있다. 부패하고 썩어 빠진 조선의 사회 시스템과 부패한 관리 그리고 양반 사대부의 탐욕이 조선 왕조를 필연적으로 망할 수밖에 없는 나라로 만들었다.

임진왜란과 병자호란을 자초한 죄과에 대한 책임을 회피한 조선의 사대부(소위 양반계층) 지도층은 주자학 일변도의 이념 독재를 통해 자신들의 죄업을 덥고 백성들을 압박하고 통제하는 수단으로 악용하였다.

다음에서 망한 원인에 대해 살펴 본다.

성리학의 폐해 : 실질보다 명분을 중시

조선왕조는 성리학[1]을 정치이념으로 내세우고 유교정치를 추구하였다. 유교정치는 덕치(德治)와 인정(仁政)을 근본으로 하는 왕도정치(王道政治)를 표방하였다.

성리학은 배타적 학문이다. 성리학을 제외한 다른 학문은 절대로 용납되지 않았기 때문에 발전이란 있을 수 없었다. 그들은 공자(孔子)를 섬기고 주희(朱熹)의 나라 송(宋) 나라와 중국 사람들까지 최고로 섬겼으니 사대주의(事大主義)가 극에 달했다.

16세기 이후 권력을 잡은 사림(士林)들이 주자가 만든 '주자가례'(朱子家禮)에 의해 허례허식적인 관혼상제(冠婚喪祭)에 매달리고, 남녀의 차별을 심하게 하였으며 자기 주장만 옳다고 하니, 이것이 붕당의 원인이 되기도 하였다.

무엇보다 성리학은 서민생활과 동떨어진 학문이어서 조선의 경제발전을 크게 저해하였으며, 새로운 문물을 받아들이는데 반대 입장이어서 근대화에 역행하였다. 한마디로 조선의 성리학은 조선의 근대화를 가로 막은 핵심적인 원인이었다.

주자학의 이념 독재가 조선사회에 미친 영향은 소중화(小中華) 의식으로 변화를 거부했고, 사회질서는 가부장제[2]의 강화로 사회 계층의 다양성을 상실했다. 농업을 숭상하고 상공업을 천시하는 사농공

---

1) 성리학은 12세기에 남송(南宋)의 주희(朱熹,1130-1200)가 집대성한 유교의 주류학파로서, 주희(주자)의 이름을 따서 주자학(朱子學)이라고도 한다.
2) 가부장(家父長)이 가족에 대한 지배권을 행사하는 가족 형태.

상(士農工商) 의식으로 상업자본의 형성과 발전에 결정적인 걸림돌이 되었다. 당파를 형성하고 권력을 장악하면서 내치(內治)와 외치(外治)를 소홀하게 되고 자당(自黨) 이기주의에 빠져 국정이 혼란해졌다. 이처럼 조선사회는 주자학 이념 독재로 역동성과 창의성을 잃어버리고 세계사의 주변국으로 전락했다.

조선은 성리학 이념과 당파이익에 따라 분열하면서 나와 생각이 다른 사람은 절대 용서하지 않았다. 대표적으로 선조 때 기축옥사(1589년)를 들 수 있다.

서인이었던 정철이 정여립 모반 사건을 수사하면서 동인 1,000여명을 처형했던 사건이다. 이후 서인이 장기 집권에는 성공했지만, 조선 사회의 유능한 인사는 절반이 괴멸되었고, 곧 이어 임진왜란(1592년)을 맞이하면서 나라는 결딴났다. 사회는 서로 다른 의견을 가진 사람이 공존하면서 다양성이 확보될 때, 비로소 깊이가 생긴다. 성리학의 폐해의 근본은 나만이 옳다는 편협함과 도덕사회 지향이었다.

임진왜란 때 국가가 나라를 지킬 힘이 없어 민초들이 일어나 위기에 처한 국가를 구하기 위해 목숨을 바쳐 싸웠던 의병들을 온갖 죄를 물어 처벌함으로써, 병자호란 때는 의병의 씨가 말랐다. 그래서 청(후금)에 삼전도의 치욕을 자초한 조선의 왕과 신하들은 참으로 한심하다.

남한산성에 포위 당한 채로 입으로만, 말로만 싸울 줄 알았지, 싸울 실력은 갖추지 못했다. 이러한 서인의 정치행태의 결과로 270여년 후 조선은 망했다.

부정부패가 만연해 나라 전체가 썩었다.

　관료를 뽑을 때 이념과 실무능력을 함께 고려한 조선 전기는 국정의 효율이 높았는데, 조선 후기는 관료 선발이 이념 일변도로 흘러 행정 능력을 갖추지 못했다. 16세기 이후 사림파가 집권하면서 이상적 관료형은 실무능력이 아니라 추상적인 이념으로 변화했다. 백성을 위한 정책에 관심이 없는 관료들은 권력과 이념 투쟁에 몰두하면서 백성의 삶과 직결된 행정은 아전과 서리의 손에 맡겨지면서 조선은 백성들의 피를 빨아먹는 기생충들이 만연한 부패의 나라가 되었고, 나라 전체가 썩었던 것이다.

　조선이 망하게 되는 또 하나의 이유는 '소년 왕과 외척의 득세'였다. 영·정조 시대에는 탕평책을 썼으나, 정조가 서거하면서 어린 순조에게 왕위를 넘길 때 안동 김씨 김조순에게 부탁, 세도 정치의 뿌리를 심어준 사람이 정조였다. 정조 이후 순조(11세), 헌종(8세), 철종(19세. 강화도 무지랭이 도령), 고종(12세) 등극으로 세도정치가 이루어지고 국가 경영은 외척에 의해 좌지우지되는 세도정치를 하게 되는 계기가 되었다. 조선이 망한 건 당파싸움 때문이 아니라 당파싸움마저 무력화시킨 세도정치 때문이었다. 나이 어린 왕들을 왕좌에 앉혀놓고, 실제 권력은 안동 김씨, 풍양 조씨 등이 세도정치를 했다. 비숍을 비롯한 다른 외국인들도 조선이 망했던 가장 중요한 원인으로 '관리들의 부정부패'라고 기록했다. 백성들에 대한 관리들의 수탈이 결국 조선인들의 활달한 생명력과 용맹성을 잃어버리게 한 중요한 이유라고 기록하고 있다.

헤세바르텍은 재판에서 필요한 것은 '아전의 언질'이었고, 그렇기 때문에 사건 자체보다 중요한 것은 '돈의 양'이었다. 1894년 조선 남부지역에서 대규모 농민봉기가 일어났던 역사적 사건인 동학란에 대해 다음과 같이 기술했다. "1890년대까지 관직은 2년 또는 3년 단위로 팔렸다. 이 기간이 끝나면 지역의 모든 관리들은 관찰사(현 도지사)에 의해 새로운 관리로 대체되었다. 하지만 거대하고 강력한 귀족 가문인 민씨 일가가 임기를 1년으로 줄이자, 관리들은 과거 2-3년간 해 먹은 것을 1년 동안 바쳐야 했고, 그렇게 착취는 더 가혹하게 이어졌다. 그러나 관리들도 넘어서는 안 되는 '선'이 있는데, 지난해인 1894년, 관리들이 이 '선'을 넘어섰고 백성들이 '봉기'를 일으켜 추방했다."고 했다. 조선이 망해가는 가장 중요한 원인은 바로 '관리들의 부정부패'라고 기록했다. 국가 시스템의 부패구조, 매관매직, 관료들의 착취, 지도자 계층의 리더십 결여 등이었다.

스스로 나라를 지킬 의지도 힘도 없었다.

조선 시대에는 왕권보다 신권(臣權)이 강한 기간이 많았다. 조선 중기 이후에 조선의 신하들은 자기 가문과 당파 이익만 앞세우고, 국가를 지키고 유지하는데는 관심이 없었다. 국가 지도자들은 국가를 지킬 의지도 힘도 없었고 국력을 키우지도 않았다. 숭문천무(崇文賤武) 사상과 상무정신(尙武精神)의 결여가 강병의 길을 막았고, 자주 국방에 대한 의지 자체가 없었고, 자기 나라 안위에 관한 문제를 중국에 의존하려 했다.

조선왕조를 통해 무관이 병조판서를 지낸 일이 거의 없으며, 김종서를 비롯한 토벌 사령관은 모두 문관이었다. 임진왜란이 끝난 뒤의 논공행상의 작록(爵祿)을 받은 인물 104명 가운데 무관의 숫자는 9명이었고, 김천일을 비롯한 고경명, 송상현, 김덕령은 공훈에서 누락되었다. 1882년 6월, 1년 1개월의 월급이 밀린 왕십리 가난한 군인들이 임오군란을 일으켰다. 권력, 돈을 모두 장악한 민씨 일가를 척결하기 위해 군인들이 들고 일어난 봉기였다. 조선 역사의 희귀한 사건이었다. 임오군란이 일어났을 때, 조선 정부는 청나라 군사를 불러 난을 진압했다. 왜 청나라 군대를 불렀는가. 조선에 군란을 진압할 수 있는 군대가 없었기 때문이다. 2년 뒤 갑신정변(甲申政變)때는 그 정변을 진압한 부대가 누구였나, 청나라 군대였다. 동학 농민군을 진압한 군대는 어느 나라 군대였나, 일본 군대였다. 왜? 조선에는 군대가 없었으니까. 그 숱한 전화(戰火)를 겪으면서도 유교 국가가 문민 우위의 원칙을 고수한 것은 참으로 놀라운 일이다.

    망국의 문제에서 또 하나의 큰 실책은 조선왕조에서 섬의 주민을 소개(疏開)하고 해안을 황폐하게 만든 이른바 공도정책(空島政策)이다. 단종 시대의 병조판서 조극관의 상소에 따르면, 당시의 위정자들은 해안방어를 포기하고 주민의 연안 주거를 금지하는 것이 왜구의 유혹을 막고, 모반도주의 탈루를 막는 길이라고 생각했다. 적어도 7세기 이후로는 반도로서 삼면이 바다였던 해양국가가 바다를 버린 것이 망국의 연장선상에 있다고 본다. 해방 이후 일본에게 대마도가 우리 땅이니 내놓으라고 한 것도 이 정책과 관계가 있으며, 독도문제도 마찬가지다. 이러한 정책의 오류가 다시는 있으면 안 된다.

지도자가 무능했고 국제정세에 무지했다.

　조선의 무능한 3대 왕으로는 임진왜란을 맞은 선조, 병자호란을 맞은 인조, 조선을 일본에 팔아먹은 고종, 그 중에서도 고종이 가장 무능한 왕이었다. 그래서 조선은 지도에서 사라졌다. 고종은 책임질 줄 모르고 아무것도 안하는 내로남불의 표본이었다.

　인조는 누구인가? 그는 직접 칼을 들고 반군을 이끌어 광해군을 몰아내고 왕이 된 사람이다. 반군 동지들에게 이리 치이고 저리 치이다가 '오랑캐' 청나라에 고개를 숙인 무능한 왕이었다. 박종인은 그의 저서『매국노 고종』에서 "고종은 외국 군대를 끌어들여 백성을 학살했다. 온갖 세금으로 백성의 삶을 피폐하게 만들었다. 국가자원을 팔아 자기 금고를 채웠다. 혁신을 거부하고 개혁세력을 몰살시키다 전투한번 치르지 않고 나라를 일본에 넘기다."라고 기술하고 있다. 지도자는 국가 경영에 대한 철학, 소신, 신념이 무엇보다 중요하다.

　국가 지도자의 존재 이유는 부국강병에 기반을 둔 생존과 번영에 있다. 고종은 부국을 하는 대신 자기 금고를 채웠고, 강병을 하는 대신 강병에 투입할 국가자원을 개인 호기심과 탐욕을 채우는데 소모했다.[3] 같은 시대에 이웃나라 일본의 지도자는 모든 기득권을 내려놓고 부국강병을 택했다.

　1907년 3월 주한 영국 총영사 헨리 코번(Henry Cockburn)이 영국외상 그레이(Edward Grey)에 보낸 연례보고서[4]에서 그는 "고종

---
3) 박종인,『매국노고종』(와이즈 앱, 2021). 13쪽
4) 한일합방전야, 월간『정경연구』, 1978.3-4

이 믿고 일을 맡길만한 사람을 식별해 낼 수 있는 능력이 부족하기 때문에 실정(失政)을 저지르게 된다."고 평가했다. 또한 "정보원들 간의 차이점을 구별하지 못하고 허위 정보를 쉽게 믿을 뿐 아니라, 정치 상황에 관한 전체적인 생각은 여러 해 동안 그에게 거짓으로 제출된 정보들을 기초로 하고 있다."고 평가했다. "정치적인 착각의 세계"를 가졌다는 것이 고종에 대한 코번의 평가였다. '정치적인 착각의 세계'에 살고 있다는 말은 미국 등 열강이 도와줄 것으로 믿고 있었음을 의미한다.

고종은 사람을 보는 눈이 없었고, 거짓 정보를 식별할 정보판단력이 없었다.

국제정세에 대한 무지로 국난을 초래한 사건들 중에서 헤이그 밀사 사건에 대해 알아본다. 1907년 3월 만주의 이권을 놓고 러시아와 일본 간에 비밀협상을 벌였으나 진척이 없었다. 이에 러시아가 조선과 일본이 맺은 을사조약 외교권 문제, 즉 '외교권만 가져간다고 해 놓고, 내정까지 간섭하고 있다'는 사실을 폭로해서 일본을 망신시키고자, 러시아가 공작한 것이 헤이그 밀사 사건의 본질이었다. 결코 조선을 위한 것은 아니었다.

일본의 부당함을 전 세계에 알리자는 니콜라이 2세의 감언이설에 속아 고종이 비밀리에 밀사 3명을 파견하였다. 밀사 도착 1일 전에 러시아와 일본 간에 비밀 협약이 체결되었다. '일본은 조선을, 러시아는 내몽고'를 차지하기로 합의한 후, 대한제국을 헌신짝처럼 버린 사례다. 여기에서 주목해야 할 점은 일본 정부에서는 조선의 곳곳에 심어 놓은 밀정, 간첩, 첩자 등을 통해 고종의 밀사 파견 과정과 전모를 상세히 파악하고 있었고, 때가 오기를 기다리고 있었다는 사실이다.

이 사건을 이용해 정미 7조약으로 연결되고, 내정 관련 경찰권, 조세권, 군사권을 통째로 가져가고 1907년 8월 1일 대한제국 군대를 해산했고, 7월 19일엔 고종을 강제 퇴위시켰다. 결국 한일 병합으로 이어져 조선은 지도에서 사라졌다.

이 사례는 러시아가 조선과 고종을 이용하고 농락한 사례였다. 그 당시 국제정세 흐름에 얼마나 무지했는가를 보여준 사건이었고, 그래서 조선은 멸망했다.

2절 구(舊)한말 서양인이 본 조선과 그들의 예언

17세기에서 1940년대 말까지 약 350여 년 동안에 서양인들의 조선에 관한 책이 400여 권이 발간됐다. 그들은 조선의 모습을 부정적으로 보기도 하였고, 긍정적으로 보기도 하였다. 그러면서 우리 민족의 저력을 발견하고 밝은 미래를 예언하기도 했다. 많은 여행가와 선교사들이 조선을 방문하고 기록을 남겼는데 그 가운데서 대표적인 기록은 다음과 같다.

먼저, 영국의 여성 지리학자인 '이사벨라 버드 비숍(Isabella Bird Bishop)'(1831-1904) 여사가 조선의 방방곡곡을 직접 발로 체험하면서 높은 통찰력과 연륜을 바탕으로 기술한 책이 바로『한국과 그 이웃 나라들(Korea and Her Neighbours)』[5] (1897)이었다.' 88 서울 올림픽 당시 엘리자베스 영국 여왕이 노태우 대통령에게 보낸 선물이 바로 이 책이었다. 이 책은 오늘날까지도 개화기 연구서로 높은 가치를 갖고 있다.

또한 오스트리아 출신의 여행가인 헤세 바르텍(Ernst Von Hesse-Wartegg)은 1894년 여름 조선을 방문해서 서울을 구석구석 돌아

---

[5] 비숍여사는 64세인 1894년 겨울과 1897년 봄 사이 4차례 한국을 방문했고, 11개월에 걸쳐 현장 답사를 하면서 한 체험과 관찰로 재현한 '100년전 한국의 모든 것'이다

다니면서 조선의 사회와 문화를 면밀히 관찰한 내용을 기록해 『조선, 1894년 여름(Korea, Eine Sommerreise nach dem Londe Morgenruhe 1894)』[6] (1895)란 책에 담았다. 이 두 가지를 포함한 서양인들이 남긴 기록을 종합하여 정리한 내용은 다음과 같다.

조선에 대한 인상

1894년 동학 농민운동과 청일전쟁이 일어난 비슷한 시기에 입국했던 비숍과 바르텍의 기록을 살펴본다. 비숍여사는 처음 조선을 방문했을 때는 여행한 나라 중 가장 재미없는 나라라는 인상을 받았고, 아울러 조선인들은 참신하다는 인상을 주었다고 했다. 그들은 중국인과도 일본인과도 닮지 않은 반면에, 그 두 민족보다 훨씬 잘 생겼다. 조선인의 체격은 일본인보다 훨씬 좋다. 성인 남자의 평균 신장은 163.4 센티미터이다.[7] 여자의 평균 신장은 확인할 수 없는데, 여자들의 모습은 땅달막하고 펑퍼짐하다. 그들의 가족생활은 대가족제이며 도덕적으로 지극히 건조하다.

인구는 1,200만에서 1,300만에 이른다. 인구 25만 명으로 추정되는 한양[8]엔 어떤 유적도, 도서관도, 문단도 없다. 공자의 사원을 제외하면 서울에는 어떤 공공사원도 종교도 없다.

---

6) 헤세바르텍은 28년간 세계 여행을 한 여행가였다. 조선의 제도와 문물에 대한 종합보고서이며, 사료적 가치가 높은 책을 저술했다.

7) A. B 스트리 플링씨가 1897년 1월, 서울지역에서 1060명의 성인 남자를 대상으로 재어본 값이다. 최대치 179.9센티미터, 최저치 145.2센티미터, 평균 163.4센티미터.

8) 1897년 1월의 비교적 정확한 인구조사에 의하면 서울은 도성 안 인구 144,626명, 도성밖 인구 75,189명 총 219,815명으로 조사되었으며 남자의 수가 11,079명 더 많았다.

헤세 바르텍의 기행문인 『조선, 1894년 여름』을 보면 당시 조선은 나라도 아니었다. 이렇다 할 산업 없이 농사와 고기잡이로 연명하는 나라, 도로가 없어 제물포에서 한양까지 산길이나 뱃길로 가야하는 나라, 열심히 일해 봐야 관리나 양반에게 빼앗기니 차라리 노는 것이 더 나은 나라라고 기록하고 있다.

군대에는 화포하나 변변히 없었고, 일본과 청나라 군사가 자기들 안방처럼 드나들어도 항의할 힘도 없는 나라. 당시 조선은 스스로 무너지고 있는 나라였다.

그는 생전 처음 본 서울의 기묘한 모습에 놀라지 않을 수 없었다. "땅바닥과 구분이 힘든 잿빛 초가지붕 1만개가 마치 공동 묘지처럼 다닥다닥 늘어서 있다. 도로도 없고, 나무들과 정원도 없다." 그가 남긴 서울에 대한 첫 인상이었다. "설상가상으로 가까이서 마주한 서울 거리의 풍경은 충격 그 자체였다. 도대체 사람이 살 수 없을 것 같은 무너져 가는 흙집들, 거리마다 가득한 온갖 쓰레기와 오물들, 또 여름철 흙집 안은 너무 더럽고 습하며 해충이 많은 탓에 조선 사람들은 모든 집안 일을 길거리에서 처리했고 밤이 되면 집 앞 땅바닥에 돗자리를 깔고 잠을 잤다."고 기록했다.

헤세바르텍은 조선 남성들의 일상모습에 대해 말하기를 "그들은 집안이나 집 앞에서 쪼그리고 앉아 담뱃대를 입에 물고 빈둥거리거나, 골목길 한 가운데 옹기종기 모여 앉아 놀거나 잠을 잤다." 일할 의욕을 상실한 채 누워서 담배만 피워대는 조선의 남성들에게 도무지 욕구라는 게 없어 보였다. 반면 "모든 노동은 여성들의 몫이다"라고 기록했다. 그는 나중에야 이 궁금증을 해소할 수 있었는데, 그가 조선의 사회정치적 상황 같은 조선 내부를 이해하게 되면서 부터였다.

다음은 조선의 군대 현황에 대해 비숍은 조선 군대는 러시아인에 의해 훈련되는 서울의 4,800명과 지방의 1,200명 그리고 두 대의 상업 증기선을 가진 해군으로 구성되어 있다고 기록했다. 헤세바르텍은 조선군대에 대해 다음과 같이 말했다. "병사들은 대부분 건강하고 우람하고 영양상태가 좋았다. 하지만 지휘체계나 규율이 없어 전쟁이 나면 도망친다. 조선군은 동학군에 쫓겨 달아났는가 하면 일본군이 왕궁을 점거했을 때도 놀라 달아나기 바빴다. 군대의 연대장급의 지휘는 무관이 아닌 문관이 겸하고 있었다. 200년 동안 평화로웠기 때문에 전쟁 경험을 할 기회가 없었다. 양반 계급에 속하지 않는 사람은 모두 병역의 의무를 진다.

비숍은 조선의 문화는 이원화되어 있다고 말했다. 교육받은 계층은 가능한 중국의 한문을 선호했고, 한국 글자인 '언문'은 중국고전을 유일한 교육으로 생각하는 식자층에서는 전적으로 무시되고 있었다. 식자층들이 쓰는 중국글자는 '한문'이라 불린다. 한국 민족은 동아시아에서 유일하게 자신들의 알파벳 '언문'을 보유하고 있다. 여인들과 아이들, 그리고 교육받지 못한 사람들만이 언문을 사용하였으나, 1895년 1월부터 관보(官報)는 한문과 언문을 혼용했다. 대부분의 외국 선교 단체들은 한문보다는 언문이 중시되었으며, 40년간 조선에 체류했던 선교사 제임스 게일은 『전환기의 조선』(1909)이란 저서를 남긴 그는 한글을 찬양했다. 한국인의 문자 해독수준은 상당히 높았다.

비숍은 조선 여성의 삶에 대해 사회적 멸시와 남존여비에서 오는 비애와 절망, 힘든 노동, 각종 질병, 부족한 사랑, 은둔 등이 그녀가 본 조선 여성의 삶이었다. 여자는 남자의 반려가 아니라 노예에 불과하고 쾌락이나 노동의 연장에 불과하며, 법률과 관습은 아무런 권리도 부여하지 않았다. 가정의 행복은 아내가 구할 수 있는 것이 아니었다. 조선 사람은 집(house)은 있으나 가정(home)은 없다고 했다.

또한 헤세바르텍은 "조선은 음주가무(飮酒歌舞)의 나라이며, 오락을 즐기는 민족이라 했다. 이들은 자신들만의 방식으로 즐긴다. 이들은 카드놀이, 야외놀이, 권투, 씨름, 연날리기, 활쏘기 등을 열정적으로 좋아한다. 음악적 관점에서 볼 때 조선인은 중국인이나 일본인 보다 훨씬 앞서 있다고 보았다.

조선의 미래에 대한 서양인들의 진단과 예언

100여년 전 '한강의 기적'을 예견한 비숍여사는 금강산에 들렸다가 만주, 연해주로 가게 되면서 고개를 갸우뚱 거리며 이상하게 생각한 것은 "조선 땅 조선인과 연해주 조선인은 왜 이렇게 다를까?" 연해주에 거주한 조선인은 잘 살고 있었다. 그녀가 내린 결론은 '나라가 썩었다'였다. 그 원인은 썩은 조선의 정치, 즉 무능한 왕, 양반, 지주, 관리와 수탈당하는 농민밖에 없었기 때문이었다. 열심히 일해 봤자 소용이 없었다. 왜냐하면 농산물 수확이 많으면 지주한테 뺏기고, 양반, 관리들에게 빼앗겼다. 열심히 일할 하등의 이유가 없었던 것이다. 조선의 기후는 풍부하지만 혹독하지 않은 강우량, 기름진 농토, 한국인은 길이 행복하고 번영할 민족임에 틀림없다. 그러나 불행히도 한국 국민의 잠재된 에너지가 사용되지 않고 있다고 했다. 한국은 '열등한 것'이 아니라 '다른 것'이라고 인식했고, 한국은 절대로 가난한 나라가 아니라는 비범한 인식을 제시했다. 비숍이 볼 때 조선이 잠재력을 현재화(顯在化)하고 부유한 나라가 될 조건인 공평성과 사회적 정의가 존중받도록 만들고, 지배층에 의한 착취를 금지시키고, 무엇보다도 사유재산이 보호되게 만드는 것이었다.

  비숍여사는 조선을 떠나면서 "조선 민족은 지도자만 잘 만나면 엄청난 잠재력을 폭발시킬 능력 있는 민족"이라고 말하였고, 헤세바르텍은 "조선인들의 내면에는 아주 훌륭한 본성이 있다. 진정성 있고 현명한 정부가 주도하는 변화된 상황에서라면 이들은 아주 짧은 시간에 깜짝 놀랄만한 것을 이루어낼 것이다"라며, 그들은 '세계 10위권의 대한민국'의 오늘을 예언했다.

3절   한반도에서 벌어진 동북아 전쟁역사

한반도 지정학을 역사적 관점에서 살펴본다면 14세기 후반부터 20세기 초(初)까지 한반도에서 일어난 전쟁의 공통점은 조선의 정책이나 백성들의 잘못이나 실책하곤 상관없이, 주변국들 사이에서 힘의 교체시 생기는 영향력으로 불똥이 튀어 한반도가 희생되었던 사건들이다.

한반도를 중심으로 일어난 동북아전쟁에서 한반도는 항상 전쟁의 중심에 서 있으면서 극심한 피해만 입어왔다는 사실이다. 대륙세력의 힘이 커지면 해양세력을 공격하고 해양세력의 힘이 커지면 대륙세력을 공격할 때 전쟁 당사국 보다 오히려 한반도의 피해가 극심했다. 원·일(元·日)전쟁, 임진왜란, 병자호란, 청일전쟁, 러일전쟁 그리고 6.25전쟁에 대해 살펴보고자 한다.

원·일전쟁(元·日戰爭)

원·일전쟁은 여·몽 연합군과 일본 간의 싸움이다. 몽골의 쿠빌라이 칸이 고려까지 복속시키고 일본까지 속국화 하겠다고 생각하고 1270년 쿠빌라이가 사신을 일본에 보내 "고려도 항복해서 잘 사는데, 일본도 우리 밑에 와서 잘 살아라"고 편지를 보냈는데 일본은 거절했다.

이에 1274년 11월 24일 여·몽 연합군(28,000-30,000명)이 1차 일본 정벌전을 벌였다. 쓰시마 고모아, 이키섬 전투에서 탐색전을 실시하고 함대가 합포(현 마산)로 철수 귀환했다. 원래 몽고군 전술은 먼저 탐색전투를 한 후 본 전투는 두 번째 전투에서 시행하였다.

2차 일본정벌은 1275년 원(元) 나라 사신이 일본에 도착했는데, 이 사신을 처형했다. 그래서 해군인 강동군(江東軍) 10만의 병력과 3,500척 함선으로 항주에서, 고려 해군은 동로군(東路軍) 4만의 병력과 900척의 함선이 합포(마산)에서 준비한 후 쓰시마, 이키섬, 아카타, 히라도, 다카시마에서 전투를 했다.

1,2차 공격에 참가한 고려의 김방연 장군은 날이 어두워지니까, 우리가 교두보를 확보하고 있으니, 여기를 지키면서 밤을 지내자고 하였으나 상관인 몽골사령관이 배로 돌아가 쉬자고 하면서 모든 배를 합판으로 흔들리지 않도록 묶어 연결하여 바다위에 고정하고, 전 병력을 배로 올라오게 하였다.

몽골군은 육전엔 강했으나 해전엔 약했다. 그런 상황에 8월 13일 밤에 엄청난 태풍이 몰아치면서 배 위에 탄 병사들은 전멸을 했고, 간신이 살아남은 사람들은 뭍으로 돌아왔으나, 일본인들은 이들을 죽이거나 포로로 하였다. 이 때에 분 태풍을 신풍(神風), 즉 가미가제라고 한다.

일본 사람들은 여·몽 연합군이 침공해 왔었다는 기억이 일본인의 안보관 확립에 크게 기여하였다. 원(元) 나라 같이 큰 힘을 가진 세력이 중국 대륙을 장악하면 고려를 이용하여 반드시 쳐들어온다는 고

정관념이 일본인들의 머릿속에 확고하게 각인되었고, 지정학적 관점에서 일본인들의 안보관은 이때 확립된 것이다.

임진왜란(1592-1598)

임진왜란은 일본의 전국시대(1467-1615)를 통일한 도요토미 히데요시가 1590년에 일본이 명(明)을 치려고, 조선한테 길을 내달라고 하면서, 1592년에 일으킨 전쟁이다. 전쟁을 일으킨 자는 바로 도요토미 히데요시이며, 그의 죽음으로 인해 전쟁이 끝났다.

임진왜란의 국제정치학적 본질은 중국(당시 명) 못지않게 16세기 중엽부터 국력이 커졌던 신흥 강국 일본이 기존의 패권국인 명나라에 도전하는 과정에서 선택의 기로에 서 있던 조선이 명나라 편에 섰다가 일본에게 당한 사례라고 볼 수 있다.

명나라는 조선의 간청으로 참전하긴 했으나, 목적은 일본군이 북상하면 자국에 대한 위협으로 판단하고 자기나라 땅을 전쟁터로 만들지 않는 것이었다. 1592년 여곤(呂坤)(1536-1618)이 명의 신종황제에게 일본군이 압록강을 넘어 오기 전에 명나라가 개입해야 된다는 상소문을 올렸다.

한반도에 가장 큰 전투는 항상 평양에서 이루어졌다. 제1차 평양성전투(1592년 7월)는 일본이 승리하고, 제2차 평양성전투(1593년 1월)는 명(明)이 승리했다. 이때 조선은 "명나라가 일본군을 조선에서 몰아내 줄 것이다"라고 기대했다. 그러나 명나라는 일본군과 전쟁이 아니라 협상을 통해서 해결하겠다고 일방적으로 선언을 했다. 명나라 군대는 1598년 도요토미 히데요시가 죽어서 일본군이 철수할 때까지 싸우지 않았고 그냥 일본군을 견제할 뿐이었다. 심지어 명나라는 조선군이 후퇴하는 일본군을 공격하는 것까지 막으려했다. 이 순간부터 조선은 과연 명나라가 우리를 도우러온 지원군인지, 자기들 국익을 일방적으로 관철시키기 위한 점령군인지 혼란스러웠다. 이후 명·일간에 지루한 휴전 협상이 시작됐다.

실제 전투기간은 1년 6개월에 불과하고, 나머지 5년여는 강화 교섭이 전개되었고, 그동안 조선의 전 국토는 피폐화화 되고 백성의 고통은 헤아릴 수 없었다.

임진왜란 3년 후 공신 책봉을 하는데 선조는 임진왜란의 승인(勝因)은 '명나라 원군'때문이라고 선언했다. 자신의 권위를 만회하기 위해 역사를 왜곡한 선조, 선조의 왜곡으로 당시 조선에 친명주의가 형성됐다. 임진왜란은 조선의 수많은 사람들의 의지와 분투가 모여 극복한 전쟁이다.

이름 모를 의병들이 전국 각지에서 일어나 나라를 지켰는데 남녀노소가 없었다. 이처럼 무신과 의병의 공이 컸으나 일등공신의 대부분을 선조를 따라 의주까지 호종(扈從)한 호종공신에 수여되어, 의병의 공을 무시한 결과 병자호란 때는 의병의 씨가 말랐다.

임진왜란의 교훈은 준비되지 않은 전쟁 상황에선 엄청난 피해를 감수해야 했다. 임진왜란의 결과 일본과 중국의 왕조가 교체되었다. 1603년 도요토미 가문의 몰락, 1644년 임진왜란 때문에 국력이 약해져 만주에서 일어난 후금(후에 청)에 의해 명(明) 나라가 망했다.

병자호란

　임진왜란이 1598년에 끝나고 38년만인 1636년(인조 14년)에 병자호란(1636.12.14 - 1637.1.30)이 일어났다. 임진왜란이 병자호란의 씨앗이었다. 임진왜란 당시 국력의 공백이 생긴 만주 일대에 누르하치(중국 청나라 창건자) 세력이 급성장했다. 이 누르하치가 왜란 이후 여진의 대부분을 통일하여 세운 나라가 후금이다. 당시 조선은 명과는 군신(君臣)관계, 후금과는 형제(兄弟)관계였다.
　1636년 7월, 후금이 명나라와 최종 결승전을 앞두고 조선으로부터 뒤통수를 맞을까 우려했던 청나라 황제가 "명이냐, 후금이냐?"고 조선의 선택을 강요했고, 최종적으로 조선은 명을 선택했다. 청의 2대 황제 홍타이지가 조선에 침공하여 군신관계를 요구하면서 피할 수 없었던 후금의 침략이 병자호란이다.
　인조 정권은 조선왕을 책봉해주는 명나라에게 철저하게 기울어지는 친명정책으로 돌아서게 됐다. 그런데 문제는 당시 '명(明)은 망해가고 있었고, 만주의 후금(후에 청)은 떠오르고 있었다.' 인조정권은 국제정세에는 관심이 없었고, 정권유지에 급급했던 인조, 친명정책의 부작용으로 후금과는 관계 악화의 길을 걸었다.
　조선의 관료들은 후금과 명나라의 관계에서 두 나라 모두와 좋은 관계를 유지하려고 노력했다. 그 노력이 6-7년(1627-1633) 정도는 성공을 했다. 옛날이나 지금이나 자신을 둘러싸고 있는 복수의 강대국들과의 관계를 약소국이 아무리 잘 지내려고 노력을 해도, 강대국간의 문제로 그 노력이 수포로 돌아가는 상황이 생기기 마련이다. 둘러싸고 있는 강대국들끼리 서로 싸우게 되는 상황이 벌어지면, 끼어있는 약소국은 어느 순간에는 한 나라를 선택할 수밖에 없다. 바로 조선이 그랬다.

병자호란은 떠오르는 강대국과 지는 강대국 양자를 조정할 능력이 안 되면, 최대한 전략적으로 대처해야 하는데 그러지 못했던 참극이었다. 병자호란의 역사적 교훈은 힘이 뒷받침 되지 않는 명분은 아무리 훌륭해도 공론에 불과하다. 국방력 강화와 튼튼한 안보만이 국가를 지킬 수 있다는 사실이다. 소설가 김훈은 그의 소설 『남한산성』에서 "주전파의 말은 실천 불가능한 정의였으며, 주화파의 말은 실천 가능한 치욕이었다."고 갈파했다.

한반도의 자존과 번영, 동아시아의 평화를 유지하려면 세상 변화를 못 읽으면 반드시 패자가 된다는 사실로 기억해야 한다. 정권안보와 국가안보를 착각하지 않는 양식과 혜안을 가지고, 안보에는 여·야가 따로 없고 국민이 하나 될 때만이 생존할 수 있다는 것을 가르쳐 주고 있다.

청·일전쟁/러·일전쟁

청·일, 러·일전쟁은 우리에겐 너무나 아픈 역사임에도 불구하고 국민은 물론 학계에서도 관심이 소홀한 불행한 역사였다. 두 전쟁은 제국들이 조선의 지배권을 놓고 벌인 전쟁으로 조선은 전쟁 당사국이 아니면서 남들의 전쟁이 이 땅에서 벌어진, 그러면서 피해를 가장 많이 본 우리로서는 억울하고 분할 수밖에 없는 '이상한 전쟁'이었다. 두 전쟁의 결과로 청(淸)은 1912년에 멸망하였고, 조선은 일본에 강제로 병합되었다.

　19세기 말(末)에서 20세기 초(初)에 이르는 시기는 제국주의 각축이 벌어진 시기였다. 동북아시아에서 그 대표적인 전쟁이 바로 1894년의 청·일전쟁과 1904년의 러·일전쟁이다. 동아시아 국가 간의 최근 현안인 중·일간의 센카쿠 영토문제, 독도의 일본 주장, 일본의 한국 식민통치, 두 개의 중국, 한반도 분단의 원인, 위안부 등의 문제들은 120여년 전 청·일전쟁과 러·일전쟁에서 비롯된 것들이다. 청·일전쟁은 1894년 2월의 동학 농민군의 1차 무장 봉기진압을 빌미로 같은 해 6월경 조선의 영토로 진입한 청국군과 일본군 사이에 시작되었다. 청국과 일본이 우리나라 땅과 바다에서 벌어진 전쟁으로 결국 청국이 패배하여, 일본의 시모노세끼에서 청·일 양국 대표가 강화조약을 맺음으로써 종결됐다. 이 전쟁에서 승리한 작은 섬나라 일본은 동아시아 중심국가로 부상함과 동시에 구미 국가들과 같은 제국주의 열강의 반열에 오르게 되었다. 반면 청국은 제국주의 열강의 먹이가 되었다. 또한 일본은 청·일전쟁의 결과로 조선에서 절반의 승리를 거뒀으며, 일본은 여세를 몰아 대만을 무력 점령함으로써 오늘날 '두 개의 중국'이라는 갈등을 만들었다.

　일본수상 이토 히로부미와 청나라 이홍장이 시모노세끼에서 1895년 4월 17일 '시모노세끼조약(중국명 '마관조약')'에 조인했다. 조약 내용은 청국은 조선이 독립국임을 인정하고, 일본에게 배상금으로 2억량을 지불하며, 요동반도의 할양과 함께 대만 본토 및 부속 도서와 펑후열도(이 중에 센카쿠열도 포함)를 '영원히 일본에 양도한다'는 것이었다. 오늘날의 센카쿠 영토문제는 이때 비롯된 것이다.

청·일전쟁이 조선에 미친 영향은 지대했다. 청·일전쟁에서 승리한 일본은 조선을 식민지처럼 취급하고, 내정개혁에 강제로 압력을 가했다. 경부선, 경인선 부설권과 50년 관리권을 취득하였다.

러·일전쟁의 발발은 1904년 2월 8일 일본해군이 인천항에 정박중인 러시아 해군을 공격하였고, 같은 날 밤 뤼순에 있던 러시아 함대에 공격을 가함으로써 전쟁이 시작되었다. 러·일전쟁의 근본적인 원인은 청·일 전쟁 후 일본이 요동반도를 할양(割讓)한 것을 3국(독일, 프랑스, 러시아) 간섭으로 일본이 청에 반환하게 되자 일본은 이를 용납하지 않고 다음 전쟁을 준비하였다. 3국 간섭이 "일본인의 가슴에 깊은 복수심을 안겨 주었다. 10년 사이를 두고 벌어진 청·일전쟁과 러·일 전쟁은 별개의 전쟁이 아니라 한 꾸러미(package)였다. 러·일 전쟁(1904.2-1905.9) 중인 1905년 2월 일본은 러시아 함대의 남하를 감시하는데 필요한 군사적 가치를 지닌 '독도'를 시네마현에 강제로 귀속시켰다. 1905년 3월 지상에서 벌어진 러·일전쟁의 최대 격전장이었던 펑텐에서 일본이 승리하였다. 5월에는 동해 해전에서 러시아의 발틱함대를 격파하였다. 러·일 전쟁의 성격은 일본으로서는 사활을 건 사즉생(死則生)의 전쟁이었고 러시아는 마음 내키지 않은 전쟁이었다. 이 점이 전쟁의 승부를 갈랐다.

루즈벨트 미국 대통령은 1905년 9월 5일 미국 해군의 군수기지가 있는 동부해안의 작은 도시 포츠머스에서 러·일 양측이 조약을 체결하도록 하였다. 조약 내용은 '대한제국이 일본의 영향권 하에 있으며, 러시아는 여기에 간섭하지 않겠다'는 것이 가장 중요한 결정 사항이었다. 대한제국이 일본의 세력권에 포함된다는 즉, 대한제국이 일본의 식민지 국가란 마지막 봉인이었다. 이와같이 국제적 승인을 최종적으로 봉인한 조약이 바로 포츠머스 조약이었다. 그리고 나서 을사보호조약(1905년 11월 17일)을 체결하고, 외교권, 군사권을 일본이 조선으로부터 박탈해갔다.

6.25 전쟁(한국전쟁)

6.25전쟁은 공산주의 팽창정책과 이를 저지하기 위한 자유민주주의 정책의 충돌이 원인(遠因)이었다. 미국의 새로운 강적으로 등장한 소련이 힘을 키워 1948년부터 동유럽지역으로 세력을 확장시켜 나가고, 1949년에는 중국 대륙이 공산화되었다. 당시 국제정세의 가장 큰 변화는 소련 세력의 강화와 중국의 공산화였다. 1949년 동북아시아 지역은 한국과 일본을 제외하고 모두 공산진영이 점령한 상태였다.

미군이 한국에 단 한명도 건너오기 전에 소련 군대가 평양, 개성까지 내려 왔다. 소련이 아시아 대륙을 차지하려면, 반드시 일본까지 점령하여야 했다. 놀랍게도 미국이 이를 막는다. 미국은 한국의 중요성을 몰랐고 전략적 가치를 낮게 평가했다가, 6.25전쟁을 통해서야 한국의 중요성을 알게 되었다. 왜냐하면 일본을 지키려면 한국의 공산화를 막아야 된다고 생각하면서, 일본을 지키기 위해 미국은 결단을 내린다. 김일성의 남침에 의해 한반도에서 한국전쟁이 터지니까, 공산주의 팽창을 막는 것을 우선순위로 정한 미국은 일본을 전쟁배상문제를 풀어주고 돕기 시작했다. 어제의 적이 오늘의 우군의 되는 아이러니기도 하였으나, 공산주의 팽창을 막는 국익이 최우선이었다. 그래서 한국전쟁이 한창이던 1951년에 샌프란시스코 강화조약(제2차 세계대전의 종료를 위해 연합국이 일본과 맺은 평화조약)을 통해서 미국은 일본을 동맹국으로 삼았다. 이것이 지정학이다.

　6.25전쟁이 일어난 직접적인 배경은 1949년 10월 1일 중국 대륙에 중국 공산국가가 성립되어 공산화 되었고, 1950년 1월 12일 미국의 애치슨 선언에서 한국이 제외되었다. 이러한 공산세력의 팽창에 힘입어 김일성은 스탈린, 모택동에 지원 요청을 하여 3자 합동으로 남침을 개시했던 것이다. 이는 흐루시초프 회고록 등 소련의 각종 자료들이 공개되면서 6.25전쟁은 스탈린의 승인과 마오쩌둥의 지원 하에 김일성 주도로 일으킨 남침전쟁이었다는 사실이 명백하게 밝혀졌다. 6.25전쟁은 미·소 냉전 시대에 일어난 최대의 전쟁이었으며, 제한전 성격을 지녔다. 6.25 전쟁 후 이승만 대통령이 주장하여 한·미 상호방위조약을 체결함으로서 대한민국의 안보 버팀목이 되었다.

　한국전쟁의 교훈은 내가 내 운명을 지켜내지 못하면 남이 내 운명을 결정한다는 것이고, 자유는 결코 공짜로 주어지는 것이 아니라는 것이다. 국민들의 희생과 노력만이 자유를 보장한다는 것이다. 6.25전쟁은 한국 현대사의 가장 큰 비극이었지만, 동시에 한국 국가발전의 결정적 계기가 된 전쟁이다. 6.25전쟁을 거시적으로 보면, 6.25전쟁을 통해 한국의 역사는 선진 해양 문화권에 편입되었고, 자유세계의 일원이 되어 서구식 민주주의와 시장경제체제를 모델로 하여 본격적인 국가 발전을 도모하게 되었다. 국가정체성을 확립하는 결정적인 계기가 되었고, 우리 역사상 최초로 대규모 현대식 군대를 갖게 되었다.

4절   대한민국의 건국역사

대한민국의 건국역사에 대해 논란이 있다. 역사에 대한 정확한 인식 부족으로 심지어 대한민국 자체를 부정하는 시각도 있어서 건국 이전의 국제정세와 분단 배경, 대한민국의 건국역사를 정확히 이해할 필요가 있다.

건국 이전의 국제정세

한국이 일본의 식민통치를 받고 있었던 시기에 한국의 독립을 최초로 언급한 '카이로선언(Cairo Declaration)'이 있었다. 이에 대한 배경과 내용에 대해 살펴본다.

2차 세계대전(1939-1945)의 판세가 연합국측에 유리하게 진행되고 있던 시기에 세계지도자들은 세계대전의 수행과 전후처리 문제를 사전 협의하기 위해 두 차례의 회담을 가졌다.

첫 회담은 1943년 11월 22일에서 27일까지 미국 프랭클린 루스벨트(Franklin D. Roosevelt) 대통령, 영국 윈스턴 처칠(Winston Churchill) 수상, 중화민국 장제스(蔣介石) 총통의 세 연합국 수뇌가 이집트의 수도 카이로에서 회담(Cairo Conference)을 개최했다. 이

때 핵심논의 사안으로 대일전(對日戰)에 서로 협력할 것을 협의하였고, 일본이 패전했을 경우를 가정하여 일본의 영토처리에 대하여 연합국의 기본방침을 결정하였다. 이러한 방침은 1943년 11월 27일 카이로에서 조인되어 1943년 12월 1일 '카이로선언'으로 발표되었다. 이 카이로선언 ⑤항에 최초로 한국 독립에 대한 '특별조항'을 넣어 한국의 미래에 대하여 언급하고 독립을 보장하는 국제적 합의를 하였다. 그 내용은 "현재 한국이 노예상태에 놓여 있음을 유의하여 앞으로 적절한 절차에 따라 한국의 자유와 독립을 줄 것이다."(…in due cource Korea shall become free and independent…)라고 한 것이다. 이 선언 내용은 1945년 7월 26일 '포츠담선언'에서 재확인 되었다.

또한 세계 2차 대전 막바지인 1945년 2월에 열린 얄타(Yalta Conference)회담9)은 한반도에 결정적 영향을 미치게 된다. 루스벨트, 처칠, 스탈린의 3거두 회담에서 루스벨트는 미국이 일본을 점령하려면 미군 사상자가 100만 명에 이를 것으로 예상하고 소련에게 대(對) 일본전 참전을 간청했다. 루스벨트의 절박한 심정을 간파한 스탈린은 소련군 점령지역인 동유럽에서 소련의 지배권을 요구했고, 또한 러일 전쟁 당시 러시아가 일본에 빼앗긴 권리의 회복을 요구했다. 루스벨트가 이에 모두 동의하였다. 또한 3거두는 카이로 회담시 합의한 한반도 신탁통치를 재확인 함으로써 소련이 한반도 문제에 직접 개입할 수 있게 되었다.

---

9) 얄타회담: 1945년 2월 4일부터 11일까지 소련 흑해 연안에 있는 크림반도의 얄타에서 미국, 영국, 소련의 수뇌들이 모여 나치 독일의 제2차 세계대전의 패전과 그 관리에 대하여 의견을 나누고, 향후 대일본전의 소련참전 문제가 토의되었다.

스탈린의 입장에서 보면 북한은 '전리품'에 불과했기 때문에 소련의 위성 국가로 만드는 것은 너무나 당연했다. 소련군은 북한 점령과 동시에 일방적으로 38선을 봉쇄하는 등 처음부터 한반도 분단정책을 노골화했다. 그들은 8월 24일에 경원선을 끊었고 그 다음날 경의선마저 차단하여 남북 간 사람과 물자의 왕래를 막았다. 9월 6일에는 남북 간 전화선과 통신선마저 끊었다.

미국, 소련, 영국의 외무장관들은 제2차 세계대전 전후(戰後) 처리 문제를 논의하기 위해 1945년 12월 16일부터 25일까지 소련의 모스크바에서 회동했다(모스크바 3국외상회의). 그들은 12월 28일 "한반도의 각 계층이 참가하는 민주적 임시정부를 수립하고, 이 정부와 협의하여 미·영·중·소 4개국이 최대 5년간 신탁통치를 시행하며, 이를 추진하기 위해 미·소 공동위원회를 설치한다."고 결정했다.

그러나 한반도 문제를 미·소공동위원회를 통해 해결할 수 없었고, 4개국 회담에 회부할 수도 없었기 때문에, 1947년 9월에 미국은 이 문제를 유엔에 이관했다. 이 같은 조치는 한국문제를 해결하려는 궁여지책이기도 했지만, 남한에서 미군을 조기에 철수시키기 위한 방편이기도 했다. 이처럼 미국의 한반도 정책이 표류하고 있는 동안 소련은 북한에 강력한 공산정권을 수립했다. 미국의 한반도 정책의 실패라고 볼 수밖에 없다. 미국이 자신의 힘을 과신하는 동시에 소련의 의도를 과소평가했기 때문이다.

제2차 세계대전 이후에 소련과 미국이 잘 협력하여 세계 질서를 이끌어 갈 줄 알았는데 세계전략에 큰 변화가 일어났다. 2차 세계대전 이후에 소련이 점령한 지역은 차례대로 공산화가 되었다. 동독, 폴

란드, 루마니아, 유고, 체코, 발틱 3국이 공산화되었다.

　이번에는 그리스와 터키를 공산화하기 위해 공산 게릴라에게 자금과 무기를 지원해주는 상황이 발생하였다. 이에 미국의 트루먼 대통령이 이건 아니라고 판단하고 1947년 3월에 "너희들 지금부터 단 한 발짝이라도 더 공산주의를 확산하는 일이 벌어지면 그쪽에 가서 봉쇄를 해버리겠다"고 하는 '트루먼 독트린(Truman Doctrine)'을 발표했다. 소련이 영토를 확장하고, 접경지역에 '우방국가'를 수립하고, 미국은 자유선거를 통해 자유롭게 통상할 수 있는 개방국가가 되기를 원하는 이 두 목표가 충돌하면서 미국과 소련 관계가 악화됐다. 이에 따라 미국의 세계전략은 공산주의 봉쇄전략을 추진함으로써 '냉전'으로 전환되었다. 공산주의 팽창정책에 봉쇄정책으로 대응하게 된 것이다.

　이러한 상황을 이승만은 미국이 소련의 공산주의 팽창정책에 대응해, 전면전도 불사하겠다는 것이 미국의 정책이다는 세계정세의 흐름임을 읽고, 남한만이라도 빨리 UN의 힘을 빌려, UN의 권한을 가지고 대한민국을 세우는 것이 최선의 길이라고 생각하게 되었다. 소련이 2차 세계대전 이후 소련에게 점령당한 동구권 나라들이 공산화되는 과정을 보면 다음과 같다.

소련 점령지역 공산화 과정

1. 토지개혁-지주숙청
2. 좌우합작-연립정부수립
3. 연립정부 내 우익인사 적폐청산 명목으로 제거
4. 친소 단일정권수립-공산당 정권수립

먼저 토지개혁을 실시하여 지주를 숙청하고, 공산당과 여타 정당이 합당(좌우합작)하여 연립정권을 출범시키고, 연립정권 내 우익인사들은 투옥, 감금, 암살, 사고사와 도덕성, 여성편력, 부패 등 적폐청산 명목으로 차례로 제거한다. 살아남은 자들은 소련 친화적인 공산주의자들뿐이다. 공산당원으로 친소 단일정권을 수립하고, 그 후 정당이름을 공산당으로 개명하고 공산당 단독정권을 수립했다. 이러한 과정은 북한의 공산정권 수립에도 예외는 아니었다.

한반도 분단 배경

한반도 분단은 우리 민족에 치명적인 사건이다. 한반도 분단은 근본적으로 한반도를 분할 점령한 미국과 소련의 한반도 정책에 대한 이해 없이는 분단의 진실을 알기 어렵다. 한반도 분단은 민족 내부의 분열 때문에 일어난 것이 아니다. 2차 대전 직후 시작된 민주진영과 공산진영간의 냉전(冷戰)의 산물이다. 특히 2차 세계대전 직후 소련군이 점령한 국가들은 모두 공산화되었으며, 북한은 예외가 될 수 없었다. 과거 분단의 원흉이 미국과 이승만인 것으로 오해되었으나, 소련의 붕괴 후 비밀문서 공개로 인해 소련과 김일성이 분단의 원흉으로 밝혀졌다.

런던 전승국 외상회의에서 미·소가 격돌(1945.9.15-10.2)했다. 스탈린은 홋가이도(북해도) 북부할양, 지중해 항구인 리비아 트리폴리를 요구하였으나, 미국, 영국에 의해 거부되었다.

자신의 요구가 거부되자 스탈린은 1945년 9월 20일에 '북한에 단독공산정권 수립'하라는 극비 지령을 내렸고, 이에 따라 '북조선 임시위원회'(1946.2.8.)를 수립하였으며, 이는 실질적인 북한정권 수립으로 당시 조치내용을 보면 화폐개혁, 토지개혁, 은행설립 등을 시행하였다.

1993년 2월 26일 일본의 마이니찌 신문은 스탈린이 '북한 단독정부 수립'을 지시했다고 보도했다. 그런데 우리 학계나 교과서에는 이런 내용에 대해 일체 언급이 없다.

1945년 9월 20일 스탈린은 소련주도로 총사령관 바실레프스키(Alexandr M. Vasilevsky) 앞으로 "북한에 반일적인 민주주의 정당 및 조직의 광범한 블록(연합)을 기초로 한 부르조아 민주주의 정권을 수립하라"는 암호지령을 발송했다.[10] 해방 된지 불과 한 달 후에 내려진 스탈린의 지령이 결정적인 원인이 되었다.[11]

뒤 이은 1945년 12월 25일자 '북한의 정치상황'이라는 제목의 슈킨 보고서는 소련군 총 정치국장 슈킨(Joseph Schkin) 대장이 외무장관 몰로토프에게 보낸 문서에서 "스탈린의 9월 20일자 지령문에 따라서…한반도 북측 지역에 소련의 정치·경제·군사·사회적 이익을 …영구히 지킬 인물들로 구성된 정권을 구축하기까지"라고 적시하고 있다.

미국이 38도선을 제안에 대해 알아보면 다음과 같다. 히로시마 원폭 공격 후 소련은 일본에 선전포고를 했다. 1주일 전쟁으로 만주, 북한을 점령했다. 이때 미군은 한반도와 1,000km 떨어진 오키나와에

---

10) 일본의 '마이니찌 신문'이 1993년 2월 26일 보도. 암호 전문은 기밀분류를 최고 수준인 '최고기밀'로 분류됨.
11) 이정식, 『대한민국의 기원』, (일조각, 2011). 189쪽.

진주하고 있었다. 소련이 남쪽으로 내려오자 이에 놀란 미국이 이를 막을 방법을 찾던 중, 과거 1896년과 1900년 일·러의 협상안이었던 38도선과 39도선의 협상안을 찾아내고, 38도선을 미국이 소련에 제안해서 소련이 이를 수용함으로써 소련군의 남하를 저지했다. 38도선 제안이 없었다면 소련군 단독으로 한반도 전체를 점령했을 것이고, 한반도는 공산화되었을 것이다.

미국 측이 38도선을 제안하고, 소련 측이 이를 수용함으로써 38도 경계선이 획정되었다. 이를 두고 분단의 원흉은 미국이 38도선을 그었기 때문이라고 주장하는 세력이 있다. 만약 미국이 38도선을 제안 안 했으면 부산까지 소련군이 차지했을 것이고, 그러면 한반도는 공산화되었을 것이다. 이게 어떻게 분단의 원흉인가. 분단의 원흉은 따로 있었다. 자기들이 분단시킨 것을 뒤집어씌우기 위해 미국을 바보같이 만든 전략이었다.

한반도 전체가 공산화 위험성이 높아지자, 이승만은 이에 반발하여 1946년 '정읍발언'을 했다. 1946년 2월 8일 38도선 이북에 '북조선 임시 인민위원회'라는 공산단독정부를 수립했다. 남한에서 좌우합작이 추진되면 북한 공산세력과 남한 공산세력이 힘을 합쳐 한반도 전체가 공산화될 가능성이 높았다. 이를 간파한 이승만은 난국을 타개하기 위한 승부수로 1946년 6월 3일 소위 이승만의 '정읍발언'인 "무기 휴회 된 미·소공동위원회가 재개될 기색을 보이지 않으며, 통일정부를 고대하나 여의치 않으니, 남한만이라도 임시정부 혹은 위원회 같은 것을 조직하여 38도선 이북에서 소련을 철퇴하도록 세계 공론에 호소해야 한다."며 남한만의 임시정부(단독정부) 수립 의사를 밝혔다.

공산주의자들이 이승만의 정읍발언을 문제 삼고 분단의 원흉이라고 공격하는 것은 북한이 이미 '정읍발언' 4개월 전에 '북조선 임시인민위원회'라는 공산단독 정부수립을 속이며 감추고 그 모든 죄를 이승만에게 뒤집어씌우고, 자기들이 그 곤경에서 벗어나려는 전략이었다.

소련이 망(亡)한 다음에 미국에 있던 한국인 이정식박사가 소련에 가서 문서를 뒤져 확인해 보니까, 1945년 9월에 소련이 북한을 점령하자마자 1개월도 안 돼서 스탈린이 '북한에 공산국가를 빨리 세우라'는 지령을 내린 것을 확인했다. 그게 한반도의 분단원인이었다. 소련이 망(亡)하고, 자료가 공개됨으로써 소련이 분단의 원흉인 것이 확인되었다. 이승만이 분단의 원흉에서 벗어나게 되었다.

대한민국의 건국

대한민국이 언제 태어났는가. 당시의 국제적 환경과 한반도의 상황을 고려하여 객관적인 입장에서 살펴본다.

1945년 8월 15일 일본은 태평양 전쟁에서 미국에 항복했다. 미국의 승리 덕분에 우리는 일본의 식민지로부터 해방됐다. 자력으로 나라를 되찾은 것이 아니었다. 한반도 남쪽을 관할하는 통치권은 승전국인 미국이 접수했다. 그래서 그날 남한에서 미군정이 시작됐다.

해방이 되고 3년간 미군정을 거치면서 천신만고 끝에 1948년 8월 15일에 대한민국 정부가 수립되었다. 그날 자정을 기해 남한의 통치권은 미군정으로부터 명확하게 대한민국으로 넘어왔다. 하지 미군정 장관 대신 이승만 대통령이 대한민국의 국민을 대표해 주권을 행사하기 시작했다.

대한민국의 건국은 해방으로부터 시작해 미군정이란 과도기를 거치면서 1948년 5월 10일 선거를 통해 구성한 국회에서 7월 17일 제정한 헌법, 그 헌법에 따라 8월 15일 수립한 정부가 출범하는 과정으로 이루어져 있다.

대한민국 건국의 의의(意義)는 첫째, 건국으로 인해 '국민'이 주인이 되는 국가, 즉 '국민국가(nation-state)'가 형성되었다는 사실이다. 서구의 여러 나라들이 수세기에 걸쳐 이룩한 국민국가를 우리는 이에 대한 경험이 전무(全無)한 상태에서 과거의 봉건적 왕조 국가로 회귀하지 않고 새로운 세계로 나아갈 수 있는 국민국가를 건설한 것이다. 두 번째는 대한민국이 자유민주주의와 시장경제를 근간으로 하는 국가체제를 선택했다는 사실이다. 우리가 지금 누리고 있는 자유, 평등, 인권 등의 기초가 건국과 함께 우리 역사에서 처음으로 실현되기 시작한 것이다.

건국과정을 이해하는데 알아야 할 사항 중 하나로 해방 후 남한(해방공간)에서 공산주의자들이 득세하게 된 이유를 살펴본다.

먼저, 조선총독부는 조선에 거주하는 일본인(76만명-79만명)의 안전을 위해 우파인 송진우에게 통치권 인수를 제의했으나 거절했다. 왜냐하면 먼저, 상해임시정부에서 받아야한다는 것이었고, 다음엔 만약 받는다면 대한민국의 법통이 조선 총독부가 되기 때문에 불가하다고 하였다. 그러자 좌익인 여운형에게 제의했고 수락했다. 송진우는 거절하고 여운형은 덜컥 받았던 것이다.

1945년 8월 15일 여운형은 정권 이양조건으로 엔도 류사큐 정무총감에게 정치범 석방(1만여 명), 식량 배급권을 요구했고, 이를 수락했다. 또한 아베(일본 총독)로부터 2천만 엔(현재가치 20억-30억 상당)의 자금을 받아 전국 145개 시, 군 단위 인민위원회를 조직하여 행정을 관장하고 자경단(自警團)을 편성하여 치안을 장악한 가운데 세력을 확대했다. 이에 따라 8월 16일 사상범 1만여 명이 풀려났다. 여운형은 건국 준비위원회를 만들었으나 박헌영이 주도하는 공산당에 흡수당했다. 소련 점령군은 화폐개혁을 통해 새 지폐를 발행하면서 북한에서 통용되던 화폐를 회수하고 개성 점령시 은행에서 강탈한 막대한 현금으로 남한의 공산주의자들에게 내려보내 신문사, 영화관 등을 매입하고 공작활동자금으로 사용했다.

당시 북한에서 진행되고 있었던 내용을 살펴보면 1945년 9월 20일 스탈린의 '북한단독정부수립' 비밀지시가 극비리에 이루어졌다. 1945년 11월에는 '흑백함 선거'를 통해 대의원(국회의원 해당) 237명을 선출하고, 1946년 2월 1일에는 대의원 회의를 열어 '북조선 인민위원회'를 발족시킴으로써 북한 공산정권수립이 사실상 완료되었다. 1946년 2월 8일 '북조선 임시위원회'가 수립되어 강력한 정부만이 할 수 있는 공산화 조치를 단행했다. 10개 부처로 된 정부조직과 공산주의 공안기관 설치(2.10), 토지개혁 실시(3.5), 중앙은행 설립과 화폐발행(7.1), 주요산업 국유화(8.10) 등을 실시했다.

그럼에도 소련 군정과 김일성 집단은 남한에 분단의 책임을 전가하기 위해 대한민국 정부수립보다 3주 늦은 1948년 9월 9일 '조선민주주의 인민공화국'의 수립을 공식화한 것이다. 일반적으로 공산세력은 자기들의 잘못을 상대방에 뒤집어씌우는 흑색선전 또는 마타도어(Matador) 수법에 능하다. 또한 근거 없는 사실을 조작하여 상대방을 모략하여 궁지에 빠뜨리는 흑색선전도 잘한다. 그것은 바로 공산혁명 전략의 일부이기도 하다.

북한이 친일파를 철저히 청산했다고 주장하는 사람들이 있지만 북한에서 진행된 친일청산은 체계적인 법령은 물론 청산에 관한 기록도 없다. 북한에서 말하는 '친일청산'이란 공산혁명에 회의적인 세력을 배제하기 위한 수단으로 활용되었을 뿐이다.[12]

이승만정부의 초대내각은 항일독립운동을 했던 사람들로 구성되어 있어 항일민족내각이라 할 수 있지만, 김일성 정권에는 상당수의 친일인사가 포함되어 있었다.[13]

1946년 조선 임시 인민위원회가 발표한 '20개조 정강'에는 친일잔재의 철저한 숙청을 내세우고 있지만 실제로는 친일인사를 포함하여 지주, 상공인, 기독교인, 지식인 등 공산정권수립에 반대하거나 장애가 되는 사람들을 모조리 숙청했다. 그러나 북한은 친일파라 하더라도 공산혁명노선에 동조하던 자들은 등용했다.

북한에서 친일파를 청산하고 항일민족세력이 건국을 주도했다고 주장하는 것은 남한을 전복하기 위한 선전선동의 일환일 뿐이다. 북한은 이렇다 할 경력이나 업적은 없던 32세의 김일성의 정통성을 부각시키기 위해 항일투쟁과 친일파 청산을 과장하는 한편 대한민국의

---

12) 류석춘.김광동, "북한 친일청산론의 허구와 진실", 『시대정신』 58호(2013.봄), 244-252쪽.
13) 김충남, 『한국현대사』, (기파랑, 2016), 101쪽.

정당성을 훼손하기 위해 친일파 정권이라고 선전한 것이다.

  소련식 공산당 국가를 만들려는데 반대하는 반공주의자들은 '친일파'로 몰아 제거하라고 소련이 북한에 지령을 내렸다. 이에 따라 남한에도 소련 지령을 받아 이승만을 친일 프레임으로 공격한 게 박헌영이었다.

  1947년 9월, 미국 합참은 주한 미군을 가능한 한 빨리 철수하기로 결정하고, 한국문제를 1947년 10월 28일 유엔에 상정하였고, 11월 14일 유엔 총회 본회의가 열려서 '유엔 감시 하에 인구 비례에 의해서 남북한 총선거' 실시를 결의했다.

  1948년 1월에 '유엔 한국 임시위원단'이 서울에 파견되어 조사한 결과 남한지역은 동의하였고, 북한지역은 소련이 거부함에 따라 유엔본부에 훈령을 요청하였다. 유엔이 다시 결의를 해서 그러면 "유엔의 감시가 가능한 지역만이라도 선거를 실시하라"라는 유엔의 결의에 의해서 5월 10일 제헌의원 선거가 이루어졌다. 이때 소련이 방해하지 않았다면 분단이 되지 않았을 것이다. 따라서 분단의 원흉은 소련이었다고 말할 수 있으며, 이것이 역사적인 사실이다.

  이러한 5월 10일 선거를 저지하기 위한 투쟁 일환으로 남로당 제주도당이 무장폭동(제주 4·3사건)을 일으켰다. 남로당의 극렬한 반대 투쟁에도 불구하고 전체유권자의 96.4%가 등록하고 등록유권자의 89.7%가 투표하는 등, 선거는 성공적으로 이루어졌다. 제주도에서는 북 제주일원이 인민유격대의 통제 아래에 있었기 때문에 제주

의 3개 선거구 중 2개 선거구에서 선거가 이루어지지 못하였다.[14]

대한민국 정부수립을 위한 선거는 절대다수의 유권자가 자유롭게 투표권을 행사함으로서 대한민국 정부는 확고한 정통성을 가지게 되었다.

1948년 5월 31일 역사적인 제헌 국회가 개원됐다. 국회는 7월1일 국호를 대한민국으로 정하고, 6월 3일부터 헌법 제정 작업에 착수하여 7월 17일 헌법을 채택했다. 7월 20일 국회는 이승만 박사를 대통령으로 선출했고, 이승만은 24일 대통령으로 취임한 후 8월 4일까지 행정부 구성을 완료했다. 그리고 8월 15일에는 대한민국 정부수립 선포식을 거행했고, 정부는 이날 밤 자정을 기해 미군정으로부터 통치권을 인수했다. 이로써 우리나라는 주권을 상실한지 38년 만에 독립국가로 출발하게 되었다.

민주공화국인 대한민국의 건국으로 모든 사람들은 조선시대의 백성도 아니고 일제의 신민(臣民)도 아닌, 대한민국의 국민이 된 것이다. 이로써 모든 국민의 평등한 권리가 보장되는 근대적 개인이 탄생한 것이다.

대한민국의 건국과정에서 이승만 건국 대통령의 역할은 지대했다. 이승만은 조지 워싱턴 대학에서 학사를, 하버드 대학에서 석사를, 프린스턴 대학에서 박사학위를 받았다. 미국 주류 사회에서도 이런 인재는 드물었다. 그는 세계적인 두뇌요, 인재였다. 같이 수학했던 사람들이 당시 미국을 움직이고 있었다. 훌륭한 인맥을 갖고 있었고, 이들

---

14) 김충남, 전게서, 95쪽.

과 교류를 통해 미국의 국제 및 세계전략을 감지하고 활용하였다.

이승만이 없었다면 대한민국 또한 존재하기 어려웠을 것이고, 공산화되었을 것이다.

이승만 대통령의 건국과정은 건국전쟁이자 건국혁명이었다. 당시 국내 공산주의 세력이 정세를 장악하고 있었고, 공산주의와 사회주의가 무엇인지도 모르는 백성들, 국내의 타협 용공세력, 권력지향적인 우파세력과 북한의 무력 후원을 받는 방해공작(4·3폭동), 미국 국무부의 친소 좌파세력, 무능한 미군정 등과 피나는 투쟁을 벌이지 않을 수 없었다. 건국은 쉽게 이루어진 것이 아니다.

대한민국은 1948년 8월 15일 건국되었다. 주한 미군은 1949년 6월 30일 철수했고, 철수한지 1년 만에 6.25남침이 일어났다.

이승만 대통령은 미국이라는 나라의 본질과 힘을 이해하고 있었다. 미국을 활용하여 대한민국을 건국했고, 국가안보의 기초를 마련했으며 민주주의와 자유주의의 터를 마련했다.

벼랑 끝 외교정책의 효시는 이승만 대통령이고, 미국에 호통친 대통령이다. 그래서 미국에서 제거하려고(Operation Ever Ready)까지 했던 인물이다. 뼛속까지 반일이었던 이승만을 친일로 매도하는 인간들은 모두 김일성을 추종하는 종북주사파들인 것이다. 이승만이 죽어야 김일성이 살기 때문이라고 생각하는 사람들이다.

5절 역사 바로보기와 사회통합

대한민국의 오늘의 분열과 갈등은 잘못된 역사인식에서 비롯되었다. 한 나라의 역사를 다르게 기억한다면 그 나라는 분열될 수밖에 없다. 국사(國史)란 '국가의 역사'이다. 따라서 현대사는 당연히 국가 중심과제인 안보와 경제와 정치 등을 종합적으로 살펴보아야한다. 역사는 계승되고 발전되어야 하는 것이며, 결코 청산과 타도의 대상은 아니다.

20세기 국제정치에서 두각을 나타낸 영국의 전 수상인 처칠은 "역사를 공부하라, 역사에서 배워라. 국가 운영의 모든 비결은 역사 안에 있다.(Study history, Study history. In history lies all the secrets of state craft)"라고 강조했다. 우리 모두가 명심하고 새겨야할 명구(名句)이다.

국민 모두가 정신 차리고 단합하여 사회통합을 이루고 한국을 '동방의 등불'에서 나아가 '세계의 등불'로 만드는데 국민이 하나가 되어야 한다. 우리가 올바른 역사의식을 갖기 위해 역사란 무엇이며, 역사인식과 현대사 논쟁의 쟁점사항 그리고 사회통합을 이루기 위한 올바른 역사의식 제고 방안에 대해 살펴본다.

역사란 무엇이며, 왜 배워야만 하는가?

영국의 역사학자 E. H. 카(1892-1982)는 그의 명저(名著)인 『역사란 무엇인가(What is History)』에서 역사란 역사가와 사실 사이에서 끊임없이 이루어지고 있는 상호 작용의 과정으로 "현재와 과거와의 끊임없는 대화"라고 하였다.[15] 그는 "역사는 현재를 거울삼아 과거를 통찰하고 과거를 거울삼아 현재를 바라보며, 과거와 현재와의 대화를 통해 더 나은 미래를 창출하는 수단으로서 파악되어야 한다."라고 말했다.

우리가 역사를 배우는 목적은 지나간 과거의 역사를 통해 교훈을 얻고, 거기에서 오늘보다 더 나은 미래를 만들기 위함이다.

역사가 현재와 미래에 쓸모가 없다면 역사란 도대체 무슨 소용이 있겠는가? 역사의 중요성에 대해 이스라엘의 사례를 살펴본다.

이스라엘 야드바셈의 홀로코스트 추모관장인 로비트 로제트는 "역사관은 미래관이다. 하나의 작은 사건이라도 국민이 서로 다르게 기억하고 있다면 그 나라 앞날은 분열입니다. 같은 곳에 서 있어야 같은 곳을 봅니다. 그래야 나라에 힘이 생깁니다."[16]라며 무엇보다 국민 사이에 통일된 역사의식을 가지는 것이 중요하다고 강조했다. 그러면서 "이스라엘은 서로 다른 역사관을 갖지 않도록 학교에서부터 군대, 직장에 이르기까지 다양한 경로로 역사교육을 반복했다."고 말했다. 우리 모두가 새겨듣고, 반드시 기억해야 할 내용이다.

---

15) E.H.카 지음/김승일 옮김.『역사란 무엇인가』(범우사, 2012). 53쪽.
16) 노석조 특파원, '예루살렘' 조선일보, 2015. 8. 15.

한·중·일 역사관과 국내 좌·우익 역사관

역사 인식이란 무엇인가. 역사를 사실(史實)로만 이해하려 한다면 상식의 선에서 머문다. 사실(史實)은 결과일 뿐이기 때문이다. 어떤 결과가 나오기 위해서는 그에 따르는 배경이 있기 마련이고, 그 배경을 정확하게 이해해야만 결과에 대한 승복이 가능해진다. 역사인식은 역사정신과 상통한다.[17]

역사의식이라 함은 '두려움을 아는 것'이다. 결국 역사를 두려워하는 것이 역사의식이다. 오늘 내가 하는 일과 오늘의 내 모습을 역사가 어떻게 기록할 것이고 후세가 어떻게 평가할는지 '의식'한다면, 정치가도, 관료도, 경제인도, 심지어 범부(凡夫)조차도 한 번 더 옷깃을 여미지 않겠는가. 그렇게 되면 우리 사회, 내일의 우리나라가 그만큼 더 나은 모습이 되지 않을까. 역사는 이것만으로도 그 존재 가치가 있다. 한국의 현대사를 이해하기 위해서, 먼저 '민족'이란 용어에 대해 이해가 필요하다.

민족이란 무엇인가

지구상에는 어느 국가를 막론하고 단일 혈족은 없다. 우리민족은 바이칼호, 고비사막, 티베트, 인도, 중국 등 지역에서 한반도로 들어왔다.

원래 '민족'이란 단어는 19세기 중반까지 우리나라는 물론 중국, 일본 등 한자 문화권에서는 쓰이지 않던 말이었다. 특히 우리나라에

---

17) 신봉승, 『국가란 무엇인가』(청아출판사, 2011). 36쪽.

선 3·1 운동 이전에는 쓰이지 않던 생소한 단어로 독립을 외치고 일어난 3·1 운동 이후 '애틋한' 감성을 품은 단어가 됐다. 이 단어는 서양말인 '네이션(nation)'을 일본인이 고민 끝에 '민족'이라 옮겼고, 자연 민(民)이라는 한자 때문에 '핏줄을 공유한 공동체'로 해석하게 된 것이다. 그러나 이 말이 유래한 서양에서는 워낙 핏줄이 복잡하게 뒤엉켜 있어서 네이션(nation)이란 말은 정치적, 문화적인 공동체를 의미하는 것이지 혈연개념은 포함되지 않았다. 다만, 네이션의 개념이 '언어, 신화, 역사를 공유하는 공동체'이기 때문에 근대에 와서 국민국가체제가 대세로 자리잡아가면서 '네이션=국민(國民)'을 의미한다고 보는 것이 정확하다.[18)]

베네딕트 앤더슨은 그의 저서 『상상의 공동체』에서 "근대 국가 울타리 안에서 운명을 함께 한다고 믿는 집단, 그들이 만든 상상의 공동체가 바로 민족(nation)이다."라고 했다. 이념이 다르고 추구하는 바가 다른데 운명을 함께할 수 있고, 민족 공조가 가능할지 의문이 된다.

한국은 국가 정체성과 민족 정체성 간 충돌이 세계에서 가장 극단적으로 나타나고 있는 나라이다. 북한에서는 이론(異論)의 여지없이 김일성체제의 정당성을 강요하는 세뇌 교육을 해 왔지만, 이와 대치하고 있는 우리나라는 현대사교육과 체제이념교육을 소홀히 함으로써 자유민주체제와 국가정체성이 명확하게 확립되지 않았고 우리나라에 대해 부정적으로 보는 사람이 많다. 우리 민족이 오랫동안 단일

---

18) 이원복, 전 덕성여대교수, '민족', 국방일보, 2011.5.17.

민족 국가로 살아왔기 때문에 민족정체성과 국가정체성을 혼동하는 경향이 있지만, 그것은 엄연히 다르다. 하나의 민족이 여러 국가를 형성하는 국가가 많고, 하나의 국가가 여러 민족으로 이루어진 경우도 많다. 해외동포들이 우리나라에 대해 소속감과 자부심을 가진다면 그것은 민족정체성이지 국가정체성이 아니다. 반면 우리나라 사람과 결혼하여 한국 국민으로 살고 있는 사람은 출생국의 민족정체성을 가지고 있으면서 한국에 대한 국가정체성도 갖게 된다. 중국의 조선족은 우리와 같은 민족임은 분명하나 대한민국 국민은 아니다.

한·중·일 역사관

한국역사에 관한 안목을 넓히기 위해서 한·중·일 3국 사이에 존재하는 뿌리 깊은 역사관의 차이에 대해 알아본다.

먼저, 중국의 역사관은 '전통(傳統)'을 강조한다. 바깥에서 들어온 문물이라도 '그것은 본래 중국에 있었다.'는 식이다. 중국이 이민족(異民族)에 의한 정복 왕조의 역사도 자기네들의 정사(正史)로 기술하고 있는 것은 흥미로운 대목이다. 몽고족이 세운 원(元) 나라는 13세기 중반부터 97년간 중국대륙을 석권했다. 이후 등장한 명나라가 채 300년을 지속하지 못하고 멸망한 뒤. 만주족이 세운 청나라가 276년 동안 중국대륙을 지배했다. 그리고 국민당 정권에 이르러 비로소 한(漢)족이 중국대륙을 되찾게 된 것이다. 지금 중국이 지향하고 있는 대국주의의 이면에는 분열과 이민족 지배의 두려움이라는 역사적 콤플렉스가 작용하고 있다. 고구려를 굳이 자국사에 편입시키려는 동북공정의 의도도 이런 맥락이다.

다음은 일본의 역사관이다. 일본의 역사관은 '화(和)'의 사상으로 표현된다. 현재의 상황이 잘 수습되기만 하면 과거가 어떠했건 무슨 상관이냐는 식이다. 제2차 세계대전 패전 후 진주한 미군에게 언제 그들과 싸웠느냐는 듯이 복종해 버리는 게 일본이다. 일본인의 의식 속에는 '대세(大勢)'와 '시류(時流)'의 역사관과 일체화되어 '승자가 정의다' '큰 나무에 기대어' 등의 속담이 깊이 스며들어 있다. 일본인의 역사관은 '대세사관'이라고 할 수 있다.[19]

마지막으로 한국인은 '정통(正統)'을 따지고 그것을 지향한다. 한국인은 '역사 바로 세우기'와 '역사인식'을 중시한다. 한국인의 역사관은 '정통사관'이라고 볼 수 있다. 동북아지역에서 국가 간 통합력이 약한 이 지역에서 역사 문제는 국제정치의 상수로 자리 잡고 있다.

한국 내 좌·우파의 역사인식

남북한의 역사인식의 틀은 남한에서는 역사를 실증성, 주체성, 과학성, 실효성에 의하여 인식하고 있다. 반면 북한에서는 유물사관과 주체사상이라는 두 개의 축을 중심으로 전개되어 왔다.[20] 우리 현대사는 국제적 기준으로 보면 성공한 역사임에 틀림없지만, 일부 우리 사회의 인식은 매우 부정적이다. 이것은 심각한 모순이 아닐 수 없다. 국가발전에 성공했다면 그 역사는 결코 잘못된 역사라 할 수 없다. 단지 잘못된 시각으로 보기 때문에 잘못된 역사로 인식되는 것이다.

먼저, 좌파사관으로 민중사관, 민족사관, 민주사관을 들 수 있다.

---

19) 김용운, 『풍수화』(맥스미디어, 2014). 144-47쪽.
20) 강인구. "역사분야 총론", 『북한의 연구 성과분석』(한국정신문화연구원, 1991). 3쪽.

①민중사관(民衆史觀)이다. 마르크스의 사관, 즉 민중사관은 역사 발전의 주체는 '민중'이라고 주장한다. 이 사관은 광주 민주화운동과 제5공화국 등장으로 저항정신과 민주화 열망이 고조된 가운데 대학가를 중심으로 형성된 운동권세력의 역사인식이다.[21]

386 운동권으로 알려진 일부 민중주의 세력은 친일, 친미적 기회주의 세력이 득세하고, 독재와 부정부패를 했다며 타도 대상으로 삼는 등 '역사전쟁'을 전개했기 때문에 심각한 정치 사회적 갈등을 초래했다. 그들은 '한국 현대사를 지배 계급과 민중간의 대립'으로 규정하고 역사를 '민중의 주체성이 확대 되어 가는 과정'으로 해석하고, 민중사학은 '민중이 주인이 되는 사회를 건설하기 위한 변혁의 전망을 모색하는 실천적 학문'이 되어야 한다고 주장한다.[22]

오늘날 한국사회에 '신좌파(the New Left)'가 엄연히 존재하고 있음에도 불구하고 이에 대한 이해와 인식은 매우 미약한 편이다.

이탈리아의 안토니오 그람시(Antonio Gramsci, 1891-1937)란 사람이 레닌, 스탈린과 노선투쟁에서 밀리는 바람에 그동안 묻혀있었다. 1930-60년대는 레닌, 스탈린의 노선에 따라서 총파업하고 무장투쟁만하고 모두 망했다. 60년대 후반에서 70년대 들어서 유럽의 좌파들이 '스탈린이 시킨 대로 하다가 우리 모두 죽겠다'고 해서 찾아낸 것이 1930년대 그람시가 주장한 '진지전'이론이었다. 이것을 한국의 종북 주사파들이 80년대 후반에 적극적으로 도입했다.

---

21) 민중이념에 대해서는 강신철, 『80년대 학생운동사』(형성사, 1988), 한영, 『80년대 한국사회와 학생운동』(천년사, 1989) 참조.
22) 정경희, 『한국사교과서 어떻게 편향되었나』(비봉출판사, 2013), 50쪽.

'진지전'이란 국가를 '시민사회'라는 참호로 포위하고 축차적으로 진지를 점령하여 지배구조를 탈환하는 것을 의미한다. 다시 말하면 "진지전이란 사회 곳곳에 영향력 큰 곳에 깊이 침투해서 10-20년 간 그 영역에서 인정받고, 그때까지는 정체를 숨기고 있다가 인정을 받고 힘을 얻게 되면 그때 본색을 드러내고 체제 전복에 나선다."는 것이다. 좌파들이 80년대부터 20년에서 30년 가까이 운동권 요원들이 데모하고 투쟁하던 방식에서 전부 고시방에 틀어박혀서 사법시험 공부하고, 그래서 판사, 변호사, 검사 등 법조계에 진출했다. 그리고 벤처기업, SNS, 방송, 언론사, 종교, 학교 등에 진출했다. 좌파들이 법조계로 나가고 언론계로 나가고 한 게 30년이다.

그들이 지금 그 분야에서 좌장을 하고 있다. 그들은 30년 동안 각고의 노력이 있었다. 종교계는 100년 전이다(정의구현사제단). 우리 사회 곳곳이 장악되었고 지금도 진행중이다.

②민족사관(民族史觀)이다.

민족사관은 민족을 역사해석의 중심개념으로 삼는다. 이 사관은 대한민국은 민족분단을 통해 설립된 결손 국가이다. 따라서 대한민국의 역사는 '민족분단사'이며 대한민국의 정통성을 부정한다.[23]

국사(國史)란 당연히 국가 중심의 역사여야 하는 데, 이 사관은 국가사가 아닌 민족사에 초점을 맞추면서 국가를 경시하고, 민족 대 반민족의 이분법적 단순논리로 접근하기 때문에 현대사에 대해 왜곡된 해석을 할 가능성이 높아진다.

---

[23] 민족사관 차원에서 쓰인 책으로 6권으로 구성된 『해방전후사의 인식』과 강만길의 『20세기 우리역사』(창작과 비평사, 1999)를 들 수 있다.

이들은 대한민국의 건국을 민족의 분열로, 건국 대통령을 분단의 책임자로, 반공, 안보정책을 반민족적, 반통일적 정책으로, 경제발전 정책을 강대국 경제에 종속된 것으로 해석하고, 대한민국이 정통성이 없다고 주장한다.

　③민주사관(民主史觀)이다. 민주사관이란 민주화 세력의 역사인식을 말한다. 이 사관은 현대사를 독재 정권에 대한 민주투쟁의 역사로 해석한다. 이승만과 박정희 정권이 중시해온 국가안보와 경제발전을 위한 노력이 독재정권을 유지하기 위한 수단에 불과했다며, 이들 정권의 정통성을 부정한다. 미국 역사학자 클린턴 로시터가 전쟁, 혼란, 빈곤을 민주주의 3대 적이라고 했듯이, 한국은 전쟁, 혼란, 빈곤 등에 빠져 있어서, 한국에서 민주주의는 뿌리 내리기 어려웠던 것이다. 더구나 공산세력이 대한민국의 전복을 위해 침투와 간첩활동, 파업과 시위와 폭동, 선전선동, 지하당 구축 등 수단과 방법을 가리지 않았기 때문에 때로는 비민주적 수단을 동원하는 것이 불가피했던 것이다.

　일반적으로 열악한 안보환경으로 생존의 위협을 받고 있는 나라에서는 민주주의보다는 안보를 중시했다. 이스라엘이 대표적이다. 미국 같은 대표적 민주 국가도 전쟁중에는 안보가 모든 것에 우선했다.

　링컨도 남북전쟁 당시 미국 언론은 그를 독재자 또는 폭군이라고 비난하기도 했다. 이 같은 비난에 대해 링컨은 자신의 조치가 "평상시에는 헌법에 위배될 지 모르지만 전시에는 나라를 보위하고 헌법을 수호하기 위해 불가피했다."고 했다.[24]

---

24) John G. Niolay and John Hay, Complete works of Abraham Lincoln(Lincoln Memorial University, 1894). p.66.

위에서 소개한 세 가지 역사관은 역사의 연구와 해석을 순수한 학문이라기보다는 민주화투쟁, 통일투쟁, 민중운동, 정치투쟁과 이념투쟁을 위한 수단으로 인식하고 있는점, 남북대치로 인한 심각한 안보현실을 무시한 점 그리고 현대사 중에서 이승만 정부부터 전두환 정부까지 40여 년 동안을 친일, 독재 세력으로 낙인찍음으로써 대한민국의 정통성을 부정하고 있다는 문제가 있다. 반면에 이에 대치하는 우파사관으로는 건국사관, 국가건설사관을 들 수 있다.

①건국사관(建國史觀)이다.

건국주의자들은 1948년 8월 15일의 대한민국 건국은 한반도에서 최초로 성공적인 근대국가가 건설되었다는 점에서 한국 국민에게는 20세기 최대의 대사건으로 간주한다. 대한민국의 건국이 있었기에 그 위에 우리는 근대화와 경제발전을 성취할 수 있었으며 평등하고 자유로운 시민들의 활동을 기반으로 하는 자유민주주의 체제를 수립할 수 있었음을 중시한다.

대한민국이라는 나라는 세계적인 자유, 평등, 박애, 인권 등의 보편적 가치관을 구현하기 위한 문명국가로서 특별한 의미를 가진 나라이며, 이것을 수호하는 것을 최고의 가치로 본다. 건국사관은 한국의 국가역사가 분단되었음에도 불구하고 발전해 왔고, 앞으로도 역동적으로 발전해 갈 수 있다고 낙관적 관점을 제기한다.

②국가건설사관(國家建設史觀)이다.

근대국가의 기본인프라는 국내의 안전(security), 경제적 바탕(economy), 근대적 정치질서(democracy)의 3대 요소가 핵심이다. 건국 초기의 열악한 여건과 취약한 정부 능력을 고려했을 때 현실적으로 안보, 경제, 정치 등 3대 과제를 한꺼번에 해결할 수 없었기 때문에 우선적 목표를 설정하여 그것부터 해결하는 것이 불가피했을 뿐 아니라 또한 바람직하였다.

건국사관에 의해 현대사를 해석한다면 "이승만 정부는 공산침략에 대항하여 자유민주주의를 수호하고 나아가 한미동맹 결성과 60만 국군 육성등 안보의 기반을 구축했으며(1단계 국가안전 확보), 박정희 정부와 전두환 정부는 경제발전 우선 정책으로 자립경제의 기반을 마련했으며(2단계 경제적 바탕구축), 그 후의 정부들은 3단계 목표인 민주발전에 우선순위를 두었다."[25]고 보는 역사관이다.

이 같은 단계론적 역사해석은 역대 지도자들은 상호 대립적 시각이 아니라 국가건설이라는 큰 목표를 위해 역사적 분업을 했다고 볼 수 있기 때문에 서로의 업적을 부정하여 대립할 것이 아니라 상대의 업적을 인정함으로써 긍정적이며 통합적인 역사인식에 도달할 수 있는 장점이 있다.

한국현대사 논쟁

대한민국은 정통성이 없는 나라인가? 분단의 책임은 누구에게 있는가? 대한민국은 자유와 번영이 넘치는 반면, 북한이 세계 최악의 실패한 국가가 된 이유는 무엇인가? 등 현대사에 대한 논쟁이 진행되고 있다. 또한 국사를 배우면 국가관과 건전한 애국심이 함양되어

---

25) 김충남, 『한국현대사』(기파랑, 2016). 52-53쪽.

야 한다. 그러나 현실은 정반대다. 왜 그럴까. 그것은 한국 현대사 교육과 직결되었다고 본다.

한국현대사를 제대로 이해하지 못하게 된 것은 한국이 처한 역사적, 지정학적 특수성을 도외시하고 있기 때문이다. 그러한 특수성에는 국제적 맥락, 분단과 남북대치 그리고 국가안보 등이 고려되지 않았고 한국 내부에만 초점을 맞추고 있었다. 한국의 현대사는 한국과 관련된 국제적 맥락을 고려하지 않고서는 제대로 이해하기 어려운 것이다.

예를 들면 분단의 책임을 이승만 박사에게 돌리고 있지만, 분단은 강대국들이 2차 세계대전 이후의 문제를 처리하는 과정에서 일어났을 뿐만 아니라, 소련의 공산주의 팽창정책에서 비롯된 것이었다. 현대사에서 분단과 대결이라는 한국이 처한 특수성을 간과하는 경향이 있다. 북한은 같은 민족으로서 화해와 협력과 통일의 파트너이기도 하지만, 다른 한편으로는 남침전쟁을 했고, 그 후 수많은 무력도발 등 적대행위를 계속했으며, 지금도 팽팽히 맞서고 있는 주적(主敵)이란 점을 간과하면 안 된다.

다음은 한국현대사에서 진행되고 있는 3가지 논쟁에 대해서 살펴본다.

좌.우의 논쟁

세상을 바라보는 사람들의 눈길이 다를 수 있다. 그것은 선악의 문제가 아니라 그가 처해있는 상황과 경험, 연륜 그리고 취향의 문제일 수 있다.

좌·우를 가르는 기준은 무엇일까. 우파의 핵심가치는 개인의 능력을 발휘하도록 자유를 보장하는 것이고, 좌파의 핵심가치는 평등이다. 또한 친미, 친일은 우파로, 친중, 친북은 좌파로 일컫는 사람도 있다. 그러한 기준은 다소 문제가 있다.

우리 현대사에서 보혁 논쟁이나 좌우익 논쟁에서 좌파는 "노동자에게는 조국이 없다."는 교조(敎條)와는 달리 북한도 나의 조국이라는 국수주의에 사로 잡혀있다. "조국은 하나다"라고 외치고 북한을 껴안으면서, 저들의 인권을 외면하는 것은 비논리적이다. 따라서 한국의 좌파나 민족의 노선을 강조하는 것은 그들의 논조가 설익었거나 편의 주의적이었음을 의미한다. 더욱이 그들이 위험하게 느껴지는 것은 관용과 타협의 훈련을 거치지 않았다는 사실이다. 그들은 '다른 것'과 '틀린 것'을 혼동하여 다른 것을 적(敵)으로 몰아갔다. 세상을 자기만의 잣대로 보려는 위험한 사람들인 것이다.

또한 좌·우파에 대한 고전적 해석에 따르면 "우파는 부패하고 좌파는 분열한다."고 되어 있는데, 이 말이 한국사회에서는 적용되지 않는다. 좌파들은 왜 그리 자산이 많으며, 우파들은 왜 그리 분열하는가? 현재의 한국의 좌·우파는 모두 부패했고, 모두 분열됐다. 이렇게 본다면 한국의 좌우익들은 과연 얼마나 철저한 이념으로 무장되어 있는가? 얼마나 그들은 이념을 숙지하며 이해하고 있는지 의문이 된다.

우리는 어디로 가야하는가? 생산성을 높이는 이념이 우리가 지향해야 할 가치이다. 빵을 해결해주지 못하는 이념은 공허하다. 왜냐하면 모든 악의 뿌리는 가난에서 나오기 때문이다. 한국의 좌파들은 무례하고 겸손하지 않았다. 한국사회에서의 진보는 천박했고, 보수는 탐욕스러웠다. 그들은 진정한 이데올로기가 아니라 이데올로기를 수단으로 삼은 서툰 일용직(日傭職)이었을 뿐이다. 한국현대사의 갈등을 바라보면, 이념은 야심을 뛰어넘지 못하고, 야심은 혈육을 뛰어넘지 못하고, 혈육은 금전을 뛰어넘지 못했다.[26]

교과서 논쟁

좌.우익 논쟁이 가장 첨예하게 현실로 나타난 것이 곧 한국 근현대사에 관한 교과서 파동이다.

'여러분은 다시 태어난다면 어느 나라에서 태어나고 싶은가?'라는 설문 조사에서 한국 청소년 정책연구원에서 실시한 조사결과(2009년 2월)를 보면 청소년 10명 가운데 6명이 다른 나라 사람으로 태어나고 싶다고 대답했다(59.9%). 참으로 유감스러운 일이다. 이는 잘못된 역사교과서, 대한민국을 근거 없이 헐뜯는 역사교과서로 배운 것이 가장 큰 원인이다.

다음은 좌·우익의 역사교과서에 관해 알아본다.

먼저, 좌파 역사교과서에서는 대한민국은 정통성이 없는 나라로 기술하고 있다. 좌파 수정주의 사관을 학계와 일반인들에게 확산한 대표적인 책은 1979년 첫 권이 발간된 『해방 전후사의 인식』(1979-1989)(전 6권, 한길사)이었다. 민족지상주의와 민중혁명론이라는 당시 좌파 지식인들의 시각을 집대성한 이 책은 1980년대 운동권 학

---

26) 신복룡, "한국현대사에서의 분열과 치유", 대한민국 역사박물관. 국제학술대회(2013.12.1.'3)

이다."라고 밝혀 불평등한 행복이 평등한 불행보다 낫다고 하였다.

남북한의 국가정체성을 요약하면, 한국은 자유민주주의와 시장경제에 정체성을 두고 있으며, 이는 기회의 평등을 기본으로 한다. 자유와 평화, 행복을 추구하며 인권을 중시한다. 반면 북한은 사회주의와 김일성 주체사상에 정체성을 두고 있다. 김일성 왕국을 건설하고 체제 유지에 혈안이 되고 있으며, 공포정치로 독재를 함으로서 북한 주민의 인권과 자유를 제한하고 있다. 폐쇄정책과 개혁, 개방을 반대함으로서 외교, 경제적으로 고립되어, 결과적으로 세계에서 가장 가난하고 못사는 나라로 있으면서도, 한반도 적화통일을 목표로 한 핵과 미사일을 개발, 확보에 국가의 역량을 집중하면서 오늘에 이르고 있다.

국가 정체성 이해에 도움이 되는 두 가지 사례를 소개한다.

사례1 : 리콴유 총리의 잘 사는 싱가포르 건설

사회주의에 심취해 있었던 리콴유는 영국유학을 마치고 돌아와 1954년 인민행동당을 창당하고 공산당과 연합하여 1959년 집권여당이 되고 총리가 되었다. 싱가포르는 1965년에 말레이시아로부터 독립한다. 총리로 통치를 하면서 보니까 국가에서 의(衣),식(食),주(住)를 해결해주고, '능력에 따라 일하고 필요에 따라 분배받는다.'는 사회주의는 현실적으로 비용이 많이 들고 인간을 무기력하게 만든다는 사실을 자각하고 공산주의와 결별했다. 그는 정치가로서 그에게 가장 가치 있는 일은 이념도 명분도 아니라 "더욱 많은 국민이 더욱 많은 행복과 혜택을 누릴 수 있는 나라 건설"이었으며, 이를 위해 강력한 실행과 성취였다.

그는 1959년 총리 취임 당시 1인당 국민소득이 미국 달러로 400달러였던 싱가포르를 3만 달러 시대를 연 싱가포르의 영웅이었다.

우리는 이러한 사례를 통해 '국가가 국민생활 전부를 책임질 수 없다는 사실'을 알 수 있다. 국가가 국민생활의 모든 것을 책임지겠다고 약속한 것은 고마운 일이나 실제로 실현 가능하지도, 지속 가능하지도 않다. 원칙적으로 개인이 먼저 최선을 다하고 이것이 어려울 때 국가가 나서야 한다는 사실을 알게 된다.

> **사례2 : '지상 낙원'에서 '노예국가'로**
>
> 북한이 '낙원(樂園)'으로 불린 때가 있었다. 반세기 전이다. 일본 조총련은 북한을 "인민의 열정과 창의에 의한 지상의 낙원"이라고 선전했다. "웃음과 노래가 시(詩)처럼 흘러가는 곳"이라고 했다. 차별 받던 재일동포들의 마음을 파고들었다. 일본 좌파 야당이 팔을 걷고 도왔다. '골칫거리' 한국인을 일본에서 쓸어내고 싶었다. 집권 자민당도 부채질 했다. 9만 명이 넘는 동포가 그렇게 북으로 갔다.
>
> 북한 주민 2,000여 명이 '일본 제국주의에 학대당한 가난하고 불쌍한 동포'를 환영하기 위해 청진항에 몰렸다. 당시 증언록을 보면 북송동포와 북한주민은 서로를 보며 함께 놀랐다고 한다. 지상 낙원의 주민은 헐벗고 야위였다. 때로 얼룩진 북한 아이는 하의(下衣)도 못 입고 있었다. 반대로 북송동포는 북한주민 눈에 천사처럼 보였다.
>
> "거짓말이었어!" 배에서 내리기도 전에 탄식이 흘러 나왔다. 아이들은 "돌아가자"며 울었다. 북송동포는 사상 개조와 감시대상이 됐다. 순응하지 않는 자는 조용히 사라졌다. 그들이 끌려간 전용 감옥인 '생지옥'으로 유명한 요덕수용소였다.[33]

이 사례를 통해 알 수 있는 것은 공산국가가 민주국가보다 잘하는 딱 한 가지가 '기만'이다. 북한 역시 세상을 귀신같이 속였다. 이들이

---

33) 조선일보. 2023.9.14.일자.

일본 친지에게 보낸 편지를 통해 북한 실상이 알려진 건 역사의 아이러니이다. 북한은 사회주의를 선택하고 친소 외교노선을 선택한 결과, 지금도 공포정치와 거짓과 선전선동이 일상화 되고 경제적 빈곤과 문화적 낙후에서 벗어나지 못하고 있다.

올바른 국가관을 확립해야 한다.

한국에 거주하면서 가르치고 있는 어느 미국인 교수는 우리가 이룬 대단한 업적은 '한(韓)민족'이 아니라 '대한민국'이 성취한 것이라고 옳게 지적했다. 오늘날 우리가 누리는 번영과 위상은 우리의 민족적 자질에 더하여 한반도 남쪽에 거주해온 대한민국 국민이 건국 후 피땀 흘려 이루어낸 것이다. 한민족과 대한민국은 반드시 같은 것이 아니다. 오늘 '우리의 위상은 민족적 자질 덕이 아닌 대한민국 국민이 피땀 흘려 이룬 것이다.'라는 사실에 주목해야 한다. 온 국민이 올바른 국가관을 확립하고 민주 국가를 건설하여 외국의 간섭에서 벗어나 자주독립 국가를 만들어야 한다. 조선조 500년의 군주정치체제나 일제 35년의 군국주의 정치체제나 공산주의 정치체제는 개인의 희생을 강요하고 침묵과 맹종만을 강조하는 정치체제였다. 우리민족은 오랜 역사에 걸쳐 식민지하에서 신음하며 살아왔지 자주 국가의 국민으로서 떳떳하게 살아보지 못했다.

인간의 권리와 행복이라는 근본 가치에 기여하지 못한다면 이념이 무슨 소용이 있을까. 주사파건, 공산주의건, 과잉 민족주의건 주객(主客)이 전도된 잘못된 이념은 사라지게 된다는 사실을 역사는 우리에게 가르쳐 주고 있다.

우리는 대한민국의 정체성을 확실히 이해하고 국가와 나 자신을 위해 확고한 국가관을 확립해야 한다. 이는 나 혼자 잘 살기 위해서가 아니다. 내 개성을 존중하고 남의 인격도 존중하며 더 나아가 국가와 세계 인류를 위해 봉사하고 공헌하기 위해 노력해야 한다.

한국처럼 자유, 평등, 인권이 실현된 참된 민주주의가 바람을 타고 북쪽에 퍼져 통일된 대한민국이 이루어지기를 기대한다.

2절 남북한 체제경쟁과 결과

소련에 의해 점령당한 북한지역은 공산주의, 사회주의체제를 선택했고, 미국군정하에 있었던 대한민국은 자유민주주의와 시장경제체제를 선택한 결과 남·북한 간에 체제경쟁이 지속되었다.

남북한 체제와 관련된 에피소드를 하나 소개하고자 한다. 남북한의 체제경쟁이 치열했던 시절, 1973년 남북적십자회담 서울 개최에 참석차 북한대표단이 서울을 방문했을 때의 이야기다.

북측 대표단을 환영하러 나간 한국 측 이범석 대표가 판문점에서 서울까지 북측대표와 함께 차를 타고 들어왔다. 서울 거리에 넘치는 차량의 행렬을 보고 북측대표가 하는 말이 "대단하신 분들이군요. 우리에게 발전상을 자랑하려는 뜻은 알겠는데, 저토록 많은 차량을 동원하느라고 얼마나 힘들었겠습니까." 딱하다는 듯이 북측대표가 빈정거렸다. 그러자 이범석은 바로 수긍을 했다. "예, 무척 힘들었습니다." 이어서 이렇게 말했다. "하지만 자동차보다 저 빌딩들을 옮기는 게 훨씬 더 힘들었지요." 북측 대표는 얼굴이 굳어졌고, 운전사와 그 옆 좌석에 타고 있던 경호원은 웃음을 참느라고 고역 아닌 고역을 치러야 했다.[34]는 얘기에서 당시의 남북체제 경쟁의 실태를 알 수 있는 이야기이다.

1948년 남북한 출범 당시에는 북한이 한국보다 월등히 잘 살았고, 한국은 매우 가난한 나라에서 어떻게 선진국권에 진입했을까. 한국의 국가발전정책, 특히 이승만, 박정희 시절 주요 업적과 북한 김씨 왕조의 정책에 대해 살펴본다.

남북한에서 벌어진 체제경쟁 실태

건국 후 그리고 5.16당시 남북한 경제 수준을 알아본다. 1945년 8월 15일 해방 당시 1인당 국민소득은(GNP) 35달러, 문맹률이 78%였다. 고등교육 이수자가 남북한 통 털어 2만 6,000명에 불과했다. 일본 식민통치 시대엔 남농북공(南農北工) 정책으로 남한 지역은 농업, 북한은 공업정책 시행으로 공장과 발전소와 지하자원 모두 북한은 남한보다 10배나 많았다. 이처럼 북한은 우월한 상태에서 출발하였다. 1948년 건국 직후 인구는 남한이 2,200만 명, 북한은 900만 명, 전기는 북한이 압도적으로 생산하여 남한에 공급하다가 1948년 5월 14일 단전하였다.

비료 생산은 남한은 전무(全無)한 데 비해 북한은 흥남 질소비료 공장에서 생산하여 남북한은 물론 만주까지 공급하였으며, 압록강 수풍댐 발전소는 발전용량 60만 kw로 세계 1-2위 가는 발전량이었다. 이승

---

34) 데일리안, '자동차보다 빌딩 옮기느라 힘들었다.', 2008.6.17

만 시절 1인당 국민소득 60달러, 1961년 5.16 당시 남북의 1인당 국민소득은 남한이 82달러였고, 북한은 320달러로 북한이 4배나 더 많았다.

먼저, 한국에서 일어난 일이다. 이승만 대통령, 박정희 대통령 위주로 알아본다.

1. 이승만시대 일어난 일들

이승만 대통령의 재임 12년 동안의 주요업적은 먼저, 국가정체성의 올바른 선택으로 자유민주주의와 시장경제를 채택한 점이고, 다음은 한·미 상호방위조약 체결로 우리는 비교적 국방비를 적게 사용하면서 국가 예산을 경제발전에 투자할 수 있었다. 마지막으로 중요 국가발전 토대를 마련한 것 등이다. 좀 더 구체적으로 살펴본다.

교육혁명의 시작과 우수 인재양성에 주력하였다.

교육혁명은 민주주의와 산업발전에 결정적인 역할을 했다. 글 읽는 양반, 일하는 상놈시대에서 전 국민이 글 읽는 시대를 열었다. 의무교육 6개년 계획, 거국적 문맹퇴치 운동을 전개하여 문맹률을 78%에서 10%로 줄였다.

특히 주목할 만한 사실은 우수 인재양성에 주력한 점이다. 건국 후 인재난이 심각하여 오로지 우수 인재양성만이 국가를 바로 세운다는 일념으로 원대한 국가 장래의 포석을 깔았다. 주요 사례를 알아본다.

①전쟁 중 부산 영도에 전시 연합대학을 설립하고 입학한 대학생들을 군(軍)입대를 면제시켜 우수 인재를 보호했다. 심지어 6.25 전

쟁 중인데도 1951년 10월 경남 진해에서 4년제 육군사관학교를 개교하여 전쟁에 투입하지 않고 진해에서 장차 군을 이끌어갈 장교를 양성했던 것이다.

②1953년부터 1960년까지 우수 인재를 선발하여 미국 등에 보내 연구, 훈련, 연수 등으로 해외 유학을 시켰다. 이때 대학생 그룹은 국비 유학, 군인 장교 그룹은 미국의 군인원조금 지원교육을 받았다. 이때 교육받은 군인은 11,595명, 민간인은 5,423명으로 계 17,018명이었고, 이들이 대한민국의 산업화를 이끌어간 세력이 되었다. 군인이 민간인보다 배(倍) 이상 많았고, 당시 한국에서 가장 선진화된 집단이 군대였다.

③이승만은 인재양성을 위해 돈 있는 사람들에게 "독립운동 하는 심정으로 학교를 지으십시오."하며 당부하였고, 그 결과 사립학교 비율이 높았다. 특히 대학이 그랬다. 과학기술국가를 건설하기 위해 기술자 양성 목적으로 하와이 한인회관을 매각하여 인하공대[35]를 설립하였다. 이는 하와이 교민들의 대부분이 인천 출신인 점을 감안하여 인천+하와이를 줄여 인하공대라 칭하였다.

④근대 국가를 건설하기 위해서 산업의 쌀인 철강생산 공장의 중요성을 인식하고 제철산업을 육성하기 위해 국비 제철 유학생 10명을 선발하여 독일에 유학을 보냈다. 독일 유학 후, 미국 유학까지 마치고 귀국한 김재관 박사 일행이 포항제철 설계를 순수한 한국인 기

---

35) 인하공대는 1952년 이승만 대통령 발의로 1954년 4월24일 개교. 설립자금은 이승만이 설립 운영하였던 하와이 한인 기독학원을 매각한 대금, 하와이 교포들과 한국 거주민들의 성금 및 국고 보조금 등을 기금으로 설립, 기계, 화학, 전기, 금속, 광산, 조선공학 6개 학과 180명의 신입생으로 시작했다.

술로 설계했던 것이다. 인재양성의 결과물이었다.

⑤1958년 원자력 국비 유학생 20명을 선발하여 미국에 보내려 하였으나 미국에서 받아주지 않아 영국에 보내, 공부한 후 귀국하여 원전건설에 앞장섰고, 한국 원자력 표준형 해외수출의 주역이 되었다. 소득 60달러 시대에 원자력 산업의 중요성을 깨닫고 인재양성을 했던 혜안이 존경스럽다.

농지개혁을 성공적으로 시행했다.

전 국민의 70%가 소작농이고 자작농은 30%였으며 소작농은 소출의 50%를 지주에게 바쳐야 했다. 1950년 4월 15일에 농지분배를 하였다. 이는 농지 무상 분배가 아니고 1년 소출의 30%를 5년 동안 갚으면 '내 땅'이 되도록 함으로써 전 세계에서 가장 성공한 농지개혁으로 전 국민이 계급 없고 빈부 격차가 사라지는 계기가 됐다. 지주와 소작농, 부자와 가난한 자 사이에 계급갈등이 불식되었고, 전 근대적 요소가 청산됨으로써 누구나 노력하면 신분이 상승하는 계기가 되었다.

석탄 증산으로 산림녹화를 성공시켰다.

당시 온돌문화로 땔감이 많이 필요했고, 산은 벌거숭이가 됐다. 산림녹화를 위해서 근본적인 문제해결을 위해 석탄 증산이 필요했다. 6.25 전란으로 황폐화 된 탄광복구를 위해 육군을 탄광에 파견하고 수송로 개설을 위해 군(軍) 공병대를 투입하여 석탄증산으로 대체 연료인 연탄을 싼값으로 공급하는 대체연료시스템을 만들었기에 산림녹화의 성공이 가능했다.

한·미 상호방위조약의 체결로 튼튼한 안보 버팀목이 되었다.

이승만 대통령은 한·미 안보동맹의 틀을 마련했다. 이 대통령은 대한민국과 같은 약소국가의 생존을 보장받을 수 있는 유일한 길이 미국과 동맹을 결성하는 것이라고 믿었다. 그래서 미국이 6.25 전쟁 휴전 방침을 결정하자 휴전안을 받아들이는 것에 대한 반대급부로 한·미동맹조약의 체결을 요구했다. 미국이 반대하자, 독자적으로 거제 포로수용소 반공포로 석방이라는 정책적 결단을 통해 대한민국 국가안보의 토대인 한미상호방위조약을 이끌어냈다. 이 덕분에 대한민국은 공산주의 세력의 위협에서 벗어나 굳건한 안보하에 경제발전에만 매진할 수 있었다. 이승만 시대는 대도약의 준비기간이었다. 이승만 시대의 역사적 의미는 한·미 상호방위조약을 통해 한반도의 평화를 정착시켰고, 경제발전의 토대를 구축하였다. 문맹 퇴치, 전후복구 완료(1959년), 산업화에 필요한 공장 등 기반구축, 인재 해외 유학, 경제발전계획 수립과 농지개혁을 통해 국민 모두에게 평등한 신분 상승 기회를 제공했던 점 등은 높이 평가되어야 한다.

2. 박정희 시대 이루어진 일들

박정희 정부 18년의 주요 업적을 보면 크게 다음과 같다. 먼저, '붓의 나라'에서 '테크노크라트(technocrat·기술관료)의 나라'를 만들었다. 다음은 농업 국가를 중화학공업 국가로 탈바꿈시켰다. 마지막으로 한일국교 정상화를 통한 차관으로, 포항제철과 경부고속도로 등을 건설하여 국가경제발전의 토대를 마련하였다. 구체적으로 재임 기간에 실시했던 주요 업적에 대해 살펴본다.

'붓의 나라'에서 '테크노크라트의 나라'를 만들었다.

국가가 발전하려면 산업이 발전해야 됨으로 기술 관료와 이공계통에 전문가를 발탁해서 중요 국가 운영부서에 활용했다. 이런 모습을 가장 열심히 모방한 사람이 중국의 등소평이었다. 박정희는 엔지니어를 중용했다. 이것을 테크노크라트 정부라고 한다. 한국형 테크노크라트들이 등장하면서 명분이나 체면을 중시하고, 글 읽는 사람 즉 먹물 든 사람들이 통치하던 양반문화, 문치(文治) 시스템에서 벗어나 실사구시(實事求是) 혁명이 일어났다.

새마을 운동으로 가난에서 벗어나게 했다.

옛말에 '군주는 백성을 하늘로 삼고, 백성은 먹고 사는 문제를 하늘로 삼는다.'고 했다. 지도자는 최소한 백성들의 먹고 사는 문제를 해결해 주는 지도자가 되어야 한다. 1960년대 기아의 질곡에서 통일벼 품종 개량으로 식량난을 해소해서 보릿고개 문제를 해결했다. 새마을 운동은 '잘살아 보세'라는 국가의 비전으로 근면, 자조, 협동정신을 길러서 국민의식 개혁을 통해 '하면 된다.'는 자신감을 갖게 되었다.

수출 주도형 공업화전략을 추진했다.

수출주도형 공업화전략이란 삼성의 이병철 회장의 아이디어로 '외국에서 돈을 빌려서 수출을 위한 공장을 짓고 물건을 만들어 수출해서 빚도 갚고 잘 사는 전략'으로 지구상 최초로 시행된 전략을 말한다. 이 전략을 중국의 등소평이 그대로 모방하여 활용했다. 이렇게 함으로써 한국은 농업사회에서 공업사회로 탈바꿈했다. 수출 주도형 공업화전략의 성과를 보면 1961년부터 1972년 사이에 한국의 수출 총액은 40배, 제조업 수출은 170배, 연평균 수출 증가율은 60%에 이르렀다. 수출이 늘면서 외화 획득은 물론, 일자리 창출, 품질 및 기술 향상, 기업발전, 소득증대 등이 연쇄적으로 이어졌다. 수출주도 공업화전략은 이 지구상에서 유례가 없는 한국이 최초로 개발한 박정희 방식의 개발론이었다.

한·일 수교를 통한 차관으로 경부고속도로와 포항제철소 등을 건설했다.

국가가 잘 사는 나라가 되려면 산업의 쌀인 '철'을 생산하는 제철업이 필수였고, 산업화가 되려면 고속도로가 매우 중요했으나 세계 어느 나라도 돈을 빌려주지 않았다. 한국은 자본도 기술도 자원이 부족하다는 이유였다. 궁여지책으로 찾아낸 아이디어가 자존심을 누르면서 한·일 수교로 차관을 얻어내고, 월남파병 등으로 국가 건설 자금을 확보하고 활용하고자 했던 것이다.

정부는 학생 데모와 야당의 격렬한 반대를 무릅쓰고 꾸준히 한일회담을 추진한 결과 1965년 6월 22일 한·일 양국정부는 한국의 외무장관 이동원, 수석대표 김동조와 일본 외무장관 시이나 에쓰사부로, 수석대표 다카스기 신이치 사이에 한일 기본조약이 조인되었다. 이때 일본으로부터 들여온 대일 청구권 자금 8억 달러(무상-3억 달러, 유상-2억 달러, 차관-3억 달러) 중에서 포항제철소에 51%를 투자하고, 경부고속도로 건설에 18%로 도합 69%를 투입하고, 소양강 댐

건설 등에도 투자했다. 전 국민의 피같은 돈을 결코 헛되게 사용하지 않고 국가 백년대계를 위해 썼다.

중화학 공업을 성공하기 위한 결단으로 10월 유신을 단행했다.

박정희는 1973년 1월 12일 연두 기자 회견에서 "10월 유신은 5·16과 그 기조를 같이하고 있다."고 했다. 중화학 업무를 주도했던 오원철은 "중화학 공업화가 유신이고, 유신이 중화학공업화라는 것이 쓰라린 진실이다. 하나 없이 다른 하나는 존재할 수 없다. 이런 사실을 무시하는 것은 비양심적"이라고 했다. 언론인 최석채는 "박정희는 정치가가 아니라 혁명가였다. 혁명가로서 평가해야 한다."고 했다.

박정희는 5.16 군사정변, 6.3사태, 10월 유신으로 자유민주주의 가치를 일정 부분 유보했다. 그 대가로 산업화와 중산층을 형성했고, 자유민주주의 정상가동에 필요한 시스템을 구축했다.

박정희의 업적을 종합하여 평가한다면, 긍정적인 평가와 부정적인 평가가 공존하고 있지만, 객관적으로 '공9, 과1'으로 평가할 수 있다. 박정희 시절 불가피한 인권 침해가 있었지만 공이 훨씬 컸다. 4,000만 명이나 희생시켰던 중국의 모택동도 후세에 평가하기를 공7 과3이라 하지 않는가. 박정희는 중국이 그토록 보고 배우려 했던 모델이었고, 후진국에서 가장 배우고 싶어하는 세계적인 지도자였다.

박정희는 한민족 역사상 최초로 지도자가 앞장서서 이끌었고, 국민들이 열(熱)과 성(誠)을 다해 한 덩어리가 되어서 한민족의 숙원인 부국강병(富國強兵)을 실천한 위대한 지도자로서의 발자취를 남기고 '한강의 기적'을 만들어 낸 인물이다.

고속도로 건설시 국민과 국회의원들의 극렬한 반대에도 불구하고 추진했던 것과 유사한 사례가 바로 미국의 알래스카 매입 사례다. 미국의 국무장관인 슈워드가 알래스카를 러시아로부터 720만 달러에 매입하려 할 당시에 미국의 언론, 의회, 국민 모두가 반대해 여론의 몰매를 맞았으나, 그는 미국의 앞날을 내다보면 '반드시 사야 할 땅'이라며 결코 포기하지 않고 끝까지 추진하여 미국 땅으로 만드는 데 성공했다. 세월이 흐른 후에 그의 '혜안과 비전'에 미국 국민 모두가 깊이 감사하고 있다. 마찬가지로 우리나라 박정희 대통령에게도 그의 '비전과 통찰력'에 한국 국민 모두가 깊이 감사를 드려야 된다고 생각한다. 생전에 '내 무덤에 침을 뱉어라'라고 말씀하셨는데, 침 대신에 무덤 앞에 놓인 제단(祭壇) 위에 '존경의 술 한 잔'을 올리고 싶어서 다녀왔다.

오늘날 북한이 못살게 된 원인들

북한에서 해방 이후와 북조선 건국 이후 일어난 일에 대해 알아본다.

북한 식량난의 근본 원인은 잘못된 토지개혁에 있었다.

1946년 2월 8일 '북조선 임시 인민위원회' 조직 한 달 후인 1946년 3월 5일, 무상몰수, 무상분배방식의 토지개혁법령을 공포하고 불과 25일 만에 토지개혁을 완료했다. 토지의 소유권을 준 게 아니고, 토지의 이용권과 경작권만 제공했다. 북한의 식량난의 원인은 토지개혁이었다. 모든 땅의 주인은 당(黨)과 국가(國家)로 농민은 열심히 일할 이유가 없어졌기 때문이었다.

주요산업의 국유화로 사유재산을 인정하지 않았다.

1946년 8월 2일, 교통. 통신. 운수. 운행 등 중요산업 국유화에 관한 법령을 발표함으로써 북한의 주요산업은 사유재산이 존재하지 않는 국가 소유로 재산권을 행사할 수 없게 됐다. 중요산업 국유화 과정에서 개인 소유 중소규모 기업까지 강제 몰수하였고, 강제집행과정에서 공산화에 반대하는 저항세력은 '친일파', '악질반동'이라는 딱지를 붙여 숙청했다. 기업이 재산권을 박탈당함으로써 경쟁력을 상실하게 되고 가난의 길로 갔었다.

화폐개혁으로 인민재산을 약탈했다.

1947년 12월 북한 단독으로 화폐개혁을 단행했다. 남한과 협의 없는 화폐개혁은 북한에 단독정권이 들어섰다는 것을 증명해 준다. 북한 화폐개혁 전에는 남북한 화폐는 동일하게 사용했었다. 당시까지 통용되던 조선 은행권의 유통을 중지시키고, 기존 화폐와 신화폐를 1대1로 교환해주었는데, 교환 한도는 1인당 700원까지만 허용했다. 당시 일반 봉급생활자 월급 평균이 1500원이었는데, 봉급생활자 1인 월급의 절반만 새 화폐로 교환해주고 나머지는 휴지조각이 되었다. 이렇게 화폐개혁으로 인민재산을 약탈해감으로써 인민들은 가난해질 수밖에 없었다.

북한에서 회수한 돈은 북한에서는 못 쓰는 돈이지만, 남쪽에서는 통용되고 있었다. 이렇게 회수된 돈은 남쪽의 남로당이 가져와서 신문사, 출판사, 영화사를 사서 좌익의 선전선동과 정치심리전에 활용되었다.

주체농법과 배급제 시행으로 국민경제는 폭망했다.

　주체농법이란 모든 농업공정 표준화 정책으로 1973년 김일성이 창시했다. 이렇게 함으로써 생산성 향상을 위한 창의력과 융통성 발휘가 불가능하게 되어 생산성이 떨어졌다. 1954년부터 국가가 식량거래를 독점하고, 일체의 개인 거래를 금지했다. 배급제는 농민 시장발전을 근본적으로 봉쇄하는 결과를 가져왔다. 1952년에 배급제를 도입했으나 '고난의 행군' 시기인 1990년대 후반 배급제가 붕괴되고, 2002년 배급제를 포기함으로써 아사자가 속출했다. 1990년대 이후 전일적 배급제를 포기하고 "각자 알아서 먹고 살라"고 선언하였다. 이에 따라 북한 주민들은 생존을 위해 '장마당 경제'가 시작되었다. 이른바 시장경제 시스템이 작동되었다. "모든 식량은 국가만이 거래할 수 있다."는 국가적 곡물 통제권이 해체되었다. 이와같이 잘못된 국가 경제체제하에 살아온 북한 국민은 1991년 북한 인구 2,430만 명에서 1998년 2,120만 명으로 310만 명이 줄었다고 미국 해리티지 재단이 발표했다.

나라는 하나, 경제 시스템은 두 개다.

　국가는 하나지만, 경제는 인민경제와 수령경제의 두 시스템이 작동했다. 인민경제는 제대로 작동되지 않았고, 체제유지를 위한 새로운 수령경제를 만들었다. 수령경제의 본질은 김정일이가 통치자금 확보를 위해 당 중앙 재정경제부 제1과에 39호실을 설치하고, 그 산하에 대성총국(조선 대성무역 총회사)을 설립하고 산하에 120개 무역상사와 해외지사들의 외화벌이를 시작했다. 방법은 위조달러 유통, 대량살상무기 판매 등이었다. 39호실의 설치 목적은 통치자금 확보에 있었다.

  1961년 북한은 '인민 경제발전 7개년 계획'을 발표했는데 제대로 추진되지 못해 3년을 연장했다. 1970년에 6개년 계획을 발표하면서 '자력갱생' 노선을 택했다. 반면 한국은 수출로 외화를 벌어들이는 '개방노선'을 택했다. 그것이 남북한의 경제력을 바꿔 놓았다. 한국은 1961년 7월 22일 경제기획원이 설립돼 경제사령탑이 되어 1962년부터 1996년까지 35년간 총 7차례의 경제개발 5개년 계획을 수립하여 실천한 결과 반도체, 철강, 자동차, 조선, 화학 등에서 세계적 경쟁력을 자랑하게 됐다. 정부가 청사진을 제시하고 민간기업이 뛰는 성장 모델로 60년간 1인당 국민소득은 400배, 수출은 3900배 커졌다.

  이와 같은 남북한의 체제 실태를 종합해보면 다음과 같이 정리할 수 있다. 국가가 국민의 정치적, 경제적 자유 및 사유재산권 등을 보장해줄 때, 국민은 최선을 다해 자신들의 개인적 자산 축적을 위해 노력함은 물론 나아가 국가를 위한 국부 창출에도 기여할 수 있었던 것이다. 이러한 역사적 교훈을 바탕으로 미국의 정치학자 프란시스 후쿠야마는 1992년 자유민주주의와 공산주의 간의 이데올로기 대결에서 어느 쪽이 승리했는지는 이미 명확해졌으며 이를 '역사의 종말(The End of History)'이라 명명했다. 또한 대한민국 사회발전의 원동력은 자유민주주의였다. 자유민주주의 체제는 각 개인의 평등한 자유를 보장해주어 개인들의 창의성과 융통성을 발휘할 수 있게 하여 사회발전을 가능하게 한다. 또한 자유민주주의 체제는 정치적인 차원에서 개인들의 인권을 보호하고 사상과 표현의 자유를 보장할 뿐만 아니라 시장경제체제에 기초하여 개인들 사이의 자유로운 경쟁을 보장해준다. 반면 사회주의 체제 몰락의 근본적인 원인은 개인의 창의성과 융통성을 억제하는 데서 비롯되었다.

남북한 체제경쟁 결과(건국 후-2022년)

1961년 5·16 당시 남북의 1인당 국민 총생산(GDP)은 82달러 대(對) 320달러로 북한이 4배나 많았다. 1972년 비슷하다가 1974년 역전되어 한국이 앞섰다. 50년후 북한의 명목 국민 총소득(GNI 2014년 기준)은 34조 2,360억 원으로 한국 1,496조 6,000 억 원의 44분의 1 규모였다. 1인당 국민소득(GNI)은 남한이 2,968만 원, 북한은 139만 원으로 21배 차이가 났다.(2015년 북한의 주요 통계자료) 한국은 1965년에서 1980년 사이, 평균 9.9% 성장, 국민 총생산 27배, 1인당 소득은 19배, 수출은 275배 성장했다.(세계은행, IBRD) 북한은 이제 경제경쟁에서 패배를 자인하고 핵 및 미사일 개발에만 매진하고 있다.

일찍이 MIT 대학의 애스 모글루 교수와 하버드 대학의 로빈슨 교수는 『국가는 왜 실패하는가(Why Nations Fail)』라는 저서에서 "같은 민족으로서 남북이 분단되었지만 북한은 풍부한 지하자원과 일본이 남긴 방대한 공업시설이라는 훨씬 더 유리한 조건을 가졌음에도 수백만이 굶어 죽는 실패한 국가로 전락한 반면, 한국은 놀라운 발전을 거듭하여 선진국들과 경쟁할 수 있는 단계에 이른 것은 남북한 체제 차이 때문"이라고 해석하고 있다.

　미국의 민주주의 최고 전문가인 로버트 다린 박사는 서구식 민주주의가 작동되려면 민주주의 성취 요건으로 민주주의를 하려면 먹고사는 문제가 해결되어야 하고, 탄탄한 중산층이 형성되어야 민주주의가 가능하고, 중산층이 민주주의를 정상적으로 운영할 수 있는 민주 시민교육이 이뤄져야 민주주의가 가능하다고 연구 결과를 발표했다. 로버트 달(Robert A. Dahl)은 "국민소득 4,000-7,000 달러 정도의 산업적 기반이 없으면 서구식 민주주의는 정상적으로 작동할 수 없다."라고 했다. 4,000달러-7,000달러 시기는 전두환 말기(1987년) 시기와 일치한다.

　이승만(1948년 60달러), 박정희(1961년 82달러) 시대는 민주주의 실현을 위한 산업 건설기반 조성 시기였다. 그 당시 서구식 민주주의를 왜 안 했느냐고 따지는 것은 무리인 것이다. 최근에는 이승만, 박정희 시절은 독재정권 시절이라기보다 권위주의적 통치시대였다고 해석하는 학자가 많아졌다.

3절   한국의 세계적 위상과 희망의 증거

'한강의 기적'은 온 국민이 혼연일체가 되어 가난을 이기고자 하는 불굴의 도전정신이 있었기에 가능했다.

세계 10위권의 경제대국으로 만든 것은 건전한 역사의식과 공명정대한 통치철학을 가진 지도자와 양심적이고 능률적으로 봉사하는 정부, 그리고 정부를 믿고 지지하며 협력하는 국민이 있어 가능했던 기적이다.

우리 민족의 5,000년의 역사 이래 지금처럼 잘 먹고, 잘 살고, 세계적으로 인정받고 대접받는 시절이 있었던가. 등소평 이전, 과거에 중국이 한국의 경제개발을 배우려고 했던 시절은 없었다. 한강의 기적은 창조의 역사요, 기적의 역사였다.

대한민국은 제2차 세계대전 후 신생독립국 140여 개국 중 산업화 및 민주화를 동시에 달성한 국가이다. 모범국가이자 모델국가로 선진국들의 연구 대상이 되었고, 전쟁의 폐허를 딛고 일어선 대한민국에서 희망을 배우러 많은 국가의 사람들이 한국을 찾고 있다. 세계 속의 한국의 위상은 어떠한지 좀 더 구체적으로 알아본다.

한국의 세계적인 위상

우리나라의 국가경쟁력의 강점을 살펴보면 다음과 같다.

①2021년 기준 국가총생산(GDP) 순위에서 10위(1위-9위 : 미국, 중국, 일본, 독일, 영국, 인도, 프랑스, 이탈리아, 캐나다)이고,

②전 세계에서 1인당 국민 소득이 3만 달러를 넘고, 인구가 5,000만 명 이상인 '30-50 클럽'에 2019년에 가입하였다. 가입한 나라는 한국을 포함 7개국(미국, 일본, 독일, 영국, 프랑스, 아탈리아, 한국)에 불과하다. 이것은 우리나라 반만년 역사에서 처음 달성한 놀라운 쾌거이다.

③한국은 산업분야인 반도체, 가전, 휴대폰, 자동차, 석유화학, 철강, 조선, 디스플레이 등 제조업에서 세계 5위(1위-4위 : 미국, 일본, 독일, 중국)에 들고 있는 산업 강국이다.

④2021년 7월 유엔 무역개발회의(UNCTAD)는 한국을 개발도상국에서 선진국 그룹으로 변경했다. 전쟁의 폐허가 되었던 나라가 불과 70여년 만에 선진국이 된 것이다. 대한민국은 외형적인 면에서 선진국에 진입했다. 국민의식 수준이 선진화가 이루어졌을 때 비로소 진정한 선진국이 될 것이다.

⑤2022년 통계에 따르면 한국의 교역량은 1조 4,150억 달러로 G7 국가 중에서 세계 5위다.(1~4위 : 미국, 독일, 일본, 프랑스) 4위인 프랑스의 1조 4370억 달러와 큰 차이가 없다.

⑥2023년 초에 발표된 미국의 뉴스 매거진 'US 뉴스 & 월드 리포트'는 2022년 세계 국가별 국력(power) 평가 순위에서 한국이 6위

라고 발표했다(1-5위 : 미국, 중국, 러시아, 독일, 영국). 놀라운 발표이다. 한국이 프랑스(7위)와 일본(8위)을 앞지른 것이다.

⑦K방산이 2022년 기준 세계 8위를 기록하였는데, 우크라이나-러시아 전쟁으로 인해 한국방산이 호황을 맞아 수출이 급격하게 증대되고 있어서 순위는 수직 상승이 예상 된다.

⑧2023년 5월 25일 누리호를 전남 고흥 나로 우주센터에서 발사하여 성공함으로써 한국은 세계 우주강국 7위(1위-6위 : 미국, 프랑스, 일본, 러시아, 중국, 인도)에 올랐다. 자체 제작한 발사체에 탑재해 발사하여 성공함으로서 한국은 민간 우주시대 경쟁대열에 당당히 한자리를 차지하게 됐다. 누리호 발사 전에 발생한 고장을 빨리 해결할 수 있었던 것은 37만개의 부품을 거의 100% 국산화한 결과였다.

⑨'국력의 상징'인 유엔 분담금이 2022년 193국 중 세계 9위다. 이 밖에 디지털 경쟁력 8위, AI 경쟁력 7위, 군사력 6위, 원자력산업 6위 등을 나타내고 있다.

⑩1988년 '서울 올림픽', 2002년 '한.일 월드컵', 2018년 '평창 동계올림픽'을 개최하였다. '한류(K-Culture)'도 세계적인 주목을 받고 있다. '겨울연가', '대장금' 같은 드라마, '기생충', '오징어 게임' 같은 영화, '방탄 소년단(BTS)' '아이돌 그룹' 등과 같은 K-Pop, K 컨텐츠로 대표되는 소프트 파워는 압도적이다. 이러한 놀라운 결과에 대해 세계의 저명인사들의 평가를 보면 다음과 같다.

『강대국의 흥망(The Rise and Fall of Great Powers)』의 저자 폴 케네디 예일대 교수는 "최빈국이었던 대한민국이 새마을 운동을 시작으로 불과 20여 년 만에 세계적인 무역 대국으로 일어선 것은 실로 경이적인 일이 아닐 수 없다."라고 극찬하였다.

2023년 5월 17일 한국에 온 보리스 존슨 영국 전 총리는 "한국은 2차 대전 후 LCD 즉, 자유(Liberty), 자본주의(Capitalism), 민주주의(Democracy)가 한국을 놀라운 나라로 만들었다."고 했다.

반세기라는 짧은 기간 안에 놀라운 경제적 발전과 정치적 민주화를 동시에 이루어낸 대한민국의 성공신화는 전 세계에서 주목을 받았다. 그러나 정작 대한민국에서 살아가고 있는 국민의 일부는 우리가 이룬 자랑스러운 성공을 일부러 무시하면서, 심지어 국제 사회 모두가 실패한 체제로 평가하는 북한에 대한 동경을 멈추지 않고 있어서 안타까운 일이다.

앞에서 보여주는 통계들은 대단하고 우리들을 가슴 뿌듯하게 하고 고무적이다. 우리나라는 '단군 이래 가장 풍요롭고 자유로운 시대'를 맞고 있다. 하드파워와 소프트파워를 합친 우리의 국력은 지금이 절정이다. 그러나 모든 여건이 한국에게 유리하게 돌아가라는 법은 없다. 부정적인 요인이 상존한다. 경제가 걱정되고, 노동, 교육, 인구문제가 어려운 실정이다. 국가경쟁력 차원에서 대표적인 약점으로 미래의 경쟁력이라고 볼 수 있는 교육 분야가 취약하다. 교육경쟁력이 29위이고, 특히 이중에서 대학교육 경쟁력이 46위로 매우 심각하다.

지난 60년간 한강의 기적으로 불리는 번영을 이루는데 성공했지만 정치 문제, 포퓰리즘 문제, 노사 문제, 저출산 문제 등을 해결하지 못한다면 앞으로 60년은 어려울 수 있다는 사실에 주목하고, 이러한 사실을 심각하게 받아들이고 대비책을 강구해야만 한다. 그래야 한국을 지속적으로 발전 가능한 국가가 될 수 있다.

오늘의 대한민국을 만들게 된 배경은 무엇인가.

한강의 기적을 가져 오게 된 배경에 대해서는 다양한 시각과 여러 측면에서 볼 수 있겠으나 저자는 다섯 가지로 정리한다.

자유 민주주의와 시장경제의 체제 선택을 잘 했다.

대한민국은 1948년 7월 17일 공포된 제헌 헌법에서 정치적으로는 자유민주주의, 경제적으로는 자본주의 시장경제 체제를 선택했다. 반면에 북한은 헌법에서 전체주의적, 공산주의 체제를 선택했고, 공산당 1당 체제와 공산주의 경제체제를 선택하고 사유재산제도를 부정했다. 이것이 남북의 격차를 가져온 가장 결정적인 요인이다. 자유민주주의와 시장경제체제를 선택한 결과였다.

국가 지도자를 잘 만난 덕분이었다.

교과서만 있다고 공부가 되나? 왜 공부를 하는지와 공부를 하고 싶도록 동기부여를 해야 한다. 세계 여러 나라가 한국을 벤치마킹한다고 하며 '새마을 운동'을 배워갔다. 그런데 성공했다는 나라는 별로 없다. 이론과 제도를 가져다 놓는다고 그것이 자라지 않는다. 동력이 필요한 것이다. 흔들어야 물결이 퍼져 나간다. 이것이 지도력이고 그것을 행하는 자가 지도자다.

우리나라는 자유민주주의와 시장경제를 선택한 이승만 건국 대통령, 근대화와 산업화를 달성한 박정희 대통령, 한국의 민주화를 이룬 김영삼, 김대중 대통령 그리고 이병철, 정주영, 이건희, 박태준 등의 기업인들의 덕분으로 오늘의 대한민국을 만들었다. 오늘의 대한민국이 있게 된 것은 지도자를 잘 만난 덕분이었다.

우리나라의 국민과 국가 지도자들은 자식 세대에 무식과 가난을 물려주지 않기 위해 어떠한 고난도 극복해내려고 헌신을 다하였다. 그러나 압축발전의 이면에는 적지 않은 희생과 문제점도 있었다. 이들 모두에 대해 종합적으로 바라보고 공과(功過)를 따져야 한다. 한쪽만 바라보고 부각시키는 '편향'은 선동이고 왜곡이다. 과거를 잊은 나라와 국민들에게는 미래가 없다는 사실은 역사가 말해주고 있다.

대한민국의 높은 교육열이 오늘을 만들어냈다.

6.25전쟁 중에도 '어려운 피난민들이 자기 자식들을 학교에 보내는 것'을 보고 외국인들이 깜짝 놀랐다고 한다. 6.25전쟁 후 한국을 방문한 외국인들이 한국인들의 높은 교육열을 보고 한국의 미래는 밝다고 했다.

서울 용산에 위치한 전쟁기념관의 전시관에는 6.25전쟁 동안 학생들을 교육시키기 위해 천막을 치고 막사에서 공부하는 장면들이 연출되어 있다. 전쟁 중에도 학교에 보내면서 교육을 시켰던 나라가 바로 한국이었다. 중앙공무원 교육원에는 외국의 공무원들도 교육받으러 오는데 그들은 한국의 발전상을 배우고 싶어 한다.

6.25전쟁의 폐허에서 어떻게 놀라운 '경제발전을 이룩하고 민주화를 달성하는데 결정적 요인은 무엇인가?'를 연구하고 토론하였는데 그 결론은 '교육'이었다고 한다. 이처럼 국민교육과 우수인재양성이 우리나라 발전의 핵심이었다.

든든한 안보 버팀목이었던 한·미동맹 덕분이다.

　이승만 대통령은 대한민국과 같은 약소국가가 생존을 보장받을 수 있는 유일한 길이 미국과 동맹을 맺는 것이라고 판단하고 한·미동맹의 체결을 요구했으나 미국이 반대하자, 거제 포로수용소의 반공포로 석방이라는 정책적 결단을 통해 한·미 상호방위조약을 이끌어냈다. 이 덕분에 대한민국은 공산주의 세력의 위협에도 불구하고 경제발전에 매진할 수 있었다. 이와 같이 한·미동맹은 대북 억제력으로서의 기능을 발휘해왔다. 한·미동맹은 우리 국방능력이 부족한 부분을 보완해주었다. 국방비를 최대한 절약하면서 경제발전에 매진할 수 있었다. 한·미동맹이 경제발전과 안보의 버팀목이었다.

　오늘날에도 북한의 핵위협, 일본의 국방비 2배 증액, 미·중간의 패권전쟁 등을 고려해 볼 때 한·미 동맹을 소홀히 하고서는 우리나라의 생존과 번영이 보장 받기 어렵다.

한국 국민의 우수성과 위기극복 유전자(DNA)를 가졌기 때문이다.

　'팔만대장경'은 목판(木板)으로 제작되었음에도 불구하고 750년 동안 손상 없이 보존되어 오고 있다. 이는 재질 선정과 보존처리 프로세스 능력이 탁월했음을 보여준다. 오늘날 세계 경제를 주도하고 있는 선진국보다 시대적으로 훨씬 앞선 고려때에 우리 선조들은 이미 완성도가 높은 역사적 유물을 만들었으니 우리 조상들의 우수성과 지혜에 감탄한다. 세계 국가별 평균 지능지수(IQ) 조사 결과를 보면 한국이 평균 106으로서 세계 1위다. 대한민국은 위기 때마다 성장했다. 한국경제는 위기에 강하다. 그저 강한 게 아니라 위기 때마다 새롭게 성장하고 한 차원 더 업그레이드 했다. 한국이 세계적인 삼성전자, LG전자, 포스코, 현대중공업, SK 하이닉스 등과 같은 글로벌 기업군(群)을 갖게 된 것도 IMF 때였다. 위기 속에서 기업들이 낡은 것을 버리고 새롭게 탈바꿈했다. 대한민국은 IMF 사태를 저주가 아닌 '축복'으로 만들었던 셈이다. 우리는 위기를 극복하는 희망의 유전자가 있다. IMF시 금 모으기를 했고, 경제 위기, 정치적 위기, 사회가 혼란할 때마다 현명하게 대처하여 이를 극복하였다.

'원조를 받던 나라'에서 '희망을 주는 나라'가 되었다.

한국은 원조를 '받던 나라'에서 '주는 나라'로 탈바꿈했다. 공적개발원조(ODA)를 통해 2022년에 약 29억 달러를 지원하였다. 이는 개발원조위원회 회원국 30개 회원국 중 15위다.

오늘날 대한민국은 전 세계 국가의 벤치마킹 모델이 되고 있다. 한국을 모방했거나 배우러 온 국가가 많았다. 새마을 운동, 공무원교육 등을 전수했다. 현재까지 92개국 41만 7,000여명이 새마을 운동을 배워갔다. 주로 베트남, 우즈베키스탄, 인도네시아, 튀르키에, 탄자니아, 네팔, 몽골, 캄보디아 등과 같은 나라들이다. 또한 아프리카 35개국에서 "코리아 모델을 가르쳐 달라"고 하였다. 자발적 빈곤탈출의 최적의 모델인 '새마을 운동'으로 '근면, 자조, 협동' 정신에 바탕을 둔 주민들의 의식개혁운동, 나쁜 도로 때문에 낙후된 교육을 살릴 수 있는 '교육방송'과 첨단 기술로 식량난을 해소할 수 있는 농공복합단지 등을 배워갔다. 이러한 것을 통해서 전쟁의 폐허를 딛고 일어선

한국을 보고 '희망'을 배워 간다고 한다.

　미국 랜드(RAND) 연구소는 "덩샤오핑의 개혁은 대한민국을 모델로 삼아 모방한 것"이라고 했다. 장쩌민(江澤民) 중국 주석은 새마을 운동과 경제개발 5개년 계획 등 대한민국의 발전모델을 전수 받기를 원했던 각 성장(省長)과 주민 대표들에게 특별 교육 수강을 지시하면서 중국 지도자들의 롤 모델이 박정희 대통령이라고 토로했다고 한다. 2006년에는 중국 후진타오 주석과 간부 200명이 새마을 운동을 '사회주의 신 농촌건설'의 모델로 삼았다. 중국의 경제 성장에 가장 큰 자극을 준 나라가 한국이다. 중국인들에게 자극을 많이 준 것이 박정희, 박태준, 한국 기업, 한국 사람들이다. 그것은 아무도 부인 못하는 사실이다. 오늘날에는 많은 중국인들은 인식하지 않으려 하는 것 같다. 우리 5,000년 역사상 중국보다 우위에 서서 부러움을 받은 시기는 1980년부터 2010년까지의 30년이었다.

　우리는 이러한 신화와 기적을 이루어 냈고, 이제는 이를 지키고 더욱 발전시켜야 할 의무와 책임이 우리 모두에게 있다는 사실을 명심해야 한다.

　우리는 오늘의 대한민국을 보면서 가슴이 뿌듯해지고, 어깨가 으쓱해진다. 그러나 2023년 5월 25일 '경제개발 5개년 계획 수립60주년 기념 국제 컨퍼런스'에 모인 전직 경제부총리와 장관들은 한 목소리로 "지난 60년은 성공했지만, 포퓰리즘을 근절하지 않으면 앞으로의 60년은 어렵다."고 경고했다. 과거의 성공에 취해 앞으로 나아가지 못한다면 반드시 후회할 날이 올 것이다. 바짝 정신을 차려야 할 시점이다.

4절   애국심이 나라를 지킨다

애국심 교육은 초.중.고등 학교에서 부터 이루어져야 하나 우리나라는 입시위주의 교육, 빗나간 역사교육 등으로 제대로 된 애국심 교육이 이루어지지 않고 있는 실정이다.

그런데 민족사관(史觀)고등학교(이후 민사고)를 졸업한 사람들은 민족정신과 애국심이 투철하다고 한다. 그래서 민사고의 애국심 배양교육을 직접 살펴보기 위해서 강원도 횡성에 위치한 민사고를 한국군사문제원 연구원들과 함께 방문 했다.

민사고 본관 복도 벽에는 '자랑스런 민사인'(동아일보, 2011.11.21)이라는 신문기사 내용을 보드판을 만들어 소개하고 있었다. 그 내용은 '연평도 포격 사건 소식을 듣고 미국에 유학중인 민사고 출신 쌍둥이 형제 정도혁(코넬대), 재현(시카고대) 이병은 "우리가 미국에서 유학 생활을 잘 할 수 있도록 누군가가 대신 나라를 지켰다. 이 번에는 우리 차례다."라며 해병대에 자원입대하여 최전방인 '말도'에서 근무하고 있다는 내용이었다. 이것은 국가가 위기에 처했을 때, 민족혼과 애국심의 발로를 보여준 것으로 높이 평가되고 있다.

이러한 내용을 보면서 민사고가 어떠한 학교인지, 어떻게 교육을 시키고 있는지 알아보았다.

민사고의 애국심 함양교육

1996년에 개교한 민사고(고(故)최명재 이사장)는 영국의 대표적 명문고인 '이튼스쿨(Eaton School)'을 벤치마킹하여 민족혼(民族魂)을 살리고 미래의 조국을 이끌어갈 훌륭한 지도자를 양성할 목적으로 '개인적으로 부(富)를 축적하려 하지 말고 소질과 적성에 맞춰 공부해 민족과 세계를 위해 헌신하는 인물이 되어라.'는 이념에 따라 설립되었다. 민족정신이 깃든 학교를 세우고자 건물에는 기와를 얹히고 곳곳을 '태극기'로 장식했다. 충무공 이순신과 다산 정약용의 동상을 세워 학생들에게 정신적 표상을 삼도록 했다. 세계에서 주목받는 뛰어난 학문적 성과로 노벨상을 받을 미래의 민사고인을 위해 '노벨상 좌대(座臺)' 15개를 학교 진입로에 나란히 설치해뒀다. 학생들과 교사들은 한옥 건물에서 한복을 교복으로 입고, 우리의 가락과 악기를 배우고(남학생은 '대금'을, 여학생은 '가야금'을 필수로 배움), 국궁, 태권도 등 전통 문무를 연마하면서 선조의 얼과 문화의 정수를 체득할 수 있도록 하는 민족교육을 통해 학생들 스스로가 조국과 민족의 구성원임을 자각하고 문화적 정체성을 확립해 민족문화와 세계문화 창조에 이바지할 수 있는 내적 동기를 키워가고 있었다.

또한 민사고의 학생들은 한 학기에 250여 개 과목 중 선택해서 받는 수업, 교사연구실에서의 수업, 개인연구프로젝트, 무학년 무계열 통합수업, 토론 및 독서교육의 생활화, 동아리 활동활성화와 해외 진학 등을 시행하고 있다.

점차 퇴색 되어가고 있는 민족혼과 애국심은 민사고에서는 어떻게 함양되고 있는가. 여러 가지 요인들이 있겠으나, 애국조회가 중요한 요인으로 인식되었다.

매주 1회 1시간씩 진행되는 애국조회는 전교 남녀 학생(3개 학년 총 450여명 전원이 한복 정장을 착용하고 기본적인 의식행사와 정신교육을 실시하고 국민의례를 한다. '조국과 국기'에 대한 경례, 애국가 4절까지 제창, 순국선열에 대한 묵념, 교장훈시, 학생스피치, 교가 제창 등을 한다. 특별한 것은 '교훈'과 '영어상용(常用)의 목적'을 전교생이 제창한다는 것이다.

참고로 교훈은 '민주 주체성 교육으로 내일의 밝은 조국을, 출세하기 위한 공부를 하지 말고 학문을 위한 공부를 하자. 출세를 위한 진로를 택하지 말고 소질과 적성에 맞는 진로를 택하자. 이것이 나의 진정한 행복이고 내일의 밝은 조국이다.' 영어 상용의 목적은 '영어는 앞서간 선진 문명 문화를 한국화하여 받아들여 한국을 최선진국으로 올리기 위한 수단이며, 그 자체는 결코 학문의 목적이 아니다.'는 것으로 미국을 넘지 못하면 일류국가가 될 수 없다. 미국을 넘기 위해 영어가 상용화되어야 한다는 것이었다.

이러한 애국조회 결과 이 학교를 거쳐 간 졸업생들은 '남들에게 부끄러운 행동을 하지 않고, 민족정신과 애국심을 갖더라.'고 민사고 교사들은 말하고 있었다.

민사고에서 시행되고 있는 애국심 교육을 우리나라의 각급 교육기관, 특히 군(軍)의 각 군 사관학교와 각급제대 교육기관에서 애국조회 등을 벤치마킹한다면 실질적인 애국심 함양에 도움이 될 것으로 본다.

가정, 학교, 사회에서 애국심을 가르쳐야한다

　우리나라 고등교육은 대체로 대도시 주변에서 입시위주, 학원위주 교육으로 사(私)교육이 학부모들에게 많은 부담으로 작용하고 있다. 민사고의 경우 도시에서 떨어져있는 교육환경과 입시위주의 교육을 탈피하고 과외수업 없이 선진국과 국내의 우수한 대학에 진학시키고 있어서 성공적으로 인재를 양성하고 있다.

　이러한 인재양성학교가 우리나라에 10여 개 이상 있으면 좋겠다는 생각을 가져봤다. 그렇게 하기 위해 기업체에서 대한민국의 백년대계를 위해 민사고와 같은 학교를 지원하는 풍토가 조성되고 실천하는 기업들이 많아지기를 기대해본다.

　아놀드 토인비(Arnold Toynbee)는 국가 패망의 원인으로 독재를 할 경우, 국민 다수가 애국심이 없을 때이며, 사회가 분열되어 서로 다툴 때라고 했다.

　대한제국의 멸망원인은 여러 가지가 있겠으나 먼저 국가안위에 대한 의지와 대비 자체가 결여되어 있었고, 오로지 권력 쟁취에만 혈안이 되어 있을 뿐 아니라 지도층의 부정, 부패와 부조리가 극심하여 국가는 파탄지경에 이르렀다. 국가를 지키겠다는 애국심은 찾아 볼 수 없었고, 지도자와 국민은 하나가 되지 못하고 '편 논리'에 빠져 자기편의 이익만 챙겼고 국가 안위는 남의 일이었으니 국가는 망하지 않을 수 없었다.

　국가의 패망원인이 외부의 침공보다 내부의 분열과 갈등의 직접적인 원인이었다.

나라를 잃고 뒤늦게 후회하고 일본의 식민 통치하에서 3.1 독립운동을 계기로 상해 임시정부를 세웠으나 국제적으로 인정받지 못했다. 우리의 자력으로 독립을 쟁취하지 못하고 외세에 의해 해방되었다. 해방후에야 나라를 세우고 공산 침략을 막아내며 오늘의 한국을 이룩했다. 오늘날 우리나라는 갖가지 새로운 도전에 직면하고 있다. 따라서 국가와 정부를 불신하고 분열하여 싸울때가 아니라 국가와 정부를 신뢰하고 애국심을 가지고 한 마음이 되어 나라를 지키는데 온 노력을 기울여야 할 때이다.

국가가 없으면 나도 없고, 노예처럼 살아야 할 수도 있다. 국민이 어리석으면 국가는 사라지고 애국심이 없이 나라를 지탱할 수 없다. 오늘날 우리나라는 안팎으로 국가 존망의 위기를 맞고 있다. 가정과 학교 그리고 사회에서 많은 관심과 노력을 기울여 애국심을 갖도록 함으로써 국민 모두가 국가의 주인이 되어 나라를 사랑하는 국민이 되어야 한다.

5절   대한민국을 진정한 선진국, 세계 선도국으로 만들자

한국은 부존자원이 부족하고 가난한 나라였으나, 오늘의 대한민국은 5,000년 역사 이래 가장 잘 살고, 세계적으로 인정받고 대우 받는 나라가 되었다. 세계는 한국을 선진국으로 인정하고 있고 개발도상국들은 한국을 국가발전의 모델로 삼고 있다. 그런데 우리 국민 상당수는 나라에 대한 자부심을 느끼지 못하고 있다. 심지어 20대 젊은이들 10명중 9명이 '헬 조선'이란 말에 공감한다고 한다.

왜 그럴까? 원인은 어디에 있는 것일까. 그것은 아마도 국민들의 왜곡된 역사인식으로 국민통합을 이루지 못하고 자랑스러운 역사를 제대로 교육하지 않았기 때문이라고 생각한다. 지금 우리에게 필요한 것은 정확한 문제인식과 참된 위기의식이다. 따라서 우리사회의 현재의 모습을 조명하고 선진국이 되어 세계 선도국가가 되기 위한 길을 제안한다.

한국의 현재의 모습 : 위협과 취약요인

한국의 현실은 한마디로 '끓는 냄비 속의 개구리' 신세라고 말하는 사람이 많다. 내부적인 문제가 심각하다는 이야기다.

우리나라는 노조활동이 지나치게 강한 나라, 지구상에서 가장 평등이 강조되고, '너'는 없고 '나'만 있는 나라가 되어서 미래, 비전, 꿈이 사라진 나라가 되고 있다.

경제학자 쿠즈네츠(Simon Kuznetz)는 "개발도상국이 선진국 진입 이전에 겪게 되는 마지막 고비가 국민의식 문제라며 경제발전 수준에 따라 국민의식 수준이 높아지지 않으면 경제발전은 한계에 도달한다."고 했다. 우리나라의 경제력은 선진국 수준이나 국민의식 수준은 선진국에 미치지 못하는 미흡한 실정으로 이에 대한 대책이 요망된다.

개발도상국 관료들이 말하는 한국 평(評)을 보면 '자기들이 잘 산다는 사실과 위험한 대치 상황에 놓인 것, 중(中)·일(日)이 얼마나 크고 두려운지 모르는 나라'라고 한다. 어찌 보면 우리가 처한 상황을 가장 정확하고 신랄하게 표현한 것이고, 우리로서는 정곡을 찔린 기분이다. 이를 다시 정리하면 첫째는 우리가 잘 먹고 잘 사는 문제, 즉 경제에 관한 것이며, 둘째는 화약고를 끼고 사는 우리의 안보 상황에 관한 것이고, 셋째는 우리가 인접 외교에서 살아남을 수 있느냐에 관한 것이기 때문이다.[36] 이러한 심각한 사실을 한국인들은 모르거나 외면하고 있다는 사실에 심각성이 있다.

우리 국민들 중 적지 않은 사람들이 확고한 국가정체성과 뚜렷한 국가관 그리고 정확한 역사인식의 부재로 대한민국 자체를 부정하고 있으며 국가 전복 세력들은 국민들을 갈등과 분열을 조장함으로서

---

36) 김대중 칼럼, '한국인만 모르는 세 가지', 조선일보, 2020.7.30일자

심각한 사회혼란을 겪고 있다.

작금의 정치행태는 실로 국민을 걱정하게 만들고 있어서 이제는 국민들이 정치인들을 바로 세우는 일에 관심을 갖고 주인 노릇을 할 때다. 무엇보다도 대한민국식 정치의 가장 큰 문제점은 '우리 편'이 '정의'보다 우선 하는 것을 당연하게 받아들인다. 즉 자기편이면 정의고, 반대편이면 불의라는 것이다. 어느 나라든 '정의'가 쉽게 희생되면 궁극적으로 쇠망한다는 것을 역사가 잘 보여주고 있다. 우리나라의 정치의 가장 큰 특징은 무엇일까? 한마디로 싸움이 많다는 것이다. 걸핏하면 격렬한 비난과 야유, 몸싸움, 농성이다. 일부 정치인과 정치세력들, 시민단체들이 국정운영의 발목을 잡고 민생을 외면하고 있다. 오로지 국민들을 편 가르고 가짜뉴스로 국민들을 기만하여 분열과 갈등을 조장하고 국가이익보다는 자기들의 이익만 챙기고 있는 실정이어서 국민들이 나서서 바로 잡아야할 시점이 되었다.

우리나라 정치의 근본적인 문제 중 하나는 '전체구조는 대통령제인데, 국회와 정당운영은 내각제 방식'이란 점이다. 미국의 정치는 의원들 사이에 '보스'나 '졸개' 없이 각자가 책임 있는 헌법기관으로 민의(民意)를 받들어 정치를 하고 있으나, 우리나라는 '보스정치'를 앞세워 당리당략에 따라 휘둘리고 있는 게 한국정치다. 잘못된 정치 시스템을 고치는 정치혁신이 필요하다. 2차세계대전후 미·소 '냉전'시대가 1991년 소련의 해체로 냉전시대가 종식되는 듯했으나, 미·중의 패권경쟁으로 '신 냉전'을 맞았으며, 2022년 우크라이나-러시아 전쟁이후에는 중국과 러시아를 중심으로 하는 '권위주의·전체주의' 진영 대(對) 미국과 유럽을 중심으로 한 '자유진영'의 대립 시대를 맞고 있다. 이러한 국제정세 변화의 흐름을 정확하게 인식하고 북한의 핵 위협, 미·중 패권전쟁, 우크라이나-러시아 전쟁후의 상황을 염두에 두고 국가안보와 번영을 위한 대책이 절실하게 요구되고 있는 중요한 시점이다.

진정한 선진국, 세계 선도국(先導國)을 만들자

오늘날의 대한민국의 위상을 유지하고 계승발전하기 위하여 우리가 안고 있는 위협과 취약요인을 바탕으로 국가발전전략과 정책 입안이 이루어지고, 우리의 발전은 지속되어야 한다. 이제 갈등을 벗어나 통합의 시대를 열어서 앞으로 나아가자.

국민과 정치가, 국가공직자, 기업가, 군인, 성직자와 교육자 등이 하나가 되고 제 몫을 다할 때 진정한 선진국이 되고, 세계의 선도국이 될 수 있다. 이를 달성하기 위한 최소한의 열 가지 제안을 한다.

가칭 '국가기획원'이란 공식적인 정부기구를 만들자.

5년마다 교체되는 정권에 무관하게 일관성 있고 지속성 있게 추진되도록 국가의 미래설계를 주도하고 주관할 부서가 반드시 필요하다고 생각한다. 국가를 전반적인 차원에서 조망해보고 국가전략, 부국강병을 이루기 위해 나아갈 방향과 비전을 제시하는 것에 목적을 두고 대통령 직속이나 정부부처 기관으로 만들어 국가 미래를 기획하고 총괄하는 업무를 관장하도록 해야 된다. 국가발전 구상, 미래세대 먹거리 창출, 교육방향, 인구문제, 과학기술, 복지, 삶의 질 등에 대한 국가의 미래발전 구상을 통해 국민에게 희망과 꿈을 줄 수 있을 것이다.

확고한 국가정체성과 뚜렷한 국가관을 갖도록 만들자.

자유와 인권 그리고 법치의 가치를 존중하는 자유민주주의가 오늘의 대한민국을 만들었다. 자유민주주의와 법치주의만이 인간의 소중한 가치를 발현시킬 수 있다. 법 앞에 평등함을 보여 주는 법치국가를 만들어 국가의 기강과 권위를 세워 무질서를 추방하여야 한다.

또한 자유민주주의와 시장경제를 위한 체제유지 중심 집단 및 세력이 반드시 필요하다. 대한민국 자체를 부정하는 세력, 체제를 전복하려는 세력에 대해서는 이를 규제하는 국가보안법의 강화 내지는 체제수호법을 제정 시행해야 한다. 그리고 자유민주주의의 지속적인 발전을 위해 국가 중심세력이 바로 서야 한다. 확고한 국가정체성과 뚜렷한 국가관 확립 없이 희망적인 한국의 미래는 보장받지 못한다.

올바른 국민교육과 우수 인재양성에 국가의 총역량을 기울여야 한다.

국민교육의 핵심은 '인성'과 '창의력' 교육에 있다. 교육은 가정, 학교, 사회에서 동시에 이뤄지는 전인교육이 이루어져야 한다. 교육이 바로서야 미래가 있고, 우수인재가 나라 장래를 선도한다는 사실에 주목해야 한다. 우수 인재가 나라의 자산이요, 미래를 보장하는 수단이다. 미래를 위한 인재 양성에 매진해야 한다. 우수인재를 선발, 양성, 활용하는 시스템적 사고의 전환이 필요하다. 해외에 나가있는 한국인, 또는 외국의 인재도 활용될 수 있어야 한다. 교육감 선거제도의 개선이 필요하다. 투표하는 사람의 21퍼센트가 후보의 이름도, 공약도 모르고 투표하는 선거제도, 문제투성이 교육감선거제도는 반드시 개혁되어야 한다.

거짓말과 가짜뉴스가 추방되어야 민주주의가 산다.

가짜뉴스가 판치는 세상을 바로 잡아야 국가가 바로 간다. 가짜뉴스가 국민을 분열시키고 사회를 혼란에 빠트리고 있다. 광우병, 천안함, 세월호, 사드전자파 괴담 등은 모두 특정 정치세력이 정략적으로 생산 유포했다. 지지자들을 결집시키고 그 덕을 보겠다는 것이다. 극단적 팬덤과 가짜뉴스가 민주주의를 파괴하고 있다. 가짜뉴스 생산자에 대한 처벌과 포털, 소셜 미디어 등 유포채널의 책임도 강화해야 한다. 가짜뉴스에 기댄 정치는 결국 국민들에게 외면 받게 된다는 점을 알도록 해야 한다. 가짜뉴스를 부추기는 정치권에 유권자들이 철퇴를 가해야 한다.

올바른 시민교육과 국민의식 교육으로 건전한 민주시민을 만들자.

국민 모두가 자기 나라를 긍정적으로 생각하고 자부심을 갖도록 가정, 학교, 사회에서 동시에 교육이 이뤄져야 한다. 민주시민이 존재하지 않는 곳에서 민주주의가 유지될 수 없다. 민주공화국을 유지 발전시키기 위해서는 '훈련된' 민주시민이 필수적이다. 그렇다면 민주시민교육은 어떤 내용을 교육해야 할까?

로버트 프리먼 버츠(Robert Freeman Butts)는 『민주시민의 도덕』이라는 저서에서 민주시민교육은 건국이념(건국역사), 국가의 정체성(법치주의 운영), 민주시민의 덕목(권리와 의무)을 제시했다. 민주시민교육의 핵심콘텐츠라고 볼 수 있다. 우리가 지금 겪고 있는 사회혼란과 이념붕괴 현상은 대한민국의 건국정신과 가치관, 그 중에서도 근현대사를 좌익 민중사관으로 바꿔버린 데서 발생한 것이다. 따라서 건국이념과 국가의 정체성, 민주시민의 덕목을 제대로 가르칠 때 대한민국은 기사회생의 전기를 마련할 수 있다.

정치혁신 없이 국가의 미래는 없다.

국민들이 나서서 정치를 개혁해야 한다. 문화는 세계를 펄펄 나는데 정치는 후진국 뒷골목 수준이다. 정치는 대단히 중요하다. 국민의 생사여탈권(生死與奪權 ; 사람의 목숨을 죽이고 살릴 수 있는 권리)을 쥔 권력이기 때문이다. 정치의 본질은 보다 많은 백성이 보다 많은 혜택과 편안한 삶을 누릴 수 있도록 행동으로 실천하고 성취를 이뤄가는 데 있다. 어떤 사람이 정치를 해야 하나? 애국심이 있는 사람, 그릇이 큰 사람, 국민만을 위해 뭔가를 남기겠다는 사람이 해야 한다. 애국심이 투철하고 헌법에 충실하며 민주주의에 대한 열정이 있어야 한다. 우리나라엔 과연 그런 자격을 갖춘 사람이 몇이나 될까. 걱정이 앞서기도 하지만 반드시 그런 자격을 갖춘 사람들이 정치를 해야 발전할 수 있다.

대통령제하의 정치시스템의 혁신이 필요하다. 미국식 대통령제를 철저히 이행하든지, 아니면 확실한 내각책임제를 하든지 해야지, 어정쩡한 절충식 방식으로 책임은 지지 않고 권력만 남용하는 체제는 반드시 개선되어야 한다. '당론'이나 '보스'뒤에 숨지 말고 의원 모두가 민생이나 국가장래를 위해 열심히 공부하고 고민하는 모습을 보고 싶다. 국회의원들이 초선이냐 다선이냐를 따지는 선수(選數)를 중시하는 폐단에서 벗어나 능력위주의 의원을 국민들이 똑바로 보고 선출할 때 국민이 주인이 될 수 있다.

우드로 윌슨 센터의 '워싱턴의 현자(wise man)'라고 불리는 리 해밀턴 소장은 "진보든 보수든 정치인이 취해야 할 기본 태도는 국가발전에 어떤 기여를 할 수 있는지 되새겨보는 것"이라고 강조했다. 우리나라 정치인들이 귀담아 들어야 할 얘기다.

올바른 역사 교육만이 국민통합을 이룰 수 있다.

사실에 기초한 올바른 역사인식을 통한 국민통합을 이뤄내야 한다. 국민의 갈등과 분열의 원인은 잘못된 역사인식에서 비롯되었다. 이를 해소하는 기본은 '사실(fact)'에 근거한 올바른 역사인식에 있다. 따라서 올바른 역사교육이 매우 중요하다. 지금부터라도 바로 잡아야 국민이 하나 될 수 있다.

이제 우리 국민, 지식인, 역사학자들이 역사의 진실 앞에 솔직해져야 한다. 역사 왜곡에서 깨어나 자랑스러운 긍정의 역사를 가르치고 세계인이 부러워하는 성공의 역사를 가르쳐야 한다. 그래서 국민 모두가 자긍심을 갖고 자신감을 갖게 될 때 비로소 한국은 세계 속에 우뚝설 수 있다.

경제발전과 안전보장 없이 국가의 생존과 번영은 이룰 수 없다.

경제를 이끌어 가는 것이 기업이다. 따라서 기업인들이 신명나게 뛸 수 있도록 환경을 조성해야 한다. 또한 디지털 경쟁력을 강화하기 위해서는 기술개발 및 적용을 위한 규제 여건을 완화해야 경쟁력을 높일 수 있다.

북한의 핵 위협은 대한민국의 생존을 위협하는 첨예한 사안이다. 가장 확실한 특단의 대책이 요구되는 시점이다. 국가방위력을 강화하기 위해 자체 국방력의 강화, 한·미동맹 제고, 한·미·일 협력 강화로 실질적인 안보능력을 높여야 한다. 싸울 결의(決意)가 없는 나라가 평화를 지키는 방법은 싸울 결의를 가진 나라의 노예가 되는 것뿐이다. 싸울 결의 없이는 무시당하고 나라도 지킬 수 없다. 자유민주주의 체제하에서 '자유인'으로 살 것이냐, 권위주의, 전체사회주의 체제하에서 '노예'로 살 것이냐의 선택의 기로에서 올바른 선택을 해야 한다. 그것은 오로지 우리 국민의 몫이다.

삶의 질을 향상시켜야 한다.

공동체 환경을 지속적으로 개선 보완시켜 나가고 삶의 만족을 높이기 위한 국가 차원의 발전대책이 요구된다. 함께 잘 사는 세상, 모두가 편안한 세상, 최대의 복지를 누릴 수 있는 세상을 만들어 국민들이 피부로 행복감을 느끼게 만들어야 한다.

대한민국의 미래를 위해 남북통일이 이뤄져야 한다.

당장은 어려울지 몰라도 얼마 후 닥쳐올지도 모를 통일에 대비해 준비해 두어야 한다. 자유민주주의 체제로 통일이 되어 세계 속으로 약진하는 대한민국으로 만들어야한다.

위에서 언급한 요건들이 충족이 되고 미래에 대한 분명한 비전을 가지고 국민과 정치권이 단합하여 매진한다면 2030-40년경에는 진정한 선진국이자 세계를 선도하는 대한민국이 될 수 있다고 본다. 대한민국의 국가 성장 원동력은 우리 국민들의 노력과 열정에 있다. 우리는 스스로의 성취에 대한 보다 적극적이고 긍정적인 인식이 필요하다. 물론 우리 사회의 잘 못된 부분을 바로 잡는 개혁과 혁신은 반드시 진행되어야 한다.

결론적으로 대한민국의 '한강의 기적'이 '한반도의 기적'으로 거듭나는 신화는 계속되어야 한다. 이것은 국민과 국가 최고지도자, 정치권 등이 하나가 된다면 이뤄낼 수 있는 가능한 목표다.

3장

국가안보가 왜 중요한가

1절. 국가안보 위협과 대비책
2절. 한반도의 지정학과 생존전략
3절. 미·중 패권경쟁과 대한민국 생존전략
4절. 나라를 지킨다는 것은 내 가족을 지키는 것이다
5절. 징비록에서 유비무환을 배우자
6절. 호국보훈정신이 나라를 지킨다

1절   국가안보 위협과 대비책

군인이나 국민이 전쟁을 잊으면 그 나라는 반드시 망한다. 진정한 평화를 원하면 단 1%의 전쟁가능성에도 대비하는 것이 진리다. 그런데 한국은 전쟁가능성이 매우 높은 상태다. 현재 세계의 화약고는 우크라이나, 이스라엘, 대만, 한국이다.

미·중 패권전쟁과 우크라이나 사태가 진행 중에 있고, 일본, 독일의 국방예산을 현재의 배(倍)로 증가하여 군사재무장이 시작되었다. 이러한 국제정세의 흐름을 잘 읽고 신중하게 대처해 나가야 국가 생존이 가능하다. 국력(힘)이 뒷받침 되지 않는 주장은 광야의 외침일 뿐이다. 항상 강한 국방력을 준비하는 것만이 평화를 지키고 유지하는 최선의 길이다.

따라서 안보란 무엇이며 왜 중요한지, 한국안보의 위협요인은 무엇이며 어떻게 대비해야 되는지에 대해 알아본다.

국가안보란 무엇이며, 왜 중요한 것일까.

사람은 누구나 안전한 환경 속에서 행복을 누리며 살기를 원한다. 안전이 전제되지 않으면 행복이나 번영은 거의 불가능하다. 따라서 행복이나 번영의 최소 조건이 바로 안전이라고 할 수 있다.

여기서 안전이란 위험(危險)과 위협(威脅)으로부터의 안전을 의미한다. 위험으로부터 자신을 보호하기 위해서는 안전이 필요하지만 위협으로부터 자신을 보호하기 위해서는 안보가 필요하다.

안보(安保)의 사전적 의미는 '편안하게 보호되는 것'을 말한다. 자신의 생명과 재산과 자유에 위해(危害)를 가할 수 있는 모든 환경으로부터 안전한 상태를 유지하는 것을 안보라 할 수 있다.

국제정치학자인 한스 모겐소(Hans Morgenthau)는 "모든 나라의 기본적 국가이익은 외부로부터 생존의 위협을 막아내고 정치적, 문화적 정체성을 보존하는 것"으로 말하고 있다. 헤들리 불(Hedley Bull)은 "국가이익의 3개요소로 안보, 번영, 이념적 목표"로 보고 있다.

국가안보는 국가의 생존과 발전의 필수요소이다. 국가의 기능 중 가장 중요한 것은 국내외 위협으로부터 국가의 주권과 국민의 생명과 재산을 지키는 국가안보이다. 그래서 국가안보를 국가의 '사활적 이익(survival interests)'이라 한다. '사활적 이익'이 걸려있는 사안은 국가존립을 직접적으로 위협하기 때문에 군사력이 사용되며 협상과 타협의 여지가 거의 없다. 이와 관련하여 마키아벨리(Niccolo Machiavelli)는 국가 생존은 정부의 가장 중요한 목표이며 이를 달성하기 위해서는 어떠한 수단도 정당화된다고 하였다. 국가의 생존이 보장되지 않는다면 자유, 경제적 번영, 복지 등과 같은 가치들은 사실상 의미가 없다.

왜 안보가 중요한가. 일반 국민은 과연 안보와 무관한 것인가. 보통 사람들은 '안보'하면 '나와는 상관없는 일이다'라는 반응을 보이는 것이 일반적이다. 먹고 살기도 바쁜데 그런 것까지 신경쓸 여유가 없다는 것이다. 또한 평화 속에서 성장한 젊은 세대들은 안보 이야기를 하면 '딱딱하다', '수구 꼴통이다'라는 부정적인 인식이 강하다.

그러나 안보는 결코 일반 국민과 상관없는 일이 아니다. 또한 안보는 수구니 보수니 하는 이념과는 무관한 것이다. 모든 나라에서 당연히 중시돼야 할 '이념을 초월한 가치'다. 국가안보는 공기처럼 소중한 것이다. 누구나 공기를 들이 마시면서 숨 쉬고 있지만 공기의 고마움을 느끼지 못한다. 그러나 공기가 없으면 한시도 살 수 없다. 건강을 잃었을 때 건강의 소중함을 깨닫게 되듯이 평화를 상실했을 때 안보의 중요성을 깨닫게 된다. 그러나 그때는 너무 늦어서 되돌릴 수 없게 된다.

생존은 모든 국가가 추구하는 가장 중요한 목표이다. 한 국가가 생존할 수 없다면 경제적 번영과 같은 다른 중요한 목표들을 추구할 수 없게 된다.

민주정치는 여론 정치다. 여론은 안보정책에 중대한 영향을 미친다. 안보정책은 여론의 지지를 받아야 하고 문민통제의 원칙에 따라 국민의 대표 등에 의해 군대가 이끌어지기 때문이다. 따라서 국민들은 안보문제에 대해 남의 일이 아닌 내 일이란 인식을 갖고 잘 알아야 한다.

그래야 사회적으로 건전한 안보 여론이 형성되고 국가안보 책임자로 관리할 능력이 있는 대통령과 국회의원 등을 선출해야 한다. 안보가 무너지면 가장 큰 피해자는 국민이기 때문이다. 국민이 국가안보의 주체다.

한국 국가안보의 취약성과 안보 위협요인

한국안보가 안고 있는 취약요인

하나, 역사적으로 우리는 강대국들로부터 빈번한 침탈을 당했지만 그것을 숙명적으로 받아들이고 국가안보에 대해 스스로 반성하지 않고 대비책을 세우지 못했다. 특히 조선시대의 숭문천무(崇文賤武)적 가치관이 국가안보를 경시하는 풍조를 조장했다.

둘, 북한 위협의 실체를 정확하게 보지 못했다. 아울러 미국에 대한 과도한 안보 의존심리로 자기 스스로 힘을 키우고 갖추는데 소홀히 했다. 한미동맹이 우리 안보의 버팀목이 된 것은 분명하지만, 반면에 우리의 국가지도자, 군인, 국민들이 안보문제를 우리의 문제로 보지 않고 남의 일처럼, 마치 미국인의 문제인양 보는 시각이 있어서 안타까운 면이 있었다.

셋, 국민들이 확고한 대한민국 국가정체성이 확립되지 못했다. 올바른 한국 현대사와 국가정체성에 대한 교육을 제대로 시행되지 못해 잘못된 역사관에서 갈등과 분열이 심화되고 있다.

넷, 주변국의 정세변화와 위협에 대비한 대응전략을 제대로 세우지 못했다. 정권이 5년마다 교체되고 사회적인 갈등이 심화되어 안보정책이 정확한 좌표를 상실한 채 일관성과 지속성이 결여되어 있었다.

다섯, 자유민주주의 체제수호세력이 없었고 확고한 대한민국의 정통성 확립을 위한 관심과 노력이 결여되고 있는 점이 큰 취약점으로 대두된다. 내부 위기의 가장 큰 원인은 가치관의 혼란에 따른 분열과 갈등이다. 분열되고 공동체의식이 취약한 집단에서 그 구성원들이 자기 공동체를 확고히 지키려는 생각은 하지 않는다.

한국의 안보위협의 구체적인 내용

하나, 북한의 핵 위협이다. '북한은 핵을 만들 능력도 의지도 없다'던 좌파진영의 주장은 파산됐다. 적화통일은 북한의 변함없는 목표다. 북한 핵 무력의 완성은 북한의 한반도 적화통일 야욕을 가능하게 만들지도 모른다.

북한의 김정은은 2022년 12월 30일 노동당 중앙위원회 전원회의에서 대한민국을 "의심할 바 없는 명백한 적"으로 규정하며 "핵탄두 생산량을 기하급수적으로 늘리라"고 지시했다. 또한 2023년 2월 18일 미국 전역을 사정권에 넣는 대륙간탄도미사일(ICBM) 화성-15형을 발사하면서 김정은의 여동생 김여정은 "남조선 것들은 상대 안한다"며 미국을 위협하였고, 이틀 후인 2월 20일엔 초대형 방사포(SRBM)를 평남 숙천에서 동해로 2발(청주와 군산공군기지를 겨냥한 거리)을 발사하면서 "전술 핵 방사포 4발이면 적 비행장은 초토화된다"고 발언하는 등 한국에 핵 위협이 심각해지고 있다. 이러한 핵 위협 현실을 직시하고 국가의 틀을 새롭게 짜야할 시기가 도래했다.

둘, 외부의 위협이다. 외부로부터는 주로 영토, 주권, 국민에 대한 위협이 있다. 외부 위협은 북한의 핵위협과 침략 가능성, 일본의 독도 영유권 주장, 중국의 이어도 관할권 주장, 중국의 동북공정, 미·중 패권경쟁 등이 구체적인 위협이고 공산주의 이념이나 테러리즘은 포괄적 위협이라고 할 수 있다. 그 중에서도 가장 크고 직접적인 위협이 바로 북한의 위협이다. 북한의 무력 침략과 대남공작에 의한 적화통일공작이다. 북한은 한국사회의 혼란조성을 통한 '남조선 혁명'을 중요한 국가 목표와 통일전략으로 지속적으로 노력을 집중시켜왔고, 그들은 간첩침투, 지하당조직, 선전선동, 혼란조성 등 여러 수단을 동원하여 침투해왔으며, 그 결과는 심각한 양상으로 나타나고 있다. 종북, 친북세력의 확산으로 대한민국의 정체성 부정, 반체제, 반미운동의 확산 등 심각한 남남갈등을 조장하고 있다. 이는 군사작전으로 대응할 수 있는 문제가 아니다.

셋, 내부의 위협이다. 거대한 나무가 외풍에는 견디어도 붉은 개미떼들이 갉아먹기 시작하면 나무는 넘어진다. 한국 내부 사정이 이 지경에 이르렀다. 간첩을 침투시켜 한국 내에서 내부 분열공작으로 대한민국 호의 침몰을 위해 활동하는 세력들이 내부의 적이다. 미군은 월남전 패배에서 보듯이 사실상 적군의 간접침략에 효과적으로 대응할 능력이 없었다. 이 같은 미군의 한계는 한국에서도 그대로 적용된다. 북한의 간접침략에 대응하는 것은 어디까지나 한국의 몫이다. 이러한 사실을 알고 있으면서도 그 부분에 관심이 적고, 오히려 북한을 마치 우리가 보듬어야 할 우리 반쪽으로만 인식하는 풍조가 널리 퍼져있어서 이것이 우리를 위협하고 있는 것이다.

북한의 간접침략을 포함한 사회 혼란 및 전복활동은 한국안보에 대한 중대한 위협과 도전이다. 특히 북한은 통일전략전술에 따라 민족통일, 민족공조, 반미 등 외세 배격, 평화(안보 및 군사배격, 평화협정 주장)를 내세우며, 그러한 노선에 동조하는 종북, 친북 집단은 북한의 대남 전략전술의 연장선상에서 반정부, 반체제 활동을 하게 함으로써 한국사회의 심각한 내부분열을 조장하고 있다. 종북 세력들이 말하는 한반도 통일은 우익이나 보수가 눈치 채지 못하도록 만든 가운데 남북교류협력을 활발히 한 후에 남북지도자가 어느 날 만나서 "이제 통일되었습니다."하면 통일된다는 이른바 '어물어물 통일론'을 기도하고 있다. 우리는 이러한 공산주의자들의 기도를 정확히 인지하고 대처해야 한다.

나라는 입으로 지킬 수 없다.

현재 대한민국은 미래를 결정할 두 가지 중대한 사안에 직면하고 있다. 하나는 미래의 한국을 지켜낼 안보(安保)의 틀에 관한 것이고, 다른 하나는 한국의 정통성과 정당성을 확고히 하는 이념의 틀 즉 올바른 역사관의 확립이다. 이것은 대한민국의 문제이다. 평화를 유지하는 방법은 두 가지다. 하나는 적에게 굴종하여 노예로 살거나, 다른 하나는 우리가 힘으로 적과 싸워 이길 수 있는 안보 능력을 갖추고 전쟁준비태세를 갖추는 것이다. 여기에서 어떤 것을 선택할 것인가 하는 것은 국민의 몫이다.

나라를 지키려면 안보위협에 어떻게 대처하고 무엇을 해야 할까.

먼저, 나라는 입으로 지키지 못한다. 힘이 있어야 나라를 지킨다. 우리나라의 일부 정치인들이나 학자, 국민들은 자유와 평화를 입으로 지킬 수 있는 것처럼 떠드는 사람들이 있으나 결코 입으로 지킬 수 없다. 스스로 나라를 힘을 갖출 때만이 가능하다. 스스로 나라를 지킬 수 있는 힘, 하나 된 국민, 국가 최고지도자의 확고한 국방의지 및 행동력이 나라를 지킨다. 정치인들의 안보에 여야가 따로 없고 국민이 하나로 결집되고, 국민이 군인을 존중하는 국민의식이 함께 해야 한다.

더욱 중요한 것은 '왜 싸워야 하는지'를 군인이나 국민이 알아야 하나가 될 수 있고, 싸워 이길 수 있다. 우크라이나-러시아전쟁에서 우크라이나는 왜 싸우는지 목적이 분명했었고, 지도자가 국민을 하나로 모을 수 있었기 때문에 전쟁에서 밀리지 않고 있다. 반면 러시아 군대는 싸우는 이유를 명확히 몰랐기 때문에 작은 나라와의 전쟁에서 압도하지 못하는 것이다.

다음은 북한의 핵과 미사일 위협이다. 북한의 핵과 미사일 보유목적은 한반도 적화통일이다. 미국을 핵미사일 사정권에 포함하여 한반도 전쟁시 미국의 개입을 차단하여 종국적으로 한반도의 적화통일에 있는 것이다.

지금은 북한 핵위협에 대한 특단의 대책이 필요한 시점이다. 최근 북한의 '핵무력 법제화' 공표에 이은 노골적인 위협과 계속되는 전술핵무기 개발과 미국 본토를 타격할 수 있는 대륙간 탄도미사일(ICBM)발사 등은 한국의 안보태세에 한계를 낳고 있다. 북한 핵 대비책은 어제와는 다른 전략과 수단의 필요성을 강력하게 시사하고 있다. 북한이 핵사용을 절대 고려할 수 없도록 하는 '능동적 유효 억제전략'이 필요하다.

북한의 핵위협에 우선적으로 대응하기 위해서는 한미동맹의 바탕위에 미국의 핵우산의 실질적인 재배치를 위해서 한미 핵공유 계획수립과 주기적인 훈련이 이뤄져야 하고, 미국의 신형전술핵무기

(B61-12)의 한반도 재배치를 위해 미국과 긴밀히 협조해야 하며, 일본처럼 언제든지 핵무기를 확보할 수 있는 잠재력 확보가 긴요하다. 북한의 핵과 미사일이 미국을 사정권에 포함됨에 따라 과연 미국이 '워싱턴을 포기하고 서울을 지켜줄 것인가'에 대한 확신이 필요하다. 이러한 확신이 서지 않고 북한 핵위협의 증가가 현실화 된다면 국가의 사활적 안보 이익을 지키기 위해 미국의 동의를 얻고, 국제사회의 제재를 완화시키는 노력을 전제로 자체 핵무장을 고려할 수밖에 없다. 미국이 여러 가지 사정으로 반대 입장이겠지만, 우리는 국가의 사활이 걸린 문제이므로 한미동맹간 신뢰를 바탕으로 핵무기 보유능력 확보를 추진하는 게 바람직하다.

세 번째는 대한민국의 체제수호세력 구축 및 활동이 이뤄져야 한다. 친북, 친중 세력의 확대로 한국정부의 전복 및 속국화 전략, 그리고 북한의 통일전선전략, 회색지대전략, 하이브리드전략전술 등에 따른 내편 네편 편 가르기, 거짓말에 의한 기만전, 사이버전, 정치심리전 등에 대비해야 한다. 북한의 적화 통일공작에 따라 움직이는 수많은 간첩과 노동단체와 시민단체 등이 한국 내에서 활동 중에 있고, 이들은 북한의 지령에 따라 국내의 갈등과 분열, 선전선동, 반정부, 반체제활동, 반미, 미군철수 등 국가정체성을 흔드는 행위는 발본색원되어야 한다.

네 번째는 위기시에 적극적으로 도와 줄 수 있는 확고한 동맹이 긴요하다.

한미동맹의 강화가 요구되고, 나아가 지역안보를 위한 한·미·일 안보협력체제를 강화하며, 필요하다면 나토(NATO)와 같은 확대된 안보동맹의 확대전략도 구상할 수 있다.

다섯 번째, 첨단 과학기술로 무장된 군대와 우수한 인재확보가 중요하다.

국방을 뒷받침 할 수 있는 경제력과 첨단 과학기술로 무장된 군대와 이를 운용할 우수 인력 확보와 훈련이 무엇보다 중요하다. 우크라이나 전쟁에서 확인된바와 같이 정보전, 사이버전, 심리전, 드론전, 전파에 의한 적 무기의 무력화 등 과학 기술 첨단화로 새로운 신형 무기의 개발 및 확보기 시급하다.

마지막으로 북한 내부의 취약성 공략으로 도발 의지를 말살하는 것이다.

북한이 한국 내부의 갈등과 분열을 조장하여 한국정부의 전복을 기도하듯이 한국도 북한 내부의 붕괴를 통한 도발의지를 꺾어 버려야한다. 북한의 정확한 내부 실상과 한국의 번영된 모습을 북한 주민에게 알려주고, 북한은 자유와 인권이 없으며, 북한 주민이 못살고 통제되고 가난하게 살 수밖에 없다는 북한체제의 부정적인 실상을 알려주어 북한 주민 스스로 깨어나도록 촉구함으로서 궁극적으로는 개방을 유도하고 전쟁도발 의지를 없게 만드는 것이다.

우리나라도 북한을 제압하기 위해서는 북한의 최대 약점인 인권문제와 대북방송, 전단 살포, 한류확대 등으로 북한의 취약점을 공략함으로써 한국에 대한 도발을 억제할 수 있다고 본다. 현재 이런 행위를 규제하고 있는 법규를 빠른 시일 내에 개정해서 이런 활동이 가능하도록 해야 비로소 남북문제에서 우리가 주도권을 가질 수 있다.

2절　한반도의 지정학과 생존전략

　로버트 케이건(Robert Kagan)은 그의 저서 『밀림의 귀환(The Jungle Grows Back)』에서 "오늘날 세계는 19세기 말과 20세기 초처럼 지정학으로 귀환하고 있다. 한때 시대착오적이라고 간주되었던 영토에 대한 야욕이 유럽으로 되돌아 왔고(우크라이나), 아시아(대만)에도 돌아올 조짐을 보이고 있다"라고 말하고 있다.
　또한 조지 프리드먼(George Friedman)은 『21세기 지정학과 미국의 패권전략』에서 "강대국간 교통지대를 세력 균형의 통제점으로 보고 향후 미국의 전략은 이 세력의 균형점을 통제하는데 두어야 한다면서, 그 화약고를 유럽의 폴란드와 아시아의 한반도를 지목했다. 한반도가 중국과 일본의 세력 균형점에 있다는 것이다."고 말한다. 지금 우리는 지리가 우리 삶에 어떤 영향을 끼치는지, 세계 경제를 어떻게 좌우하는지 지정학(geopolitics), 지경학(geoeconomics)에서 지리(geo)를 들여다봐야 할 때다. 한반도는 4강의 이해가 상충하는 동북아의 전략적 요충지로서 이들 4강의 상호 이해 각축이 계속 될 수밖에 없다. 한국이 국력이 강해진다면 오히려 4강의 세력 상충을 중화(中和)할 수 있는 위치도 될 수 있다.
　그러한 의미에서 한반도의 지정학적 중요성에 데해 알아본다.

지정학의 개념과 중요성

지정학은 강대국들이 자국의 이익을 확대하기 위한 도구였다. 그들에게 중요한 것은 오로지 현실적 국익이었다. 냉전 종식이후 한 동안 사용하지 않았던 '지정학'이란 용어가 '지정학의 귀환'이라는 문구로 회자되고, '지리경제학'이란 용어가 '지경학'이라는 색다른 의미로 사용된 배경에는 2008년 이후 나타난 미국과 중국관계의 변화가 자리 잡고 있다.

카플란(Robert D. Kaplan)은 지정학에 대해 "각 국가가 전략을 세울 때 마주하게 되는 전체적인 맥락에 대한 연구이며, 지리가 사람들 사이의 대립에 미치는 영향력"이라고 현실적으로 정의했다.

한반도의 지정학적 조건은 국가발전과 번영의 기회를 주기도 하지만, 한편으로는 대륙과 해양 모두로부터 발생하는 주변 강대국의 일상화된 안보 위협에 노출되기도 한다. 지정학적 한계를 뛰어 넘고 과학 기술력을 극대화할 수 있도록 우리 전략 커뮤니티 모두의 지혜를 모을 때다. 따라서 한반도 문제를 한반도 내부의 문제로만 국한하지 말고 강대국들의 지정학과 관련지어 더 거시적으로 파악하고 한반도 문제를 풀어갈 해법을 찾아야 한다. 오늘날 동북아는 지정학의 저주가 어떻게 풀리게 되었나? 동북아 번영의 비밀은 지정학, 역사, 이념의 극복이었다. 미국이 먼저 만들었던 동맹체제, 그 안보체제를 바탕으로 기가 막힌 실용주의자들인 일본총리 요시다 시게루, 한국의 박정희, 대만의 장경국, 중국의 등소평 등이 나와서 그것을 십분 이용해서 온갖 민족주의 구원(舊怨), 과거사 문제, 이념적인 문제, 영토문제

등은 다음 세대에 맡기고 무역을 터버렸다. 그 저주를 풀었던 요술 방망이가 바로 미국의 지원 하에 이루어졌다는 사실이다.

　동북아 번영이 지속되려면 북한의 비핵화, 중국의 '열강' 행태 견제, 한·미동맹 강화, 지역 통합노력 등이 필요한 것이다.

한반도의 지정학적 가치

　미·중 패권경쟁을 포함한 주변국 간의 경쟁 구도가 인도·태평양 지역을 중심으로 재편되고 있는 현재의 상황을 고려할 때 한반도의 안보환경은 그 어느 시기보다 불확실성과 복잡성이 증대하고 있다.

　한반도는 중·러·일의 흥망에 따라 공간적 의미와 가치가 바뀌어 왔다. 중국이 강할 때는 중국방위의 변방으로서, 일본의 힘이 강할 때는 대륙진출의 발판으로서, 러시아가 강할 때는 해양진출의 근거지로 삼으려는 야심을 노골화해 왔다. 그리고 2차 세계대전 후에는 미국의 대소(對蘇) 공산세력의 팽창을 차단하는 역할을 했었다. 또한 이들 세력이 교체할 때마다 즉, 임진왜란, 병자호란, 청·일전쟁, 러·일전쟁 그리고 한국전쟁시는 한반도가 그들의 전쟁터로 되었었다.

　그러나 이 중앙적 위치는 자국의 정치적 통일성이 강하면 오히려 외부로의 진출이 용이하다. 독일은 러·불의 중앙적 위치를 잘 이용하여 강국이 되었고, 2차에 걸쳐 주위 국가들에게 그 세력을 떨쳤다. 반면 한반도는 정치적 통일성을 기하지 못하고 당파싸움, 수구/개화파, 친러/친일파, 공산/자유 진영으로 국론이 분열되어 큰 어려움을 겪어 왔다. 우리는 지정학이 숙명론이 아닌 이상 주변 강대국들의 세력을 잘 이용하고, 우리의 힘을 기르는 것만이 우리가 생존하는 길이라는 것을 명심해야한다.

주변 4강의 한반도 전략

미·중 패권경쟁에서 한반도의 지정학적 위치는 우리의 의지와 상관없이 미국과 중국에 의해 좌지우지 될 수 있으며, 그래서 더욱 더 미·중 패권경쟁 속에서 대한민국의 선택과 대응은 더욱 중요하다고 할 수 있다

한반도는 강대국의 핵심이익과 이해관계가 중첩되는 지역이다. 중국의 부상과 북한과 대만문제, 동아시아 국가들의 첨예한 영토분쟁이 지속되는 불안 요소를 안고 있는 경쟁의 공간이 되고 있다.

중국인들은 한반도를 '중국의 뒤통수를 강타할 쇠망치'로 생각했고, 일본인들은 한반도를 '일본의 심장부를 겨냥한 단도(短刀)'라 생각했다. 또한 러시아는 해양으로 진출할 수 있는 근거지로서의 역할로 생각하였다. 미국은 일본과 함께 한반도를 대륙세력이 해양세력으로 진출하는 것을 저지할 수 있는 '방파제'로서의 전략적 지역으로 생각했다. 그러면 주변 4강의 한반도에 대한 지정학적 관심과 전략에 대해 알아본다.

먼저, 한반도에 대한 미국의 시각을 보면 6.25 전쟁 이전에는 한반도에 관심도 전략적 평가도 매우 낮았다. 6.25 전쟁 시엔 소련의 공산주의 팽창 정책을 저지하기 위해 한반도의 가치를 평가하기 시작했다. 현재는 대중 패권전쟁의 최전선으로 생각을 하고 있다. 한반도

에 대한 미국의 지정학적 목표는 일본을 공격할 수 있는 전진기지가 되지 않도록 방지하는 것에 한정되어 있었다. 미국에 있어 한국과 한반도는 중국에 대한 견제와 북한의 위협에 대응하기 위해 인도·태평양지역에서 지정학적 거점임에 틀림없다. 미국은 지정학적 관점에서 한반도가 통일 후 한반도가 친구가 되면 좋겠다고 생각할 수 있다. 그러면 중국과 일본을 견제할 수 있다고 생각하기 때문이다.

다음은 중국의 시각이다. 역사적으로 중국은 한반도 국가들과의 관계에서 대국으로, 한반도에 대해서는 속국 내지는 조공국 정도로 인식되어 왔다. 또한 1950년 한국전쟁시 유엔군이 중국의 산업기지인 만주지역에 대한 직접적인 군사적 위협으로 받아들여 인민지원군 100만 명을 개입시켰다. 중국본토와 만주 지역에 대한 엄호지역이자 완충지대(Buffer zone)정도로 생각하였다. 오늘날 중국은 한반도에 대한 영향력 확대로 남중국해 및 동중국해, 서해를 장악함으로써 한국 무역선의 방해가 우려된다. 역사적인 동북공정 나아가 문화공정으로 한국을 '속국화'하려고 하며, 한·미동맹을 약화 또는 파탄시켜 자기편으로 끌어드리기 위해 노력하고 있다.

일본 입장에서 볼 때, 한반도의 존재는 일본의 안보를 위해 필요불가결한 존재로 인식하였다. '한국의 안정이 일본에 긴요하다'는 닉슨·사또 공동 성명(1959년)의 한국 조항과 '한반도 전체의 안전이 일본에 긴요하다'는 신 한국조항(1975년)은 일본에 대한 완충적 역할을 해왔다. 일본이 대륙진출을 위한 팽창정책 시엔 항상 한반도를 교두보 내지는 전진기지로 이용하였고, 일본의 안보를 위한 완충지역이자 엄호지역으로 이용함으로써, 한반도에 대한 그들의 정책은 한반도에서 영향력을 행사하는 것이었다. 일본의 한반도에 대한 인식은 북방의 위협을 차단해주는 방어벽으로서, 대륙 진출을 위한 가교로서 인식하였다.

러시아의 대한반도 관계는 역사적인 동진 또는 남진정책의 일환으로 나타났다. 그들이 극동에서 부동항을 찾아 남진을 시작한 것은 1860년경 블라디보스토크항을 건설하면서 부터이다. 제정(帝政) 러시아 때부터 러시아인은 진해 및 마산의 조차(租借)를 희망하였고, 대한해협을 통제할 수 있는 곳에 부동항을 갖기 위해 러시아 함대는 1854년에 거문도에 무단 입항하여 조선정부에 개항을 요청한 바 있고, 1861년 대마도를 점령하였다. 한반도 쟁탈전에 끼어들었으나 러·일전쟁에서 일본에 패전하여 좌절되었고, 제2차 세계대전 후에는 북한에 군대를 진주시키고 공산주의 정권을 수립하는데 핵심적 역할을 하였다.

3절 미·중 패권경쟁과 대한민국의 생존전략

 미·소 냉전체제에서 소련이 해체되고, 지금은 미·중 패권 경쟁 시대를 맞고 있다. 2024년에는 국제분쟁이 일어 날 가능성이 높아졌다. 즉, 러시아의 우크라이나 침공문제, 이스라엘과 하마스의 중동전쟁, 중국의 대만침공문제, 북한의 한국에 대한 핵과 무력도발 우려로 초긴장사태를 맞고 있다.

미·중 패권경쟁의 본질

 미·소 냉전이 끝나고 동유럽이 자유화된 이후, 미국의 세계전략은 하나는 핵확산 금지이고, 다른 하나는 해상 교통로 확보였다. 이에 세계 모든 나라가 동조하고 있는데, 유일하게 중국은 이에 반(反)하고 있어서 미국과 중국이 대립하고 있다. 미·중 패권 경쟁의 본질은 중국의 대전략인 '중국몽(中國夢)' 대(對) 미국의 대 전략인 '미국 제일주의(MAGA·Make America Great Again)'의 대결이다. 미국의 대전략은 아시아와 유럽에서 힘의 균형을 이루는 것이다.
 미국은 중국을 2001년에 WTO에 회원으로 가입시켜 주고 많은 도움을 주면서 중국 경제가 고속 성장을 하는데 결정적인 기여를 했다.

그러면서 '중국을 포용하고 기술협력과 무역을 통해 경제가 발전되면 자유화되고 민주화' 될 것이란 큰 착각을 했다. 이를 뒷받침한 게 바로 미국의 싱크탱크와 기업 관계인들이었고 부추겼다. 그러한 미·중 교류협력이 40년간 진행되면서, 중국이 미국의 첨단기술을 가져가서 경제력만 키운 게 아니라 군사력을 키워 미국을 위협하고 있다. 이러한 기만술에 속았다는 사실을 트럼프 정부에 들어서야 인식하였고, 2019년부터 미국이 중국을 본격적으로 제재하기 시작했다.

2013년 시진핑 주석은 "중화 인민공화국 건국 100주년이 되는 2049년까지 종합국력과 국제 영향력에서 미국을 제치고 최강국이 되어 세계질서를 주도하겠다는 '중국몽'을 제시하며 이를 뒷받침하기 위해 세계 일류수준의 군대도 보유하겠다."고 선언했다.

미·중 패권 전쟁은 체제경쟁, 이념전쟁, 가치경쟁 등의 양상으로 전개되고 있다. 우선 정치체제가 다르다. 미국은 자유와 인권을 중시하는 자유민주주의다. 중국은 서구의 자유주의 시장경제체제보다 사회주의가 우월하다고 생각한다.

미국 바이든 대통령 취임이후 2021년 3월 첫 기자회견에서 세계를 '민주주의'와 '권위주의'의 대결로 본다는 점을 분명히 했다. 민주주의를 놓고 국제 사회가 대결했다. 2021년 12월9일부터 10일까지 열렸던 '민주주의 정상회의'에는 110개국이 화상으로 참여했다. 자유와 인권이 중요한 가치판단의 기준이 됐다.

중국은 중국몽(中國夢)을 실현하기 위해, 육상과 해상으로 신 실크로드를 만들어가고 있는 일대일로(一對一路) 정책을 통해 세계를 장악하려고 하고 있고, 미국의 동맹국들을 파괴하고 중국 쪽으로 돌아서게 하는 샤프파워(sharp power) 공세를 펴고 있다. 중국의 일대일로 프로젝트는 무엇인가? 중국은 최근 미국의 힘을 약화시키고 영향력을 확보하여 중남미 국가들과 유대를 강화하는 새 협약에 잇달아 서명하고 있다. 항구, 도로, 철도, 발전소 등 주요 사회기반 시설을 지어주며 환심을 사고, 커져가는 경제력을 과시하면서 영향력을 행사한다. 그 규모는 이미 안보와 군사적 이해관계를 아우르는 포괄적인 수준에서 미국에 큰 위협이 되고 있다.

그러면 중국몽 실현을 위해 통일전선 공작이자, 정치전이요 사상전인 샤프 파워(sharp power) 전략은 무엇인가? 이는 미국과의 동맹관계를 약화 또는 파탄시키려는 것이다. 특히 미국 동맹국인 한국, 일본, 호주, 뉴질랜드 등이 주요 대상국이다. 이 전략의 특징은 경제력을 앞세워 은밀하게 접근하고(covert), 매수하며(corrupt), 필요시 강압적 방법(coercive)을 동원한다. 정보를 왜곡하고 조작하기 위해 선전선동, 가짜뉴스살포, 경제, 정치적 압박, 비밀공작에 의한 혼란조성 등으로 상대국에 혼란과 분열을 조장하여 목적을 달성하는 것이다. 이는 중국공산당이 주도하여 국가의 모든 역량을 동원한다. 해외공관, 공자학원, 중국기업, 현지 중국교민, 심지어 유학생 등을 통해 전개하고 있다.

미·중 패권경쟁 실상과 전망

중국은 도련선 전략을 세우고 1980년부터 꾸준히 해군력을 증강시켜왔다. 도련은 섬을 사슬로 이어 해양방위 경계선을 만들어 세계를 작전권 안에 흡수하겠다는 의미이다. 중국은 21세기 초까지 오키나와-대만-남중국해로 연결하는 제1도련선 내의 해양지배권을 확보하고 2020년 전후로 사이판-괌-인도네시아로 연결되는 제2도련선 내의 해양지배권을 확보하며, 2050년 전후로 전 세계를 대상으로 한 대양해군을 건설하겠다는 미래구상을 밝힌 바 있다. 중국은 바다의 일부분을 마치 육지의 영토와 같은 개념으로 생각하면서 영토분쟁을 벌이고 있다. 미국은 해양 통로를 중요시하는데, 중국은 1992년에 남지나해에 구단선을 설정하고 남중국해 전체에 대한 영유권을 선언했다. 1998년 중국은 10개 섬을 점유하였으며, 일방적으로 중국은 남사군도의 한 무인도에 인공섬을 건설하여 군사기지로 만들었다. 이에 필리핀은 헤이그 국제법원에 소송을 제기하여 2016년 7월 12일 만장일치로 필리핀이 승소했으나, 그것이 발표된 날, 시진핑은 전투준비태세를 명령했다.

미국 해군은 2007년에 새로운 해군 전략인 다영역 접근(all domain access)전략을 발표했다. 이에 중국은 반 접근(A2·Anti Access) 및 지역거부(AD·Area Denial)전략을 추진하고 있다. 미국은 중국의 A2AD(반접근 지역거부)전략으로 도전하고 있음에도 불구하고 중국이 설정한 도련선 지역 내에서 항해의 자유 작전(FONOPs:Freedom of Navigation Operation)을 전개하고 있다.

미국의 대(對) 중국 전략은 중국의 세력 팽창에 미국은 동맹, 동반 국가 능력 강화로 대응하고 있다. 바이든 정부의 미국은 핵심정보공유 목적으로 설립한 파이브아이즈(미·영·호주·캐나다·뉴질랜드), 재난 대처차원에서 설립한 쿼드(QUAD:미·일·인도·호주)에 또 다른 몇몇 국가를 포함하고자 노력하고 있다. 특히 쿼드가 사이버, 우주영역으로까지 상호 협력의 범주를 넓힐 것이라고 한다. 미국은 한국·대만·일본과 반도체-배터리 협력강화를 추구하고 있으며, 최근에는 호주의 핵추진 잠수함 건조 지원을 통해 미국·영국·호주간 안보협의체인 오커스(AUKUS) 동맹 등으로 이들 모두는 중국위협에 대항하기 위한 성격으로 알려져 있다.

미국과 중국의 패권경쟁은 경제분야에서 치열하게 벌어지고 있다. 중국의 시진핑 정권은 모두 함께 잘 사는 공동부유(共同富裕)라는 새로운 기치아래 기업 국유화 등 경제에 대한 통제와 규제를 강화하고 있어서 중장기적인 경제 전망도 불투명하다. 미국과 중국은 반도체의 첨단 기술과 생산기반, 공급망 확보에 전력을 기울이고 있다. 중국은 첨단반도체를 해외에서 충당하는 등 자립하지 못하고 있다. 대표적인 중국대표 통신장비 업체인 화웨이는 미국의 제재로 2021년 9월부터 반도체 부품을 제대로 구하지 못해 몰락의 길을 걸었다.

군사적인 측면에서 보면 2020년 미국의 국방비 지출은 7320억 달러로 세계1위다. 이는 전 세계 국방비 지출의 38%로 2-11위 국가의 국방비 지출 총액보다 큰 금액이다. 중국은 2위로 전 세계국방비 지출의 14%로 2610억 달러를 지출했다.

미·중 패권경쟁의 전망을 살펴보면 다음과 같다. 지정학적 관점에서 미국이 중국보다 국경선 분쟁, 해양진출, 적대국과의 거리, 자원문제 등에서 압도적으로 유리하다. 또한 미국은 사회경제적 양극화, 진영대립, 인종갈등 같은 약점에도 불구하고 대학, 연구, 금융, IT는 세계 최고이며 군사력도 세계 최강이다. 미국은 중국과 다르게 에너지

자급과 식량자급을 이룬 세계사 최초의 제국이며 생산력 높은 젊은 인구가 자유를 꿈꾸며 유입되는 '현대의 로마'다.

중국 공산당이 2021년 11월 시진핑 주석의 개인숭배와 그의 종신 집권을 선포한 공산당 '제3차 역사결의'는 전체주의 중국의 어두운 미래를 예고한다. 시진핑의 종신 집권은 중국사회의 활력을 억누르고 내부모순과 갈등을 극대화할 것이다. 법치주의와 민주주의, 인권이 부재한 제국 중국은 인류의 미래가 될 수는 없다.

중국은 결코 미국이라는 나라를 이길 수는 없을 것이다.

대한민국의 안보위협

한반도와 대만은 미·중 갈등의 최전선이다. 북핵문제도 미·중 패권경쟁의 하부 요소로 편입된 지 오래다. 만약 미국의 다영역 접근전략과 중국의 A2AD전략이 충돌할 한반도는 지정학적 위치로 인해 패권경쟁의 전장이 될 수밖에 없는 위치에 있다.

먼저, 중국의 위협을 살펴본다. 중국의 국가전략은 동아시아 패권국이 되어 주변국들을 하위 국가로 두는 조공관계를 만들려고 한다. 중국과 러시아의 전략 폭격기들이 편대를 이루어 울릉도와 독도를 관통하고 대한 해협과 이어도로 이어지는 한국의 해역을 마음대로 드나들고 있다. 현재 미·중 패권 상황에서 한국에게 가장 큰 위협은 중국이다.

중국이 한국 무역에서 차지하는 비율은 1992년 4%에서 2020년 24.6%로 커졌지만 중국시장에서 삼성 휴대폰의 시장 점유율이 1%

미만으로 떨어진 것이 대표적이다. 한국이 중국 무역에서 차지하는 비율은 6.1%이다. 한 외교소식통은 "반도체 등 중국이 한국에 의존하고 있다고 알려진 품목도 중국은 수입선을 다변화하고 기술 추격에 힘쓰고 있다."고 했다. 한국도 중국경제 의존도를 낮추고, 수입 다변화를 위한 노력과 전략이 필요한 시점이다.

두번째는 북한의 위협이다. 북한은 궁극적으로 대한민국을 전복하고 적화통일을 하려고 한다. 특히 같은 민족임을 내세우는 통일전선 전략은 반 대한민국, 반 안보, 반미, 반일, 반 재벌 등 대한민국 체제에 대한 공세와 동시에 친북 여론을 통해 한국사회의 분열과 혼란을 조장해왔고 사이버 공간을 통한 공격도 계속되고 있다. 북한의 핵과 미사일 위협 그리고 재래식 군사력은 가공할 수준이다. 이들은 모두 한국 타격용이며, 핵추진 잠수함 등도 결국 우리 앞에 등장할 가능성이 높다. 북한의 '마하 10' 미사일(초속 3.14km)이면 평양에서 서울까지 1분이면 날아 올 수 있는 수준이다.

최근에 김정은은 "대한민국은 같은 민족이 아니다. 점령대상이다."라고 기존의 남북관계를 파기선언 했으나, 북한은 우리의 주적이라는 사실은 변함이 없다.

마지막으로 대한민국 내부의 위협이다. 올바른 역사의식과 국민의 의식 수준이 낮아 자기와 생각이 조금만 다르면 저주에 가까운 비난으로 갈등과 분열을 조장하고 국민이 하나가 되지못하고 있다는 점이다.

대한민국의 생존전략

우리는 이미 미국이 중국을 상대로 새판을 짜는 '태평양 그레이트 게임'의 한 복판에 서 있다. 미·중의 전략경쟁이 심화해 가는 상황에서 정부가 바뀔 때마다 양극단을 오가는 방식으로 한국의 주권과 생존권을 지키기 어렵다는 것은 우크라이나사태가 잘 보여주고 있다. 정권의 교체에 상관없이 확고한 생존을 위한 국가 생존전략이 필요한 시점이다.

생존전략의 목표는 주권을 보장받고, '자유'와 '민주주의' '인권보장' '법치'의 가치를 지닌 나라여야 한다.

우리의 생존개념은 지리 자체의 특성으로 인해 한반도가 강대국 세력의 이동하는 통로가 되어서는 안 된다. 이제는 과학 기술력이 충분히 지리를 압도하는 시대이며, 경제를 중심으로 한 지역화와 다자관계의 틀로 인해 보다 상호의존하고 견제할 수 있는 시대이다.

미·중 패권경쟁에 대한 전략은 스스로 자강능력을 키우고 한·미동맹을 강화해서 한국에 대해 우습게 알지 못하게 하고, 함부로 도발할 수 없도록 만드는데 있다. 중국의 속국화 전략에 대비하여 무역 의존도를 낮추고, 주요 원자재수입의 다변화와 국가차원에서 확보계획을 수립하고 시행해야 한다. 미·중 패권 경쟁이 심화되면 한국은 선택의 기로에 서게 되고 세계정세는 '홀로서기'를 허용하지 않을 때 선택의 기준은 인류의 보편 가치인 자유와 인권을 추구하는 편에 서야 할 것이다. 조선일보 논설위원인 김대중씨는 자신의 칼럼(조선일보. 2022.1.18)에서 "중국을 선택하면 중국의 속국이 되고, 미국을 선택하면 동맹국으로 산다."고 했다.

　북한 위협 대비책으로 상호확증파괴전략과 능력을 갖추어야 한다. 냉전시대 미국은 소련에 대해 '상호확증파괴'(MAD·Mutually Assured Destruction) 전략을 구사했다. 상호확증파괴전략이란 소련이 미국에 섣불리 핵무기를 사용했다가는 자신도 파멸할 것이라는 두려움을 줘서 핵무기를 사용하지 못하게 하는 전략이었다.

　북한의 핵 보유에 대한 대한민국의 생존전략 옵션으로는 첫 번째는 한·미동맹강화로 미국의 전략자산을 운용하고, 미국 네브래스카에 있는 전략사령부에 한국 팀을 파견하여 협조토록 하고, 두 번째는, 전술 핵무기의 한국 내 재배치, NATO수준으로 한다는 것이고, 세 번째는 자체 핵개발을 구상할 수 있다. 북한의 핵 보유를 용인하고, 미국의 '핵 선제 불사용 원칙'으로 미국의 핵우산 자체가 없어진다면 대한민국의 존재 자체가 위험해 질 수 있게 될 것이다. 그렇게 된다면 우리로서는 딱 한 가지 방법밖에 없다. '우리도 핵무장을 하는 것' 뿐이다. 그런 상황에 대비하여 한국도 일본과 같이 즉각 핵무장할 수 있는 준비를 갖추고 있어야 한다.

　한국이 생존하기 위해 가장 중요한 것은 대한민국 내부의 사회가 통합되어야 한다. 국제 감각과 대외 인식을 통한 '대한민국의 생존전략적 마인드'가 필요하다. 그 출발점은 역사와 현실을 있는 그대로 직시할 줄 아는 인식과 혜안을 가져야 한다. 역사와 현실을 올바르게 바라보는 것이야 말로 우리 스스로를 지키는 길이다.

　결론적으로 한반도의 운명은 한 치의 실수도 용납되지 않는 지정학적인 환경에 살고 있으며, 중대한 고비를 맞고 있다. 주변정세의 흐름에 끌려갈 것인지, 아니면 우리 스스로의 힘으로 새로운 운명을 개척할 것인지, 그 선택은 오로지 우리에게 달려있다.

대한민국이 생존하고 번영하기 위한 생존전략으로서는 먼저, '강력한 힘에 의한 평화'를 이루기 위해 '국가생존전략'을 만들고 이를 구현하기 위한 스스로 지킬 힘을 갖추어야만 한다. 세계 10위권에 걸맞는 외교력과 과학기술, 군사력 등으로 주변국가, 특히 북한이 감히 도발할 수 없도록 확실하고 충분한 응징보복능력을 구비해야 한다. 다음은 확고하고 튼튼한 한·미동맹, 나아가 다자안보협력을 통해 유사시에는 확실히 우리를 도와줄 수 있는 동맹과 우방 국가들을 만들어야한다. 세 번째는 미·중 패권경쟁 하에서 미·중의 대결이 심화됨에 따라 어느 한쪽을 선택해야 되는 기로에 섰을 때는 인류보편적인 가치와 우리의 생존을 보장해줄 수 있는 세계 최강자와 함께하는 지혜로운 선택을 해야 할 것이다. 마지막으로 지정학적 중간국으로서 국민 모두가 '전략적사고로 무장'하고 국민 모두가 하나 되어 단결된 모습으로 나라를 지키겠다는 의지와 능력을 보여줄 때 대한민국은 더욱 발전된 선진국이 될 것임에 틀림없다고 생각한다.

4절 나라를 지킨다는 것은 내 가족을 지키는 것이다

 동서고금(東西古今)을 막론하고 전쟁이 일어나거나 패(敗)하면 그 결과는 매우 비참하다. 자신의 힘으로 국가안보를 지켜내지 못할 때 결딴나는 것은 이 땅에 사는 백성들이다. 특히 여자, 어린아이, 노인들이 가장 불쌍하다. 그 중에서도 가장 비참한 것이 여자들이었고 피해가 가장 컸다.

 우리의 지난 역사를 보면 과거 남자들이 무능해서 나라를 지키지 못하여 우리나라의 여성들이 붙잡혀가고 백성들의 생명과 재산, 문화재 등을 빼앗기고 온 강토가 초토화되었다. 자기나라를 지킬 힘이 없어 아녀자와 딸들을 강탈당하고서도 정신 못 차리고, '절개 운운, 사대부 가풍 운운'하는 것은 이 땅의 사내들의 한심하고 못나고 추한 모습이었다. 우리 역사에서 가슴 아픈 사례들을 살펴보고, 그렇게 된 원인은 어디에 있었고, 앞으로 그렇게 되지 않으려면 무엇을 어떻게 해야 할지 알아본다.

가슴 아픈 이야기들

사례1 : 임진왜란의 참상

　임진왜란(壬辰倭亂)의 참상을 기록한 남원의 조경남이 일기형식의 『난중잡록(亂中雜錄)』에 다음과 같이 기록하였다. "갑오년(甲午年,1594년)에 사람들이 서로 잡아먹는 것도 이 때에 가장 극심해졌다. 남원성 안에서 어떤 명(明)나라 군사가 너무 배불리 먹고 취하여 길에 먹은 음식을 토해내자 주린 백성들이 한꺼번에 달려들어 머리를 틀어박고 다투어 빨아 먹는데 약한 자는 대들지 못하고 뒤에서 울고만 있었다." 또한 일본군은 조선인의 귀와 코를 베어 소금에 절여서 도요토미 히데요시(豊臣秀吉)에 바쳤고 그는 이러한 귀와 코를 모아 전승(戰勝)의 표식으로 귀 무덤과 코 무덤을 만들어 후세에 그의 업적을 기리도록 하였으니, 나라를 지키지 못하는 백성들의 이러한 참상에 통탄할 일이었다.

사례2 : 병자호란의 수난

　조선은 '청나라가 침입했다'는 말 한마디에 나라의 기능이 마비된 듯했다. 병자호란시 최명길이는 인조에게 조선의 포로의 수(數)는 50만 명이라고 보고했다. 이는 한수 이남에서 잡혀간 숫자이다. 여기에 한수 이북에서 잡힌 포로와 춘천, 함경도와 평안도를 거쳐 가면서 잡아간 포로, 접경지역에서 잡힌 사람은 포함되어 있지 않았다. 최명길은 자신의 『지천집(遲川集)』에서 "청군이 조선왕의 항복을 받고 정축년(인조 15년, 조선이 항복한 해) 2월 15일에 한강을 건널 때 포로로 잡힌 인구가 '무려 50만 명'이었다."라고 했다.

　병자호란 때 조선 포로수가 정확히 기록된 것은 발견되지 않았으며 '수십 만명'이라는 기록만 있다. 포로는 노예이며 개인 소유물로, 상설 노예 시장에 팔수도 있었고, 개인이 소유할 수도 있었다.

　인조는 청에 끌려간 인원을 조사해보니 대부분 부녀자(婦女子)들로서 그 수가 무려 50만 명이나 됨으로 청(淸)에 사신을 보내 돌려보내 줄 것을 요구하였다. 그러나 청나라는 끌려간 사람들을 등급을 매겨놓고 엄청난 돈을 요구함으로써 인조(仁祖)는 하는 수없이 백성들이 각자 재산을 팔아서 만든 돈으로 청나라에 가서 데려오도록 하여 상당수의 여자들이 고향으로 돌아왔다. 청나라에 포로로 잡혀간 그 포로들을 돈을 주고 다시 개별적으로 사오는 속환(贖還)이 진행됨에 따라 조선은 '고향에 돌아온 여자'라는 의미의 환향녀(還鄕女) 문제로 소란해졌다. 이 환향녀라는 말에서 정조관념이 없다는 뜻의 '화냥년'이라는 말이 나왔지만, 환향녀는 대부분 본인의 뜻과는 무관하게 벌어진 일이었다. 이들 환향녀들은 돌아올 때 이미 임신을 한 경우가 많아 거기에서 낳은 자식을 호(胡)로 즉 오랑캐 자식이라 하여 사회에서 냉대했다.

징기스칸은 납치당한 아내를 적진에 들어가 찾아오고 적장에 의해 임신한 아내의 아이까지 낳아 기르고 보호해줬다. 자신이 아내를 지키지 못한 것에 대한 책임을 다한 것이다. 조선의 사내들은 아내와 딸들에 대해 자기가 지키지 못한 책임감은 없고 오히려 학대가 심각했다. 청나라에 끌려가 몸 버리고, 노예살이 하다 왔건만 집안에서 받아주지 않자 스스로 목숨을 끊거나 비구니가 되는 사례가 허다했다.

남자들이 제대로 나라를 지키지 못하고 전쟁을 제대로 수행하지 못해 결국 나약한 여성들만 끌려가서 청군들의 노리개가 되어 처참한 노예 생활을 하다 돌아왔는데 조선에서는 전쟁에 대해 책임지는 자가 없이 모든 것을 불쌍한 여자들에게만 죄를 뒤 집어 씌운 가슴 아픈 역사의 한 단면이었다. 자기의 아내와 딸을 지키지 못해서 비참함을 당하게 해놓고도 책임감은 없이 자신들의 아내를 내치기만 했다. 다시는 이 땅에 이러한 불행한 일이 일어나서는 안 될 것이다.

> **사례3 : 위안부 이야기**
>
> 　나라 잃은 설움과 전쟁의 고통을 평생 간직한 채 살아온 위안부 할머니들의 말씀은 우리의 가슴을 아프게 한다. 고(故) 김정순(1921년-2005년) 할머니는 "나는 죽어서 다시 태어난다면 남자로 태어나서 군인이 되고 싶어, 군인으로 가서 이 나라를 잘 지키고 싶어 빼앗기고 짓밟힌 게 너무 분하고 원통해서…"라고 말씀하셨다. 또한 현재 생존해 계신 이용수(1928년생) 할머니는 "제가 다시 태어난다면 여군이 되고 싶어요. 우리 대한민국을 지키는 여군이 되고 싶어요, 다시 태어난다면."라고 하시는 말씀들은 우리에게 큰 울림을 주고 있다.

　정부에 등록된 위안부 할머니들은 240명이며, 그 중 2022년 현재 생존해 계신 분은 이제 12명이시다. 위안부 문제는 일본이 반성하지 않는다고 분통만 터트릴게 아니라 '쉰들러 리스트(1993년 아카데미상)'처럼 국제적 공감을 받는 위안부 영화 한편만 나와도 일본은 견디지 못할 것이다. 최근 세계적인 작품들을 만들고 있는 명성과 인지도가 높은 감독들이 메가폰을 잡고 국민성금으로 제작비를 모아 의미 있는 영화 한편을 만들어 보면 어떨까 생각해 본다.

왜? 우리나라는 외부의 침략을 당하기만 하고 나라를 빼앗겼나

　중국이 통일되고 국력이 강성해지면 한국은 중국에 대항하는 것을 포기하고 중화질서에 편승하고 안주하려 했다. 그래서 고려시대 이후에는 부국강병(富國強兵)을 포기하는 소극적인 생존전략을 모색하게 됐고 문약(文弱)에 빠졌다.

　나라의 생존과 주권(主權)을 지키기 위해서는 상무정신(尙武精神)을 바탕으로 한 강력한 국방력이 필수적이었지만 고려시대 이후 우리나라는 그 같은 국가의 기본조건을 소홀히했던 것이다.

　우리 민족은 전통적인 상무정신이 투철했던 것은 고려까지 이어졌다. 몽골이 침략했을 때 40년 가까이 끈질긴 항쟁을 벌였던 것은 상무정신의 결과였다. 그러나 조선은 성리학을 통치이념으로 받아들이면서 지나친 문약으로 흘렀다. 조선은 명(明)나라 후원만 있으면 정규군은 두지 않아도 나라의 안위가 위협 받을 염려가 없다고 생각했다. 이처럼 조선의 지배세력은 국가정체성이 불분명하여 자주국방을 해야 된다는 의식이 희박했고 군대다운 군대를 육성하는 것은 생각지도 못했다. 이 같은 숭문천무(崇文賤武)의 문화적 전통은 아직도 우리의식 속에 잔존해 있다고 할 수 있다.

　한 나라의 위기는 언제나 밖이 아니라 안에서 시작된다. 나라의 흥망성쇠(興亡盛衰)도 내부에 달려있다. 내부의 분열은 반드시 외부의 도발을 불러 일으킨다. 반면 밖으로부터 거센 도전이 있다 하더라도 국민적 결속이 강(强)하다면 작은 나라라도 살아남는다. 스위스가 그렇고 이스라엘이 그렇다. 내부 위기의 가장 큰 원인은 가치관의 혼란에 따른 분열과 갈등이다. 분열되고 공동체의식이 취약한 집단에서 그 구성원들이 자기 공동체를 확고히 지키려는 생각을 하겠는가. 내부적으로 분열되고 스스로 지킬 의지가 없는 나라는 외부 침략에 쉽게 무너지고 만다는 역사적 교훈을 상기해야 한다.

　국가란 스스로 지킬 힘이 있을 때에만 존재할 수 있다. 나태와 분열과 거짓에서는 절대 강한 힘이 생길 수 없다.

왜 우리나라는 침략을 당하고 모든 국민들이 고통과 어려움을 당해야만 했는가. 그것은 우리 역사를 뒤돌아 보면 나라를 잃었던 원인(遠因)은 조선왕조가 들어서면서 문(文)의 숭상과 무(武)의 경시풍조, 나아가 나라에서 사람 행색을 하고, 대우 받고 살려면 문과(文科)에 급제해야만 개인과 가문의 출세로 알았던 시절, 무(武)를 경시에서 무시, 멸시, 천대 풍조로 어찌 국가 존립이 가능했겠는가. 바로 상무정신의 결여가 국민 정체의식으로 잠재할 때 그 국가의 존립은 수치의 역사, 패망의 길을 걸을 수밖에 없었다. 그것은 역사가 증명해주고 있다. 강성대국이었던 고구려 7백년의 역사는 상무정신의 결과였고, 2억 인구의 인도가 섬나라 영국에 먹혀 노예가 된 것도 바로 백성이 문약(文弱)에 빠졌던 결과였다.

조선조에 이르러 숭문천무(崇文賤武) 사상으로 문관 우위정책과 국가안위를 외국에 의존했던 결과가 나라를 잃었던 것이다. 국가의 안위를 명분싸움, 말싸움, 편 논리로 일관했던 조선의 역사에서 우리는 무엇을 배우고 느끼는가. 오늘날의 현실은 어떠한가. 역사의 교훈을 배우지 못하고 옛날과 똑같이 반복하는 모습을 보면서 통탄하지 않을 수 없다. 국민과 정치권이 정신을 차려야 나라를 지키고 유지할 수 있다.

나라를 잃었던 근인(近因)은 징비록의 핵심 키워드인 유비무환(有備無患)의 자세가 없었고, 국가를 지키겠다는 국민의식이 결여되어 있었고, 외세와 국제정세 흐름에 어두웠던 점, 믿을만한 동맹국이 없었던 일 등이었다. 특히 나라를 지키는 국력을 키우는 데는 소홀히하고 오로지 자기편의 이익만 추구하고 국가의 안위는 안중에는 없었다. 우리 국민들은 '우리끼리 싸움은 귀신'이었지만, '타국과의 싸움에는 등신'이었던 것이다.

국권상실의 가장 큰 원인은 국가지도자들의 국가 존립의 기본틀인 경제와 안보에 대해 무지의 결과였다. 사농공상(士農工商)과 숭문천무(崇文賤武)사상이 조선의 발목을 잡았던 것이다. 이스라엘 군인들은 조상들이 망국의 순간에 로마에 저항하다 모두 자결한 마사다 언덕에 올라, 거기서 "다시는 함락 당하지 않으리"를 맹세하고 기억한다고 한다. 우리 국민도 그러한 자세와 태도가 필요하다.

내 자신과 내 가족을 제대로 지키려면 어떻게 해야 할까

나라는 입으로 지키는 것이 아니다. 장병들에게 정말 필요한 것은 적의 공격에서 자신을 방어할 수 있는 '일격의 능력'을 갖추는 일일 것이다. 우리가 꿈꾸는, 살아가는 세상은 어떤 세상이어야 할까. 국가지도자들이 국가의 생존과 번영을 먼저 생각해야 하고, 또한 어떠한 국가체제 하에서 살 것인가를 먼저 선택해야 할 것이다.

내 가족을 지키기 위해서 우리는 어떻게 해야 할까.

먼저, 적이 우습게보지 못하도록 나라를 굳건히 지킬 수 있는 강력한 힘을 갖추어야 한다. 국가를 지탱하는 힘은 통치자의 뛰어난 지도력, 드높은 국민 안보의식, 강대한 국력이 뒷받침될 때만이 가능하다. 일단 도발하면 몇 배의 보복으로 감히 도발 못하도록 보복능력을 갖출 때 전쟁을 억지할 수 있고, 국민의 높은 안보의식과 정치지도자와 군(軍)지휘관의 강력한 전승의지가 매우 중요하다. 스스로 지킬 힘을 갖추고, 위기시에 도와줄 확고한 동맹국가가 있어야 한다. 이렇게 될 때, 전쟁을 예방할 수 있고, 약자인 여성, 어린이, 노인들을 보호할 수 있다.

다음은 나라를 지키는 일은 군인만이 아니라 우리 국민 모두의 몫이라는 사실을 국민 모두가 정확하게 인식하는 것이다. 전투는 군인이 하지만 전쟁은 국민 모두가 참여한 총력전이기 때문이다. 나라를 지키는 데는 국민이 하나 되고, 여·야가 한 목소리로 나라를 지킬 때만 가능하다. 이를 위해 정치심리전 강화로 국민을 하나로 모우고, 적의 의도를 분쇄해야 한다.

마지막으로 앞에서 언급한 아픈 역사들을 전 국민에게 반드시 기억하도록 가르치고 또 가르쳐야 한다. 교과서를 통해서, 매스콤과 SNS 등 각종수단을 활용해야 한다. 그렇지 못할 때 불행한 역사는 되풀이 된다는 역사의 교훈을 우리 모두 가슴에 깊이 새기고 각오를 단단히 할 때 내 자신과 내 가족을 지킬 수 있다.

5절 『징비록』에서 유비무환을 배우자

'역사는 강자(强者)의 편이다.' '역사의 교훈을 아는 민족은 망(亡)하지 않는다.'라는 격언이 있다. 평소에 철저한 안보의식을 갖고 전란(戰亂)에 대비하지 않으면 유사시에 피눈물을 흘릴 수밖에 없다는 의미다.

북한의 연이은 미사일 발사, 핵실험 등은 한국이 직면한 안보 위협의 실체를 보여준다. 상대의 선의(善意)에 기대어 평화를 달성하려는 안이함은 스스로의 안전을 위태롭게 만든다. 그래서 '평화를 원하거든 전쟁을 준비하라'는 격언이 있는 것이다. 지금은 만반의 태세를 갖추는 것으로 미리 철저히 대비하는 경각심이 매우 필요한 시기다.

유성룡의 『징비록』과 이순신의 『난중일기』는 후대에 안보문제에 대한 유비무환의 자세를 교훈적으로 알려주고 있다. 이것은 '세상이 아무리 편안해도 전쟁을 잊으면 위기가 온다(天下雖安 忘戰必危.천하수안 망전필위)'는 유비무환(有備無患)을 가르쳐주고 있다.

유비무환(有備無患)이란

유비무환이란 '준비가 있으면 걱정이 없다'는 뜻이다. 즉 미리 준비가 되어 있으면 걱정할 일이 없다는 의미인 것이다. 유비무환은 어려울 때를 대비하여 미리 준비하고 예방하는 자세로 사용한다.

조선시대의 집현전 학사인 양성지(梁誠之, 1415-1482)는 세종 32년(1450년) 1월 15일, 비변(備邊-변경 방비)의 방책을 임금에게 상신하였는데, 그 내용은 "사람들은 '적이 침범하면 겸손한 말과 후한 선물로 환란을 면할 수 있다.'고 하나 전조(前朝-고려)를 보건대, 원나라를 섬긴 뒤에도 침략이 없는 해가 없었습니다. 우리 병력이 그들과 대적할 수 있다는 것을 알게 된 후에야 감히 군사를 일으키지 못하여 우리 국토를 지킬 수 있었습니다."라고 하였다. 이처럼 국경의 방비를 튼튼히 한 후에야 침략을 당하지 않는다는 유비무환의 중요성을 일깨워주고 있다.

유비무환의 자세로 성공한 사례로는 임진왜란의 이순신 장군의 해전을 들 수 있다. 이순신 장군이 일본의 침략에 대비해서 전투준비가 완료된 지 하루 만에 임진왜란이 시작되었다. 이는 오로지 이순신 장군의 철저한 유비무환 자세의 결과였다. 전쟁에서 준비 없는 승리란 있을 수 없는 것이다.

임진왜란이 발발하기 1년 2개월 전인 1591년 2월 13일 전라좌수사로 부임하였다. 조정에서는 '일본이 쳐 들어온다, 아니다'로 논란을 벌일 때 이순신은 부임하자마자 좌수영의 본영과 자기 관할 아래있는 5관 5포를 세심하게 순시하며 장병을 사열하고 군기를 점검하는 등 전투준비태세 확립에 최선의 노력을 다했다. 그는 전쟁준비를 할 때에 '어떻게 싸울 것인가'와 '어떻게 전쟁을 지원하고 전쟁지속능력을 확보'하는 데 동시에 고민하고 대책을 강구했었다. 병력을 충원하고, 판옥선과 거북선을 건조하는 한편, 대포와 같은 총통류의 화포의 제작과 관리 그리고 각종 무기를 준비했다. 또한 둔전을 경영하여 군량미를 확보하였으며, 소금 생산, 해로통행첩을 발행하여 군자금을 확보하였고, 장졸들의 의식주 문제와 전투지원 능력을 확보하여 바다에서의 전쟁에서 23전 전승무패의 기록을 세웠던 것이다.

『징비록』에서 임진왜란의 참상을 본다.

임진왜란은 조선과 일본의 전쟁이면서 명(明)나라를 포함한 동아시아 3국의 운명을 가른 국제전이었다. 임진왜란의 교훈을 살리지 못하고 정쟁에만 몰두했던 조선은 불과 38년 만에 병자호란을 맞이했고, 마침내 270여년 후에 조선을 일본에 갖다 바치는 꼴이 되고 말았다. 해방 후에도 안보에 대해 한 목소리 한 마음이 되지 않아 6,25라고 하는 민족적 비극을 맞을 수밖에 없었다. 리더십 붕괴와 정치의 실패가 국가적 위기를 초래하고 결국 국민을 희생시킨다. 임진왜란은 무너진 국가 리더십, 정치의 실패가 불렀다. 자유와 평화는 결코 공짜가 없다. 목숨 걸고 대비하지 않으면 위기는 언제든지 우리에게 다가올 수 있다고 역사는 명확하게 말해주고 있다.

서애(西涯) 유성룡(柳成龍)(1542-1607)은『징비록(懲毖錄)』의 머리말에서 "시경(詩經)에 '내가 지난일의 잘못을 징계(懲)하여 뒤에 환난(患難)이 없도록 조심한다(毖)'는 말이 있는데, 이것이 바로 내가 『징비록』을 저술한 까닭이다"라고 하였다.

유성룡 선생은 집필 배경을 뼈를 깎는 마음, 후회하는 마음, 반성하는 마음, 스스로 징계하는 마음, 후대에 경계하라는 마음에 두었다.

『징비록』은 국보 132호로 지정되어 있다. 망라 기간은 1586년 일본 사신이 조선에 왔을 때부터 1598년 이순신 장군의 죽음으로 마무리하고 있다.

유성룡의 책이 높이 평가받는 이유는 먼저 그는 임진왜란 개전 초에는 영의정으로 그 이후에는 전시(戰時) 도체찰사(都體察使-조선시대에 의정(議政)이 맡은 전시의 최고 군직) 자격으로 전쟁 국면의 외교, 휴전협상, 군수보급, 훈련체계 개편을 주도했다. 그는 누구보다 임진왜란의 전체 실상을 제대로 파악할 수 있는 위치에 있었던 인물이었다는 점이고, 두 번째 가치는 솔직한 묘사다. 임란 전(前) 일본과의 관계, 명나라 구원병 파견, 제해권 장악 등의 전황과 조정내의 분열, 임금과 조정에 대한 백성들의 원망과 불신, 무사안일로 일관했던 상당수 관료와 모습이 가감 없이 묘사되어 있다.

『징비록』은 한·중·일 동양 3국은 물론 미국에서도 번역되어 읽혀지고 있는 명저(名著)다. 유성룡이 1598년 은퇴한 후 고향에 은거하면서 그의 경험을 바탕으로 집필한 『징비록』은 1647년 처음 목판본으로 인쇄됐다. 일본에서도 에도시대인 1695년에 이미 간행되어 상업적으로 판매할 정도로 인기를 끈 책이다. 2003년에는 미국 버클리대학 동아시아연구소에서 『잘못을 고치는 책(The Book of Corrections)』이라는 영어 번역본으로 출간했다. 국내에서도 광복이후 80여 종의 번역본이 나왔다. 『징비록』은 시대의 변천에도 불구하고 생명력 넘치는 고전으로 우리 민족에게는 남녀노소 없이 반드시 읽어야할 필독서이다. 임진왜란의 모든 것이 총망라된 피와 땀과 눈물의 기록인 것이다.

임진왜란 발발 100년 전(前)의 조선과 일본의 상황

조선은 성종이 사망하고 100년 후에 임진왜란이 일어났다. 성종 붕어(崩御.임금이 세상을 떠남) 이후 무(武)는 없어지고, 문(文) 위주로 전환하여 사대사화(四大士禍-1498년의 무오사화, 1504년의 갑자사화, 1519년의 기묘사화, 1545년의 을사사화)가 일어나고, 선조가 집권(1567년) 후 1574년 서인과 동인의 사림파가 등장했다. 명분을 가지고 추상적으로 싸우는 관념의 싸움, 명분의 싸움, 말싸움으로 일관했다. 실질을 멀리하고 100년을 관념의 싸움으로 허송세월을 보냈다. 세종대왕 시절인 1420-1450년대만 해도 조선은 강성한 나라였다. 반면 일본은 전국 다이묘들의 120여 년 동안 싸우면서 실력을 갈고 닦았다. 일본은 '실질의 싸움'을 경험했고, 생산력이 급속도로 발전했으며, 실질적인 싸움으로 전쟁과 경쟁을 통해 최고를 만들고 창조의 힘을 키웠다.

실질의 싸움을 통해 힘을 키운 일본과 무를 경시하고 관념의 싸움만을 해온 조선과의 싸움은 불을 보듯 뻔한 결과였다.

전쟁발발 이후 전쟁지도자들의 행태

경상도 병마절도사 이각은 전쟁 소식에 우선 자신의 첩부터 피난시켰고, 순찰사 김수는 자신의 부하에게 모두 도망치라는 격문을 내렸다.

조선 제일의 장군이라는 이일은 상주에서 적과 조우하였는데, 그 위세에 눌려 관모를 버리고 알몸으로 도망갔다. 신립장군은 "아, 그 조총이란 것이 쏠 때마다 맞는 답니까?"라며 적에 대한 무지(無知)

를 드러냈고, 선조의 장자인 임해군은 왜장 가등청정에게 사로잡히자 "내가 풀려날 수 있다면 한수 이남의 땅을 주겠다"고 목숨을 구걸했으며, 선조도 명나라에 "제발 우리나라를 합병해 달라"고 요청하는 등 부끄러운 행동을 서슴치 않았다. 스스로를 지킬 힘을 갖지 못한 나라의 비애를 보인 것이다.

나라를 지킬 의지가 없는 군대, 나 살겠다고 도망가기 바쁜 군대, 맞서 싸울 능력도 무기체계도 빈약했던 조선의 군대는 잘 준비된 왜군의 상대가 되지 못했다. 정치지도자 및 군 지휘관들의 모습은 한심스럽고 불쌍했다. 다시는 이런 일은 일어나면 절대로 안 된다.

임진왜란의 참상

1593년 4월 20일 한양을 수복하였는데, 성안이 죽은 사람과 말썩는 냄새로 가득했고, 조선 전역이 굶주림에 허덕여 대부분이 아사(餓死)했다. 당시 조선 인구는 임란 전 800만 명에서 전쟁 후 400만 명으로 줄었다. 힘있는 장정은 모두 도적이 되고, 전염병이 창궐했다. 아버지와 아들이 서로 잡아먹고 남편과 아내가 서로를 죽이며, 길가에 사람 뼈가 널린 생지옥이었다.

일본군 고니시 유키나가는 "10만 병력이 서해에 도착했는데, 조선 임금은 이제 어디로 갈 것인가?"라고 선조를 조롱하였다. 10만이 들어오면 요동지역의 안전이 불확실해지고 명나라까지 진출할 수 있는 상황이었는데 이순신이 해상에서 이를 차단한 것이다. 이순신이 없었다면 1592년 8월 조선은 망하여 일본국이 되었을 것이다.

『징비록』의 결론은 유비무환이다

　유성룡의 『징비록』에서 말하는 역사적 교훈은 한 사람의 정세오판으로 천하의 큰 일을 그르치는 것을 경계하고, 지도자가 안보를 모르면 적에게 나라를 넘겨주는 것과 같으며, 더구나 국방태세의 부족으로 처절한 피의 교훈을 남겨 후세들에게 다시는 굴욕적인 침탈을 당하지 말라는 것이었다. 유사시 도와줄 믿을만한 동맹국이 반드시 있어야 한다는 것으로 서애 유성룡 선생의 마지막 결론은 유비무환이었다. 그럼에도 불구하고 병자호란이란 굴욕적인 수난을 반복하는 어리석음을 당하고 말았다. 그리고 마침내 한일병합을 통해 나라를 잃었다. 광복 이후에도 6.25전쟁을 맞았으니, 이는 역사의 교훈을 망각하고 유비무환 자세의 결여에 있었다.

　반복되는 역사와 함께 현재도 우리들의 어리석음으로 나라를 제대로 지킬 수 있을지 의문이 된다.

　우리는 『징비록』에서 현재의 안보를 정확하게 인식하고 전쟁과 각종 도발에 철저히 대비하지 않으면 굴욕의 순간을 맞을 수밖에 없음을 전(全) 국민은 직시해야 한다.

유비무환의 자세를 갖자.

　역사를 되돌아보면 조선 세종시대에 집현전 학사 양성지 말처럼 북방국경의 방비를 튼튼히 함으로써 외침을 막았다는 이야기와 조정에서는 파당정치로 '일본의 침략이 있을 것이냐, 없을 것이냐'로 싸우고 대비하지 않을 때, 이순신장군은 침략에 대비하여 철저히 준비함으로써 해전에서 연전연승한 전투준비태세를 배워야 한다. 이것이야 말로 바로 유비무환의 전형을 보여주는 것이다.

　후대를 위해 작성한 임진왜란의 교훈을 제대로 받아들이지 않고 대비하지 않음으로서 임진왜란이 종료된 지 38년만인 1636년에 또 다시 병자호란을 맞았으며, 결국 한일병탄으로 일본의 식민지 국가로 전락하였다. 광복 후에도 6.25를 당해 전국토가 황폐화되고 전 국민이 심각한 폐해를 당했다. 유비무환의 교훈을 살리지 못했던 국가와 국민은 이루 헤아릴 수 없을 정도로 심각한 고통을 감내해야 했다.

　오늘날도 안보문제에 대해 정치권에서 '평화냐, 전쟁이냐'로 편을 가르고 있는 실정이다. '평화는 말로 이루어지는 것이 아니다.' 전쟁을 막을 수 있는 힘을 기를 때만이 가능하다는 사실을 국민들이 정확히 알아야 한다.

　북한은 지금도 핵과 미사일로 우리를 위협하고 있어서 일촉즉발의 위기에 서 있다. 이러한 때도 국민과 국회의 여야가 한 목소리를 내지 못한다는 것은 안보에 있어서 가장 위험한 요소인 것이다. 우리 국민 모두가 정신을 바짝 차리고 국가이익과 안보문제에 대해서는 전 국민과 여·야가 한 목소리로 한 마음이 되어 대처할 때 우리의 생존은 보장받을 수 있을 것이다.

6절   호국보훈정신이 나라를 지킨다

  우리는 국가를 위해 희생하고 헌신하신 분들 덕분에 오늘날 자유를 누리고 풍요 속에 살고 있다. 우리의 오늘을 만들어준 영웅들의 호국정신을 추모하고 기억하는 것은 우리들의 의무이다. 나라를 지키는 '호국'과 그 공훈에 보답하는 '보훈'의 숭고한 의미를 되새겨 보아야 한다.

  2021년 7월 유엔 무역개발회의는 한국을 개발도상국에서 선진국 그룹으로 변경했다. 전쟁으로 폐허가 되었던 나라가 불과 70여년 만에 선진국이 된 것이다. 대한민국은 외형적인 면에서 선진국에 진입했다. 선진국이란 제복 입은 사람들에게 경의를 표하는 나라다.

  과거의 전투는 군인의 희생으로 가능했으나 미래의 전투는 보훈을 통해서 가능하다.

호국보훈이란 의미는 무엇인가

  보훈(報勳)의 의미에 대해서 국가보훈기본법은 '보훈'을 '국가를 위해 희생하거나 공헌한 사람의 숭고한 정신을 선양하고, 그와 유족 또는 가족의 영예로운 삶과 복지향상을 도모하며, 나아가 나라사랑

정신함양에 이바지하는 행위로 규정'하고 있다.

보훈은 단순히 물질적 도움을 주는 것이 아니다. 보훈의 본질은 국가를 위해 희생한 이들을 국가와 국민이 기억하고, 더 나아가 사회적 결속으로 이어지도록 하는 것에 있다.

순국선열과 호국영령들에게 진 빚을 확인하고 감사하는 소중한 기회가 되어야 한다. 보훈의 첫 걸음은 이런 부채의식에서 시작된다. 보상과 예우라는 기본적 보답을 초월해 기억의 공유를 통한 통합과 연대가 이뤄지는 보훈의 궁극적 역할이 실현되어야 한다.

미국의 현충일(Memorial Day)은 5월의 마지막 주 월요일이다. 미국에서 현충일 관련한 '딸과 아버지의 대화'를 통해 현충일의 의미를 되새겨 본다. 딸이 묻기를 "현충일은 왜 중요한 날이에요?(What's the deal about Memorial Day, Daddy?)"라고 묻자 아버지가 답하기를 "우리가 그 위에 서 있기 때문이란다(We're standing on it semeste)." 라고 말한 것처럼, 우리는 먼저 산화하신 분들의 헌신과 희생덕분에 오늘을 살고 있다. 이 대화 내용에 보훈의 본질이 녹아있다.

애국심(愛國心)은 나라 위해 희생한 이를 나라가 잊지 않을 때 우러나는 것이다. 현재의 갈등과 분열을 극복하기 위해서도 기념해야 한다.

우리가 나라의 사랑을 느끼는 것은 나라가 나를 기억해줄 때다. 사람은 살아서도 죽어서도 잊히는 것이 가장 화나고 서러운 일이다. 이 때문에 가족이든, 동창이든. 동향이든 자신을 기억해주는 사람들과 함께 있을 때 행복하다. 나라를 위해 희생하신 분들을 기억해주는 것이 나라를 고마워하게 만드는 유일한 방법이다.

미국의 워싱턴에 수많은 기념관과 기념비 중 가장 많은 사람이 찾는 곳은 베트남전쟁 기념관이다. 검은 대리석벽에 월남전 전사자 5만 8천여 명의 이름을 새겼을 뿐이다. 사람들은 이곳을 찾으면서 사랑하는 아버지, 남편, 형, 동생, 할아버지, 숙부, 동창, 친구의 이름을 찾는다. 찾던 이름을 발견했을 때 사람들은 모두 형언키 어려운 감정에 복받치는 것을 느낀다고 한다.

호국보훈은 무엇일까? 자신의 몸을 희생하면서 부모, 형제, 이웃과 조국을 지킨 분들의 뜻을 국민의 이름으로 받들어 모시고 그 은혜에 보답하는 일이다. 자신의 목숨을 나라에 바쳐 조국의 안위를 지킨 분들의 명예를 드높이는 것이 호국보훈이다. 호국보훈을 바탕으로 한 의식과 문화는 한 국민이 자긍심을 갖고 살아가는데 기초가 되며, 국가의 위상을 높이는 원동력이 된다. 호국보훈 의식이 높은 나라일수록 국민의 자긍심이 높고, 국가에 대한 충성심이 남다르다.

보훈의 실상

저자가 서울 용산에 위치한 전쟁기념관장 시절에 매월 실시하는 '호국의 인물' 현양식에서 어느 유가족이 말하기를 "저희 자식이나 조카들은 호국의 인물로 선정된 아버지나 삼촌이 그렇게 자랑스럽지만은 않다"면서 심지어 "죽는 사람만 억울하다. 죽을 필요가 없다"라는 말을 들으면서 가슴 아팠던 기억이 있었다.

용산에 있는 전쟁기념관 건물 중앙 회랑 벽에는 유엔군 전사자 이름이 새겨져 있다. 그 곳에서 어느 노병(老兵)이 먼저 간 전우의 이름을 짚으면서 눈물짓던 모습, 당시 연합사령관이었던 셔먼 장군은 본인 출신 주인 오클라호 주 명비 앞에서 필자에게 이 분이 우리 동네 아저씨라고 기억해주는 모습, 또한 2012년 5월 미국 하원 외교분과 위원장(Ileana Ros-Letinen, 일리애나 로스 레티넨) 및 그 일행이 유엔군 전사자 미군 명비를 둘러보고 말하기를 "6.25 당시 미국의 전사자들을 이렇게 기억해줘서 미국이 한국 국민에게 고맙고 감사하다."고 말했다. 또한 2013년 12월 전쟁기념관을 방문한 당시 미국 부통령이었던 바이든은 자신의 출신주인 델라웨어주 명비에서 아는 사람을 다섯 명이나 찾아내고 숙연해 하는 모습에서. 미국사람들은 국가를 위해 희생하고 헌신해주는 사람들을 잊지 않고 기억해주는 모습에서 많은 감명을 받았고 부럽기까지 했다. 그래서 미국이 강국이고 선진국이구나 하는 생각을 했었다.

 연평해전, 천안함, 연평도 포격전, 목함지뢰 도발까지 군인들이 국토 수호의 최일선에서 국민을 위해 목숨을 걸었던 사건들이 제대로 기억되고 있는지 살펴볼 일이다. 어느 신문기사에서 이 땅에 사는 젊은 세대들에게 '전쟁이 일어난다면 어떻게 할 것인가'라고 질문하자 '전쟁이 미치지 않는 캐나다 등으로 가면 된다.'고 답변한 사람들이 있었다는 이야기에 충격을 받은 적도 있었다. 사실상 최근에 우리에겐 나라를 위한 헌신에 대한 자부심과 존경심을 찾아보기가 갈수록 힘들어지고 있다. 이 땅에 다시 전쟁이 일어난다면 '누가 가장 소중한 자기 목숨을 바쳐 나라를 지킬 것인가' 하는 심각한 고민을 한 적이 있었다. '현충일이 무슨 날인지도 모르는 젊은이들이 많고 심지어는 술판을 벌이는 젊은이들도 있다'고 보도된 적도 있었다. 어느 10대들은 "그런 날도 있나?"한다고 한다. 수박 겉핥기식 학교 교육이

'역사 무지(無知)'를 부추긴다고 볼 수도 있다.

이런 실정을 감안하여 전쟁기념관 회랑에 전사자명비가 준비되어 있는데, 먼저 군은 사단단위 전사자 명비 앞에서 추모행사를 한 후, 6.25 당시 전투의 전사(戰史)를 설명 듣고 기념관을 관람하도록 안내하였고, 도(道)단위로 전사자 명비가 있는 경찰도 주기적으로 참배 행사를 하도록 주선한 적이 있었다.

또한 매주 토요일에는 자발적으로 청소년 봉사단에서 학생들이 명비 주변을 깨끗이 청소하고 국화꽃 한 송이씩 헌화를 하고 묵념을 하는 모습에서 나라를 지키는 밝은 미래와 희망을 보기도 하였다. 나라를 목숨으로 지켜낸 선열들의 뜻을 기리고 감사하며 추모하는 의식이야 말로 참으로 의미 있는 모습이 아닐까 생각했었다.

다음은 학도호국단 이야기를 하고자 한다. 이스라엘이 1967년 제3차 중동전 '6일 전쟁'을 치를 때, 조국을 위해 학업을 중단한 채 달려간 재미(在美) 이스라엘 유학생 이야기는 전쟁사에서 애국심을 이야기할 때 많이 회자되는 이야기다. 그러나 우리에게는 그 보다 17년이나 앞선 1950년 6.25전쟁 당시 재일(在日) 학도 의용군이 있었다. 1950년 9월 15일 인천상륙작전에 1진 69명이 참전한 것을 시작으로 모두 641명의 재일의용군이 자발적으로 참전하여 그 중 135명이 전사하였다. 이들의 고귀한 희생정신은 진정한 애국심으로 높이 평가되어야 하지만 잘 알려져 있지 않다. 또한 국내에서는 포항 여중을 지킨 71명의 학도병을 시작으로 6.25 전쟁에 참여한 학도병은 무려 27만 4천여 명에 이른다. 다음에는 외국과 국내의 대표적인 고등학교 사례 소개를 통해 보훈에 대한 이야기를 하고자 한다.

미국에서 손꼽히는 명문 '필립 엑시터'라는 기숙형 고등학교가 있다. 200년이 넘는 전통에 미국 핵심 엘리트들을 길러낸 학교이다. 학교 강당에는 학교를 빛낸 졸업생들의 사진이 걸려있다. 정계의 실력가도, 재계의 거물도, 최우수 졸업생도 아니다. 1.2차 세계대전, 한국전쟁, 베트남전쟁에서 목숨을 잃은 영웅들이다. 그 학교는 군사학교가 아니다. 많은 언론인, 의사, 정치가, 경제인 등을 배출하는 학교이다. 그러나 '최고의 가치를 조국의 부름을 받아 목숨을 바친 동문들에게 두고 있다.' 이외에도 많은 고등학교, 대학까지도 조국의 부름을 받아 목숨을 바친 영웅들을 여러 형태로 기리고 있다.

우리나라에서도 많은 학교에서 그러한 노력을 하고 있다. 2022년 9월 30일에 경기고등학교 교정에서 '경기인 호국영웅 명비 제막식'을 거행했다. 국가적 위기 순간마다 분연히 의기를 떨친 경기고 동문, 6.25전쟁시 전사. 참전자 794명, 독립유공자와 베트남전쟁 전사자 26명 등 820명의 이름이 새겨져 추모와 기억의 공간을 마련하였다. 때늦은 감이 있으나 실로 바람직한 일이다.

보훈정신을 향상시키려면

우리나라 국민의 대다수는 보훈정신에 대한 공감대가 미흡한 게 사실이다. 제복을 존중하고 나라를 위해 헌신한 용사들의 노고를 잊지 않는 사회적 분위기는 매우 중요하다.

호국 영웅의 헌신과 희생에 보답하는 보훈정신을 향상시키려면 다음과 같은 내용에 대하여 높은 관심과 지원이 이뤄져야 한다.

첫째, 보훈정신에 대한 국민의식 전환이 필요하다. 군인의 희생과 공헌에 감사하는 국민의식 전환이 무엇보다 중요하다. 국민들이 제복에 대한 인식전환과 합당한 예우를 해주는 국민의 공감대가 광범위하게 형성되어야 한다. 그러기 위해서는 무관심한 사람, 알지 못한 사람, 정책 입안자, 언론인, 지식인들을 대상으로 보훈의 중요성과 필요성을 부각시키도록 홍보활동이 이뤄져야 한다.

둘째, 국민 일상 속에서 보훈문화 확산과 정착을 위해 많은 노력이 이뤄져야 한다. 국가와 국민의 영웅을 영원히 기억하는 보훈문화의 기반을 조성하여 실질적이고 질적으로 향상된 호국보훈 정신이 외국의 선진국 수준에 도달하도록 많은 노력이 필요하다.

셋째, 유해 발굴사업은 국가가 끝까지 책임진다는 모습을 보여줘 국가에게 고마움을 느끼게 만들어야 한다. 호국 용사들의 유해는 국가의 이름으로 정중히 모시고 국민이 그 뜻을 기려야 한다.

넷째, 보훈정신 함양에는 대통령의 솔선수범이 최우선이다. 대통령의 확고하고 일관되며, 지속적인 보훈에 대한 의지와 정책 추진이 무엇보다 중요하다. 예를 들면 2022년 6월 9일 서울 용산 대통령실 청사에서 열린 '호국 영웅 초청 소통식탁'에서 지난 2015년 북한의 목함지뢰 도발로 두 다리를 잃은 하재헌 예비역 중사와 대통령이 악수하는 모습에서 국가통수권자와 국가에 대한 신뢰는 높아진다.

다섯째, 어릴 때부터 보훈의 중요성에 대한 현장교육이 이뤄져야 한다. 미국 워싱턴 D.C의 한국참전 기념비와 베트남 전적비 주변에서 할아버지나 부모들이 어린 아이들의 손을 잡고 현장에서 기념물에 대해 설명해줌으로써, 그들의 희생과 공헌을 기리고, 고마운 마음을 갖게 하는 것처럼 보훈정신 함양도 현장교육이 매우 중요하다.

또한 전쟁기념관 야외에 전시된 참수리호에는 북한 함정과 싸우다 전사한 여섯 용사를 기억하는 추모의 공간이 마련되어 있다. 여섯 명의 신문에 보도된 내용을 성우(聲優)의 지원을 받아 감성적으로 녹음한 내용을 들려줌으로써, 관람객들을 숙연하게 하고, 당시 참전 용사들을 일정기간 지원받아 관람객들에게 실전 상황을 현장감 있게 설명해 줌으로서 그들의 무용담과 희생을 잊지 않도록 하였다. 그 곳에 설치된 추모 기부금함에 모아진 정성은 주기적으로 유가족에게 전달하여 조그마한 위로가 되도록 하였다.

군인연금은 국가보상 차원의 인식제고 및 대우가 이뤄져야 한다.

군대란 국민들의 자유와 행복의 보장이라는 더 큰 명제를 위해 정작 자신들의 권리는 어느 정도 유보해 가면서 오직 전쟁에서의 승리를 위해 헌신 희생해야 하는 생명을 담보로 하는 집단이다. 동서고금이나 어느 체제를 막론하고 그리고 앞으로도 군대의 역할과 기본 성격은 결코 변할 수 없다.

자유주의 정치철학자 노직(Robert Nozick)은 "그 자신의 증가된 안전성을 얻기 위하여 어떤 행위를 금지한 사람은 금지 당한 사람에게 초래된 불이익을 보상해야만 한다."고 했다. 그 자신과 금지한 사람은 국민을 말하고 금지 당한 사람은 군인을 뜻한다. 군인에게는 특별한 보상이 필요하다고 본 것이다. 그러면 군인에 대한 자유와 권리를 제한 받고 있는 것은 무엇인가. 그것은 군인에게만 적용되는 '군형법의 적용'이요, '국가를 상대로 배상 청구권의 행사가 금지'되어 있고 그리고 '노동 3권과 같은 기본적 권리' 등이 제한되고 있다. 이러한 타 연금과의 차이가 분명함에도 군인연금의 재정적자가 집중적으로 부각되어 마치 '군인연금이 세금 먹는 하마로, 군인이 국민의 혈세를 낭비하는 부도덕한 집단인양 국민들에게 인식되고 있다'는 점이 안타까운 현실이다.

군인연금의 경우는 국가 보상적 차원에서 달리 취급해야 마땅함에도 3대 직역연금을 동일하게 취급하는 발상부터 바꿔야 한다.

군인연금은 일반 공적연금과는 달리 국가와 국민의 생명을 담보로 하는 '안보 보험료'의 성격 규정과 개념 설정이 전제되어야 한다. 또한 군인은 근로기준법 제 14조(근로자의 정의)에 의하면 근로자가 아니며 근로기준법의 적용대상도 아니다. '근로 이상의 순결한 헌신과 희생으로 국가에 대한 정신적, 육체적 충성을 전제로 복무하는 자'를 말한다. 따라서 군인의 사용자는 국가일 수밖에 없고, 국가는 사용자의 의무를 결코 소홀히 해서는 안 되는 것이다.

그럼에도 불구하고 재정적자의 악화로 인해 정부의 각종 연금에 대한 개혁이 요청되는 시점에서 군인연금도 적극 협조해야 된다는 전제 아래 다음과 같은 사항을 검토할 필요가 요구된다. (1)군인연금의 정년 연장검토, (2)예비역의 재취업 확대를 통한 연금 외 소득의 창출, (3)재정적자를 메꿀 한시적인 방위세 신설, (4)임금피크제의 설계 및 도입, (5)1995년부터 농어촌 지역 연금 보험 확대 적용시 농특세에서 농어민 연금 운영지원을 하였는데, 군인에게도 유사한 추가

지원이 가능하다는 논리적인 근거를 제공하고 있다. (6)만약 책임준비기금을 적립한다면 그 재원 마련은 국방개혁과 관련하여 군 주둔지역의 택지개발이나 도시개발 시 발생하는 부가 가치를 책임준비금으로 적립하는 방안을 법제화하는 것도 바람직하다. (7)다층적 보험제도를 군인에게 적용하는 것이 필요하다. 국민연금을 기본으로 하고 군인연금을 2층, 개인연금을 3층으로 하는 개념으로 연구하여 대책을 강구하는 방안을 검토할 시기가 도래했다고 본다. 그러면 더욱 본질적이고 현실적인 측면에서 군인연금이 안고 있는 문제들을 직시하고 항구적인 대안을 검토해볼 필요가 있어 다음과 같이 정리해 본다.

군인연금은 특수성을 인정받아야 하고 연금은 달라져야 하는 객관성이 있으면서도, 왜? 인정받지 못하고 있는 것일까. 본질적인 문제와 해결 방안을 제시해본다.

근본적인 문제로는 (1)국민이 군인의 사회적 공헌을 알지 못한다는 사실이다. 인식의 부족이나 오해를 할 수 있는 부분에 대해서는 홍보를 통해서 국민에게 알려서 제거해 나가야 한다. (2)정책 결정자들은 군인이 다른 직업과 다르다는 것을 인정하지 않고 있다. 그래서 군인연금이나 공무원연금이나 사립학교 교원연금이 내용적으로 똑같다. 군인보험의 특수성을 정책결정자들이 인정하지 않고 있는데 일반국민들의 인식을 바꿀 필요가 있다. (3)군인연금은 일반 국민이 오해할 수 있을 만큼 복합적이다. 사회공훈 성격, 종업원복지 성격, 인사정책적 성격, 사회보장제도 성격이 같이 들어가 있기 때문에 일반 국민들이 이것을 이해하기 곤란하게 되어있다. 그러니까 국민연금과 군인연금을 비교하는 것이다. (4)오해나 인식 부족보다도 명칭이 같으니 그렇게 볼 수 있다. 국민은 내용을 모르니까 연금이란 것만 보고 군인연금 지급액이 많다, 특혜다 할 수 있다. 그러므로 제도와 구조를 바꾸어야 한다. 이를 해소하려면 국가재정이 충분하든가 아니면 군인연금에 대한 인식이 개선되어야 한다.

이러한 근본적인 문제들을 해결하기 위해서는 (1)국민인식을 바꾸기 위한 꾸준한 노력이 필요하다. 각종 모임에서의 홍보와 일반 기자나 언론인들을 세미나에 초청하여 세미나 내용들을 기사화해서 국민들에게 알려야 한다. (2)국가정책자들의 시각을 바꾸어야 한다. 미국은 군인연금을 순수한 공훈보상으로 인정하고 기여금이 없다. 그리고 사회보장제도는 일반 국민들과 똑같이 가입하고 있다. 미국은 분명히 구분하고 있다. 우리도 그렇게 되기 위해서는 예산담당 공무원들의 인식을 어떻게 바꿀 것인가에 대한 전략 마련이 필요하다. (3)앞에서 말한 서로 다른 성격의 4가지 제도가 얽혀 있어서는 문제해결이 어렵다. 공훈 대상이면 기여금을 낼 필요가 없으며, 사회보장이면 일반국민과 똑같이 해야 한다. 성격이 다른 것을 구분한다면 개선책이 나올 수 있을 것이다. (4)군인연금 명칭을 다른 연금과 다르게 바꿀 필요가 있다. 예를 들으면 '국가보훈보상금' 등이다.

올바른 호국보훈정신이 나라를 지킨다

북한은 천안함 폭침과 연평도 포격도발에 이어 유엔안보리 결의를 위반하고, 탄도 미사일 발사 및 핵위협을 가속화하고 있는 시대에 튼튼한 방위력을 갖추는 것만이 한반도의 자유와 평화 그리고 번영을 지킬 수 있다.

　우리는 불과 70여 년 만에 세계 10위권의 경제 대국으로 부상했고, 선진국 대열에도 가담했다. 그러나 우리가 너무도 당연하게 여기는 이 풍요와 자유는 그냥 주어진 것이 결코 아니다. 순국선열과 호국용사의 희생이 없었다면 자유와 풍요는 누릴 수 없었을 것이다.

　호국보훈은 나라를 위한 희생과 공훈을 기리고 그 숭고한 정신을 이어가는 것이다. 즉 애국심과 확고한 국가관을 바탕으로 나라가 위기에 처했을 때는 기꺼이 자기를 희생하려는 마음을 가질 수 있도록 노력할 때 국가보훈의 진정한의미가 살아 날 것이다. 대한민국과 자유민주주의를 지키고 가꾸는데 온 국민이 하나가 되어야 하는 이유이다.

　순국선열과 호국 영령들의 희생위에 오늘 우리가 자유와 평화, 번영을 누리고 있음에 감사하고 오늘을 사는 우리들은 그 분들에 대한 보답해야 한다는 국민적 공감대를 통한 국민의식이 너무나도 절실한 때이다. 모든 희생이 값진 것이지만 나라를 위한 희생보다 고귀한 것은 없다. 그것은 스스로를 제외한 남은 자들만의 자유와 행복을 위한 헌신이기 때문이다. 튼튼한 안보는 호국보훈의 정신에서 비롯된다. 역사를 망각하고 선열들의 희생을 가벼이 여기는 사람들이 제대로 된 안보를 구축할 수 없기 때문에 호국의 길, 보훈의 길이 호국보훈 정신으로 발전할 때 나라를 지킬 수 있다. 이제 과거의 원호시대에서 보훈의 시대에 살고 있다. 앞으로는 기억의 시대에 살게 될 것이다.

　대한민국의 오늘을 사는 우리에게 남겨진 도리는 선열과 호국영령 그리고 국가 유공자의 헌신을 참된 마음으로 추모하고 또 잊지 않는 것이다.

2부
인생과
전쟁영웅
이야기

4장

인생을 어떻게 살아야 하나

1절. 인생은 '살아가는 것'이 아니라 '살아내는 것'이다
2절. 감사하면 행복해진다
3절. 인생에서 가장 중요한 것은 '인간관계'와 '말'이다
4절. 삶과 죽음에 대한 생각
5절. 인생의 황금률과 실천해야 할 인생수칙

1절   인생이란 '살아가는 것'이 아니라 '살아내는 것'이다.

　인생이란 무엇인가, 왜 사는가, 어떻게 살아야 하는가에 대한 의문을 누구나 갖고 산다. 그에 대한 정답은 없는 것 같다. 그러나 자기가 스스로 모범 답안을 찾아 만들어 나가는 것이라고 생각한다.

　우리는 세상을 살아가는 모습에서 행복하게 사는 사람도 있고 불행하게 사는 사람도 있다. 행복하거나 불행한 인생은 스스로 만들어 가는 것이다. 이 시간 이 순간에도 자기의 인생을 만들어 가고 있다. 어제까지가 모여 오늘이 되고, 오늘까지가 모여 내일을 만든다. 누구 탓도 아니다. 자기가 노력한 만큼 대가를 받는 것이다.

　일찍이 『파랑새』의 저자 '메테르링크'는 그의 저서에서 "인생은 한 권의 책이요, 우리는 태어나서 죽을 때까지 매일 매일 그 한 페이지를 창작한다."고 하였다. 산다는 것은 하루하루 인생이란 책을 쓰고 있는 것이다. 인생이란 책은 한권밖에 쓸 수 없다.

　원고는 잘못 쓰면 다시 쓸 수 있다. 그러나 인생이란 책은 그것이 불가능해서 다시 고칠 수도 다시 쓸 수도 없는 것이다. 하루하루를 보람 있게 살아가면서 '인생의 명작'을 만든다는 생각으로 세상을 살아가야 하지 않을까 생각해본다.

인생에 대해서 이렇다 저렇다 말할 수는 없지만, 세월을 살아오면서 느끼고, 보고, 경험하고 배운 것들을 모아서 인생이란, 그리고 어떻게 살아야 하는지에 대해서 살펴본다.

인생이란 무엇인가.

인간은 누구나 인생에 대한 몇 가지 질문을 고민하면서 살아간다. 나는 누구인가?(정체성), 왜 사는가?(삶의 의미), 자신의 사명감은 무엇인가?(의무), 어떻게 살아야하는가?(인생의 목표와 방향), 어떻게 죽을 것인가?(사생관) 등이 핵심 키워드다.

인생은 항해와 같다. 한 조각의 조그만 배를 타고 망망대해를 헤쳐 나가야 한다. 한치 앞을 내다 볼 수 없는 것이 인생이다. 미래는 어두운 안개 속에 쌓여있고, 위험과 불확실성의 그늘에 가리어 있다. 나의 판단과 나의 계획과 내 책임하에 내가 나의 배를 저어 나아가야 한다. 내가 내 인생의 뱃사공이기 때문이다.

인생을 어떻게 올바르게 살아갈 것인지, 자기 철학을 분명히 세우는 것이 인생관이다. 인생을 어떤 관점으로 바라보느냐에 따라서 의미가 달라지고 뜻이 달라지고 방향이 달라지고 생각과 마음이 그리고 자세가 달라진다.

인생의 궁극적 목적은 성공하고 행복하게 사는데 있다. 더 나아가 의미 있고 보람 있는 삶을 사는 것이다. 성공은 준비된 자에게 주어진다. 노력한 만큼 이룬다. 성공의 키워드는 '훌륭한 인성과 열정 그리고 창의력'이다. 성공은 매일 반복한 작은 노력들의 합(合)이다. 행복이란 자기 분수를 알고 가진 것에 만족하는 삶이다. 행복은 소유에 있지 않고 가진 것에 만족하는데 있다. 어떤 삶이 의미 있는 삶일까? 자신을 행복하게 하는 삶, 창조적인 삶, 많은 업적을 남기는 삶 등이라고 말할 수도 있다. 그러나 의미 있고 보람 있는 삶이란 목적이 있는 삶이다. 이 세상에 태어나 '남을 위해 더 나아진 게 뭐가 있느냐'이다. 가장 큰 비극은 죽음이 아니라 목적 없는 삶을 사는 것이다.

인생문제에 대한 이해의 폭을 넓히고 자기 자신의 인생관을 확립하는데 도움이 될 수 있는 철학자들의 인생관, 교수와 시인들의 생각, 노랫말로 본 인생 등에 대해 살펴본다.

철학자들이 보는 인생관 이야기

먼저, 고대 그리스의 대표적인 철학자인 소크라테스(Socrates, 기원전 470년 경-기원전 399년 경)의 인생관에 관한 이야기이다.

소크라테스가 "너 자신을 알라."고 일갈했을 때, 그의 친구들이 그럼, "당신은 자신을 아느냐?"라고 되물었다. 그때 소크라테스는 "나도 모른다." 그러나 적어도 나는 "나 자신을 모른다는 것을 알고 있다."라고 말했다. 그가 말한 "너 자신을 알라(Know thyself)"란 말은 자기인식과 자아 성찰에 대한 깊은 필요성을 강조하는 말이다. 그는 자신이 무엇을 알고 있는지를 아는 것이 아니라 자신이 무엇을 모르는지를 알고 있다고 말했고, 이는 인간이 자신의 한계와 불안전함을 인식하고 끊임없이 자신을 발전시켜 나가야 한다는 의미다.

또한 그는 감옥에서 독배를 마시기 전에 사랑하는 제자 플라톤에게 "사는 것이 중요한 것이 아니라, 바로 사는 것이 중요하다."고 말했다. 누구나 인생을 바로 살기를 원한다. 그는 바로 산다는 것은 '진실하게 사는 것'이요, '아름답게 사는 것'이며, '보람있게 사는 것'이라고 말했다. 따라서 말도 바로하고, 생각도 바로하고, 행동도 바로하고 생활도 바로 해야 하는 것이다.

두 번째, 임마누엘 칸트(Immanuel Kant, 1724-1804)는 '실천적 관점에서의 인간학'이란 글에서 철학적 사고의 세 가지 규칙을 말했다. ①스스로 생각하라. ②다른 사람의 입장에서 생각해보라. ③항상 일관되게 생각하라. 첫 번째 규칙은 모든 권위와 구속으로부터 자유로워진 상태에서 자신이 스스로 사고하고 판단하라는 규칙이다. 두 번째 규칙은 자기 스스로 생각하되, 다른 사람의 입장에서 생각해보라는 규칙으로 공평하게 객관적인 기준으로 생각해보라는 것이다. 세 번째 규칙은 모든 일에 한결같고 논리적인 기준으로 사고하고 처신하라는 규칙이다. 요즘같이 변화와 혼란이 심한 시대일수록 자신을 바르게 세워 나가려면 칸트가 말한 이들 세 가지 규칙을 확실하게 지켜나가야 할 것이다.

또한 칸트는 인간의 본질적인 질문에 대해 다음과 같이 해석했다. 먼저, '내가 무엇을 알 수 있는가?' '인식론'의 문제다. 아는 것이 제일 중요하다. 인지하고, 지각하는 것이다. 이성(理性)의 기능이 중단되는 것이 치매다. 다음은 '내가 무엇을 해야 하는가?' '윤리학'의 문제다. 해야 될 것과 하지 말아야 할 것을 구분해야 한다. 공통적으로 '윤리'의 문제다. 도덕이란 무엇인가. 참과 거짓, 옳고 그른 것 등에 관한 것이다. 도덕은 개인의 판단 즉 나의 일이다. 그 다음은 '내가 무엇을 바랄 수 있는가', '희망'의 문제다. 인간에 대한 신뢰가 있는 사람들은 인간은 도덕적으로 행동할 것이라고 보는 것이고, 그렇지 않다고 생각하는 사람들은 외부의 제재가 없으면 본능대로 행동한다고 보는 것이다. 마지막으로 '내가 죽은 다음에 어떻게 될 것인가.' '종교'의 문제다.

이상의 인간의 본질적인 질문에 대한 칸트의 해석은 한마디로 '인간은 무엇인가'였다. 이는 곧 내가 어떻게 살 것인가. 나의 삶의 문제로 내가 어떻게 살아야 하는가이다.

세 번째, 러시아의 대문호 톨스토이(Leo Tolstoy, 1828-1910)는 '세 개의 질문'이란 글에서 우리에게 세 가지 질문을 던졌다. 이것은 그의 인생론을 요약한 것이기도 하다. ①'이 세상에서 가장 중요한 시간은 언제인가?'에 대해, '지금', '현재'라고 말했다. ②'이 세상에서 가장 필요한 사람은 누구인가?'에 대해서는 '지금 만나고 있는 사람'이라고 했다. 현재 나와 얼굴을 맞대며 희로애락을 함께 나누는 내 곁에 있는 사람이다. ③'이 세상에서 가장 중요한 일은 무엇인가?'에 대해선 '현재 내가 만나는 사람에게 선(善)을 행하는 것'이며, '이것이 가장 중요한 일이며, 여기에 행복이 있다'고 말했다. 이는 톨스토이의 인생론이자 우리 모두의 인생론이기도 하다.

네 번째, 우리나라의 대표적인 철학자 안병욱 선생의 인생철학이다. 그는 저서 『지혜롭게 사는 길』에서 "나는 옳은 길을 가고 있는가? 우리는 옳은 길을 걷고 있는가? 우리는 언제나 이 물음 앞에 서야 한다."고 말했다. 안병욱 교수는 자기의 인생관을 이렇게 말했다. ①산다는 것은 자기의 길을 가는 것이다. ②산다는 것은 죽는 날까지 배우는 것이다. ③산다는 것은 부지런히 자기의 재능과 인격을 갈고 닦는 것이다. ④산다는 것은 가치창조를 위해 열심히 일하는 것이라고 하였다.

그는 한번 살아가는 인생을 올바르게 바라보는 관점, 곧 인생관이 분명해야 후회가 없다고 말했다. 자기 인생관이 없으면 대충, 대강 살아가게 된다.

인생의 원칙, 삶을 대하는 정신자세, 영생의 진리와 사물을 향한 마음가짐이 없이 인생을 충실하고 성실하게 살아갈 수 없다. 그것을 인생철학, 생활철학이라고 했다. 또한 그는 "나의 인생관이 나의 인생을 지배한다." 그러므로 인생관의 확립이 무엇보다 중요하다. 인생관 없이 살아가는 사람들이 많이 있다. 인생관이 없이도 살 수는 있지만 잘못된 인생관을 가지고 사는 것은 위험한 일이라고 했다.

마지막으로 연세대 명예교수인 철학자 김형석 선생의 인생철학이다. 그는 100세를 살아오면서 터득한 인생의 결론은 "인간은 일하기 위해 태어났다. 일의 목적은 더 많은 사람의 행복과 인간다운 삶을 돕는데 있다. 주어진 일에 최선을 다하라, 그러면 더 소중한 일과 더 큰 봉사의 기회가 주어진다."라고 말했다. 인간으로 태어난 목적은 일하는 것, 더 많은 사람들을 행복하게 해야 한다고 했다. 출세나 진급이 인생의 목적이 될 수 없고, 욕심만 앞세우면 끝까지 가지 못한다고 했다. 삶이란 계속 낡은 것을 버리고 새로운 것을 찾아가야 한다고 말했다.

교수와 시인들이 본 인생 이야기

한국 최고의 석학 중 한 분이신 윤석철 서울대 명예교수는 '삶의 정도(正道)'에 대해서, 인간은 자기 삶의 질을 높이고, 더 나은 미래를 창조하려는 욕망을 가진 존재다. 인간은 시간 속을 살아가는 존재다. 어제 뿌린 씨앗으로 오늘을 살고, 오늘을 심은 나무에서 내일 열매를 거둔다. 내일 거둬야 할 열매를 목적함수라 한다면, 그를 위해 오늘 심어야 할 나무는 수단 매체가 된다. 결국 삶의 정도는 내일을 위한 목적함수를 설계하고 그에 맞는 수단 매체를 창조하는 길이 된다. 오늘과 내일이 모두 중요하지만 내일을 위해 오늘 허리띠를 동여매는 철학적 선택도 반드시 필요하다고 말했다. 이것이 삶의 정도를 말해준다.

다음은 시인들이 말하는 인생이야기다. 시(詩)의 세계는 고통스럽고 어려운 현실을 극복해 낼 수 있는 힘을 주고 미래를 향하여 나아갈 수 있는 추진력을 줄 수 있다.

먼저, 너무나 유명한 시인이자 소설가인 러시아의 알렉산드르 푸시킨(1799-1837)은 "삶이 그대를 속일지라도 슬퍼하거나 노여워하지 말라. 슬픔의 날을 참고 견디면 즐거운 날이 오리니. 마음은 미래에 사는 것, 현재는 항상 슬픈 것, 모든 것은 일순간에 지나간다. 지나간 것은 다시 그리워지는 것이다."에서 인생은 '현재는 항상 슬픈 것, 모든 것은 일순간에 지나 간다.'며 인생은 슬픈 것이라고 설파했다.

두 번째, 미국 시인 랠프 월도 에머슨(Ralph Waldo Emerson, 1803-1882)은 '무엇이 성공인가?(What is success?)'에 대해 말하기를 "자주 그리고 많이 웃는 것, 현명한 이에게 존경을 받고, 아이들에게 사랑을 받는 것, 정직한 비평가의 찬사를 듣고, 친구의 배반을 참아 내는 것이다."라 하였으며, 또한 "자기가 태어나기 전(前)보다 세상을 조금이라도 살기 좋은 곳으로 만들어 놓고서 떠나는 것, 자신이 한때 이곳에 살았음으로 해서 단 한 사람의 인생이라도 행복해지는 것, 이것이 진정한 성공이다."라고 말하였는데, 이런 사람이 될 수 있다면 얼마나 좋을까 하고 생각해 봤다.

마지막으로 영국의 시인이며 극작가인 골드스미스(Oliver Goldsmith, 1730-1774)는 "우리의 최대의 영광은 한 번도 실패하지 않는 것이 아니고 넘어질 때마다 일어서는 것이다."라고 말했다.

우리는 이러한 교수와 시인들의 짧은 말과 글을 통해서 인생을 배우고 용기와 희망을 갖게 된다.

노랫말로 본 인생이란

음악의 힘은 위대하다. 감동을 받고 아픈 마음을 치유하고 즐거움과 기쁨을 주기 때문이다. 특히 대중가요는 인생의 희로애락을 노랫말에 담아 대중을 웃기고 울리는 가수들의 노랫말에서 인생을 배운다. 그 노랫말에 진정한 인생의 애환이 녹아있기 때문이다. 최근 들어 여러 가수들의 노래를 통해 감동을 받았던 노래들을 소개해본다.

먼저, 김태연이 부른 '바람길'이란 노래를 들었다. "…걷다가 울다가 서러워서 웃는다…"는 노랫말이 가슴에 와 닿는다. 울다 지치고 서러워 이젠 웃음만 나오는 이 심정, "…울다가 웃다가 꺼내본 사진 속엔 빛바랜 기억들이 나를 더 아프게 해…" 아홉 살짜리가 뭘 알아, 이리 구슬프게 노래를 잘 하는지. 홀로 울컥했다. 저자는 이 노래를 듣고 또 들었다. 수 백 번도 더 들은 것 같다.

다음은 14세의 정동원이가 부른 '여백'에서 "…청춘은 붉은 색도 아니고, 사랑은 핑크 빛도 아니더라. 마음에 따라서 변하는 욕심 속 물감의 장난이지, 그게 인생인거야, 전화기 충전은 잘 하면서 내 삶은 충전하지 못하고 있네…" 어린 소년이 인생을 알고 부른 노래일까 하는 생각도 들지만 인생에 대한 생각을 하게 만든다.

마지막으로 노사연이 부른 '바램'에서 "…내가 힘들고 외로워질 때 내 얘기를 조금만 들어준다면 어느 날 갑자기 세월의 한복판에 덩그러니 혼자 있지 않았죠. 큰 것도 아니고 아주 작은 한마디, 지친 나를 안아 주면서 사랑한다. 정말 사랑한다는 그 말을 해준다면 나는 사막을 걷는다 해도 꽃길이라 생각할 겁니다…" 외롭고 힘들 때 '따뜻한 한 마디의 위력'을 느끼게 하는 노래다.

저자가 생각하는 인생이야기

저자 자신도 '인생이란 무엇인가', '나는 누구인가', '왜 살며, 어떻게 살 것인가', '무엇이 진정한 성공이요 행복인가'에 대해 확답을 지니지 못한 채 그럭저럭 살아가는 자신을 놓고 자책하거나 부끄러워 하기도 한다.

삶은 어렵고 힘든 길이다. 인생의 길에는 이정표와 방향 표시가 없기 때문에 수많은 갈등과 방황과 오류와 시행착오가 따르기 마련이다. 인생의 긴 여로에서 여러 가지 어려움을 만나고, 많은 죄와 악에 직면하고, 시련과 유혹에 부딪친다. 여기에서 산다는 것은 이러한 시련을 극복하고 이겨내는 것이라고 생각했다.

상당한 세월을 살아온 저자의 인생은 생각하는 대로만 이루어지는 것은 결코 아니었다. 그러나 저자가 생각하는 인생은 그냥 살아가는 것이 아니라 '스스로 보람'을 찾아내는 것이라고 생각했다. 그리고 '주어진 일에 최선을 다하는 것'이라고 여기고 주어진 일에 대해서 '시키기 전에 미리 착안해서 보다 빨리 보다 잘 하는 것이 좋은 것'이라고 생각했다. 그리고 세상 살아가는 자세는 '정도(正道)로 합리적으로 균형감각'을 갖고 살려고 노력했다.

인생을 어떻게 살아야 할까.

어떻게 사는 것이 정도이며 온전한 길인지 명확하지 않다. 하느님께서는 어떻게 살아야 하는지 십계명을 통해 명확하게 심어 줬다.

인생을 살아가는 데 있어서는 여러 가지 길이 있고 방법이 있고, 그 스타일이 있다. 사람에 따라서, 그 성격에 따라서, 희망에 따라서, 그 환경에 따라서 인생은 변화하면서 진행이 되어 결실을 맞는 종말기로 향하는 것이다.

실로 인생은 다양한 것이어서 자기 선택이 있고, 선택의 자유가 있으며 그 책임이 있는 것이다.

우리의 인생을 비옥하게 만드는 요소는 우리의 '생각'과 '말'과 그리고 '행동'이다. 사람의 생각, 말, 행동 그리고 좋은 습관이 있다면 반(半)은 성공한 것과 같다. 인생은 생각의 산물이고, 말을 바꾸면 인생이 달라진다. 우리의 일상생활은 습관이 쌓여서 만들어진다.

그래도 그 사람을 평할 때 '괜찮은 사람' '바른 사람' 등이라고 평가받는다면 행복한 사람일 것이다. 특히 '함께 살아온 가족과 자식들'로부터 그러한 평가를 받는다면 더욱 축복받는 사람이 될 것이다.

인생을 어떻게 살아야할까
1. 먼저 인간이 되어라.
2. 목표를 세워 살아라. 목표를 세우면 목표가 나를 이끌어 준다.
3. 내가 있고 남과 함께하는 삶을 살아라.
4. 항상 배우는 자세로 살아라.
5. 긍정적인 마인드로 살아라.
6. 좋은 습관을 가져라.
7. 현재에 충실하는 삶을 살아라.
8. 의미있고 보람있는 삶을 살아라.
9. 감사하면 행복해진다. 항상 감사하라.
10. 말이 고와야 관계가 좋아진다. 말을 곱게 하라.
11. 희망을 만드는 사람이 되어라.
12. 자기만의 인생수칙을 만들고 실행에 옮겨라.

위의 내용을 하나하나 살펴본다.

①먼저 인간이 되어라. 최우선적으로 세상에 태어나 정상적인 인간이 되는 것이다. 영화 '서편제'의 주인공 오정해씨는 당시 나이 70세였던 스승 고(故) 김소희 여사가 중학생이었던 그녀를 제자로 받아주면서 한 말이 바로 "먼저 인간이 되어라"였다고 한다. 사람이 먼저 되고 나서 다른 일을 하라고 강조하고 또 강조했다고 한다. 세상에는 인간이 되지 못하고 짐승 같은 사람, 남에게 상처주고 피해주는 사람이 얼마나 많은가. 인간이 되는 게 최우선이다.

②목표를 세워 살아라. 목표를 세우면 목표가 나를 이끌어준다. '인생에 이루고자하는 목표가 있는가?' 그렇다면 그저 생각하고 바라는 것만으로는 부족하다. '엄청나게 절실히 원해야 이룰 수 있다.'

머리끝부터 발끝까지 전신을 한 가지 바람으로 가득 채워, 내 몸속에 피가 아니라 염원이 흐르는 수준이 되어야 한다. 목표 없는 사람은 목표 있는 사람들을 위한 평생 종신 노동하면서 살게 된다는 사실을 알아야 한다.

③내가 있고 남과 함께하는 삶을 살아라. 나를 위한 삶이 우선이고, 다음에 공동체를 위한 삶을 살아야 한다. 내가 먼저 자유가 있고 내가 잘 하는 일, 좋아하는 일, 보람있는 일을 하고 그리고 남을 배려하는 삶을 사는 게 현명하다. 사는 동안 남에게 칭찬은 못 들어도 욕은 먹지 말고, 남에게 베풀지는 못해도 피해는 주지 말고, 태어나서 훌륭하게 살지는 못해도 부끄럽게 살지는 말아야 한다.

④항상 배우는 자세로 살아라. 지금 이 시간에 잠을 자면 꿈을 꾸지만, 지금 이 시간에 공부를 하면 꿈을 이룬다. 어린 아이에서부터 어른에 이르기까지 세상에 스승이 아닌 사람이 하나도 없다. 모든 스승으로부터 배우는 자세를 갖자. 사람이 책을 만들고 책은 사람을 만든다. 항상 책을 가까이 하면서 살아야 한다. 산다는 것은 생애에 걸쳐서 배우는 것이다. 배움에는 마침표가 없다는 사실을 기억하자.

⑤긍정적인 마인드로 살아라. 매사를 긍정적으로 보고 좋은 일만 생각하면 좋은 일이 생기고 즐겁게 생각하면 즐거운 일이 생긴다. 불안한 생각을 하면 불안한 일이 생긴다. 미래에 대한 긍정적인 희망이 바로 성공의 원동력이다.

⑥좋은 습관을 가져라. 처음에는 내가 습관을 만들지만 나중에는 습관이 나를 만든다. 좋은 습관이 좋은 운명을 만든다. 성격은 생각과 행동의 자동적인 반복과 습관에 의해 만들어진다. 자신을 바꾸려

는 노력이 없다면 무의식중에 습관이 되어버린 생각과 행동이 자신이 된다. 성격은 자신의 생각과 노력으로 어느 정도 바꿀 수 있다. 마음의 자세를 바꾸면 습관, 성격, 생활 자체까지 변화된다.

⑦현재에 충실하는 삶을 살아라. 과거도 미래도 아닌 오늘에 살아라. 바로 여기, 바로 지금에 충실하고 오늘을 마지막처럼 살아라. 현재에 충실하지 않으면 미래에 충실할 수 없다. 과거는 역사, 미래는 신비, 현재는 선물이다. 긴급하고 중요한 '현재'에 시간을 집중하고 투자하라. 행복을 즐겨야 할 시간은 '지금'이고, 행복을 즐겨야 할 장소는 '여기'이며, 그 상대는 당신 곁에 있는 '사람'임을 명심하라. 날마다 오늘이 자신의 '마지막 날'이자 '첫날'이라고 생각하고 행동하라. 그러면 후회 없는 인생을 살게 될 것이다. 자기 인생은 오늘을 어떻게 보내느냐에 따라 결정된다.

⑧의미 있고 보람 있는 삶을 살아라. 의미와 보람은 당신 스스로 자신의 삶 속에서 세워나가는 것이다. 건축 현장에서 세 사람의 인부가 벽돌을 쌓고 있었다. 이것을 보고 지나가던 사람이 물었다. "당신은 무얼하고 있소?" "보면 모릅니까? 벽돌쌓고 있잖소." 이번에는 두 번째 사람에게 물었다. "당신은 무얼하는 겁니까?" "하루 일당을 벌려고 땀 흘리는 중이요." 세 번째 사람은 빙그레 웃으면서 대답했다. "이 나라 최고의 건축물을 만들고 있소." 똑같은 일을 하면서 의무감으로 일하는 사람과 보람으로 일하는 사람이 같은 운명이 되지는 않는다.

⑨감사하면 행복해진다. 항상 매사에 감사하라. 감사하면 감사할 일이 생기고 불평하면 불평할 일이 생긴다. 사소하고 조그마한 일에도 항상 감사하는 마음을 갖고 산다면 행복해진다.

⑩말이 고와야 관계가 좋아진다. 말을 가려서 좋은 말을 골라서 하라. 그러면 상대방은 좋은 감정을 갖게 되고 관계는 원만하게 좋아진다.

⑪희망을 만드는 사람이 되어라. 남에게 희망의 씨앗이 되도록 노력하라. 키케로는 "삶이 있는 한 희망은 있다."라고 말했다. 하지만 이 말을 뒤집으면 '희망이 있는 한 삶은 있다.'이다. 항상 희망이 있으면 어떠한 역경과 고난도 이겨낼 수 있다. 주변 사람들에게 희망을 주는 사람이 되어라.

⑫자기만의 인생수칙을 만들고 실행에 옮겨라. 살아가면서 자기만의 꼭 지켜야 할 인생수칙을 만들고, 그것을 행동에 옮기는 습관을 만든다면 확실하게 어제 보다 나은 오늘을 만들 수 있고, 보다 희망적인 미래가 보장될 수 있다. 인생수칙을 만들고 실천해 보자.

인생은 '살아가는 것'이 아니라 '살아내는 것'이다.

인생이란 수고가 없고 괴로움이 없는 삶에서보다 고생 끝에, 고통 끝에 도달하거나 획득하는 삶이 큰 보람을 안겨준다는 것은 하나의 공식이다. 진정으로 멋진 사람은 힘든 시기를 이겨낸 사람이다. 힘든 걸 겪어야 인생의 달콤함도 느낄 수 있다. 그리고 정말 중요한 것은 힘들어 본 사람만이 타인의 아픔을 품는 법이다.

인생은 어렵고 힘든 길이다. 인생의 긴 여로에서 우리는 여러 가지의 어려움을 만나고, 많은 죄와 악에 직면하고, 시련과 유혹에 부딪친다. 산다는 것은 이런것들과 싸워서 이기는 것이다.

영화 '빠삐용'의 한 대목이 떠오른다. 살인의 누명을 쓰고 지옥의 감옥으로 보내진 빠삐용이 자신의 억울함을 호소하자, 재판관은 이렇게 언도를 내린다. "네게는 인생을 낭비한 죄가 가장 큰 죄이니라." 참으로 새겨들을 만한 명판결문이 아닌가. 누구든 자신의 삶에 최선을 다하지 않는 태도는 분명한 죄가 되리라. 그것은 단 한 번 주어진 인생을 허비하는 짓이기 때문이다. "내일 지구의 종말이 올지라도 나는 한 그루의 사과나무를 심겠다."라고 말한 스피노자의 말을 떠올리며, 인생을 낭비하는 죄를 짓지 않으려면 무슨 일이든 부지런히 배우고 익히는 삶을 살아가야 한다.

자기 자신의 운명을 결정짓는 요인들은 ①인생에 대한 도전과 열정이며, ②할 수 있다는 자신감, 적극성, 성실성이 운명을 만든다. ③본인의 성격이 자신의 운명을 결정한다. ④가치관과 태도가 운명을 결정하는 중요한 요인이고, ⑤습관이며, ⑥말이다. 그리고 ⑦인간관계관리 능력이며, ⑧자신의 역량 등에 달려있다고 본다.

모든 것은 마음이 만들어 낸다. 인생의 고통과 역경을 이겨내며 살아내기 위한 마음자세로 다음과 같은 내용을 참고로 하면 도움이 될 수 있다. ①고민은 10분만 하라. 우리가 하는 고민의 96%는 쓸데없는 걱정이다. 고민은 10분만 하고 웃어라. ②성격은 얼굴에서 나타나고, 본심은 태도에서 나타나며, 감정은 음성에서 나타난다. 마음관리를 제대로 하라. ③절대로 분노의 노예가 되지 말고, 분노를 다스리는 주인이 되라. 분노(憤怒) 속에서 한 말이나 행동은 반드시 후회를 남긴다. ④"가난하게 태어난 것은 당신의 잘못이 아니지만, 가난하게 죽는 것은 당신의 잘못이다."라고 MS 창업자, 빌 게이츠는 말했다.

⑤ "세상에서 가장 지혜로운 사람은 배우는 사람이고, 세상에서 가장 행복한 사람은 감사하면서 사는 사람이다."는 탈무드에 나오는 말이다. ⑥ 세상에서 가장 따뜻한 이불은 상대의 작은 허물을 덮어주는 당신의 마음이다. ⑦ "우리가 마주칠 재난은 우리가 소홀히 보낸 어느 시간에 대한 보복이다."라고 나폴레옹이 한 말이다.

'살아가는 것'은 하루의 삶을 어떻게 자신이 원하는 바대로 살아갈 수 있게 하느냐에 달려 있는 것이라 할 수 있다. '살아가는 것'이란 주어진 상황에 순응하며 살아가는 삶이고, '살아내는 것'이란 주어진 역경과 고통, 시련을 극복해가며 자기가 소망하는 삶을 이뤄내는 것을 말한다. 이러한 인생을 살아낸 사람들의 사례를 알아본다.

> **(사례1) '때문에' 대신 '덕분에'라고 말하자.**
> '가난' 덕분에 평생 근검절약해서 부자가 되었다.
> '배우지 못한 것' 덕분에 평생 배움에 열정을 쏟았다.
> '몸이 약한 것' 덕분에 평생 조심해 95세까지 장수했다.

위 사례는 일본의 경영의 신(神)이라 불리는 마쓰시타 고노스케가 말한 긍정의 힘 이야기다. 그는 '때문에'라고 핑계 대거나 책임을 타인에게 전가하지 않았다. 부정적 태도와 자세를 탈피하여 자기 자신에게서 문제를 찾아 긍정적으로 수용하고 극복했다. 문제는 어떻게 생각하느냐, 어느 관점에서 보느냐가 중요하다. 마음만 바꾸면 상황은 얼마든지 역전이 가능하다. 작은 것에 감사하고 매사를 긍정적으로 보아야 뭔가를 이룰 수 있다. 긍정의 힘을 믿고 어려움과 역경을 극복하는 삶을 살아야 한다.

(사례2) 고통과 아픔이 인간을 성숙하게 만든다.

얼마 전에 공군의 강희간 예비역장군을 만나서 아들에 관한 얘기를 나눴다. 강장군은 아들이 학군장교(ROTC, 33기)로 임관했을 때, 아들을 가장 힘들고 어려운 부대로 보내 근무시키고자, 특전사에 보내고 싶었다. 그러나 단기복무자라 실패하고, 최전방 부대로 보내려고 부탁을 했다. 그 당시 부대 지휘관은 "보내 달란 거냐, 빼달란 거냐, 본심이 무엇이냐."라고 하자, 최전방 부대로 보내 달란 것이라고 말했다. 그러자 그 지휘관은 "보직을 편하고 안전한 곳으로 보내 달라고 한 부탁은 있었으나, 가장 힘들고 어려운 곳으로 보내 달라는 경우는 처음이다."라고 말했다. 그래서 배치 받은 곳이 동해안 최북단 고성 부근 비무장지대(GOP) 소초장으로 근무하게 되었고, 당시 고성 산불 상황, 간첩선 작전 등 어렵고 힘든 역경을 극복해내면서 극기력을 함양하고 성공적으로 군 임무를 마치고 전역하였다고 한다.

전역 후 IMF를 맞아 국내 사정이 어려울 당시 미국에 유학을 가서 수업료를 벌기 위해 중노동을 마다 않고 아르바이트를 하면서 큰 어려움을 겪고 있을 때, 아버지가 아들에게 "힘들지 않냐"고 묻자, 대답이 "군대 생활에 비하면 아무것도 아니다."라며 자신감을 나타냈다고 자랑스럽게 말했다.

여기에서 보여준 강장군의 자식교육관은 '젊어서 고생은 사서라도 해야 한다.'는 격언을 실천하는 모습이 보기 좋았다. 대한민국의 부모들이 모두 배워야 할 모델이 아닐까 생각해봤다.

위의 두 사례에서 인생은 주어진 환경에 그럭저럭 순응하면서 하루하루를 '살아가는 것'이 아니라 생의 목표를 달성하기 위해 어렵고 힘든 고통의 시간을 극복해나가는 '살아내는 삶'을 살아야 하지 않을까 생각해 본다.

2절 감사하면 행복해진다

세상에 감사할 일이 많고 고마운 사람들이 많다. 우리나라 그리고 이 시대에 태어난 것이 고맙고, 누군가에게 나의 작은 힘을 보탤 수 있다면 감사하고 행복하다고 생각한다.

어떤 일이든 불평하면 불행해지지만 감사하면 행복해진다. 성경에는 "항상 기뻐하라. 쉬지 말고 기도하라. 범사에 감사하라."고 했다. 감사는 행복을 가져다주는 열쇠다. 불평할 것보다 감사할 것들을 찾아 감사를 표현해보자. 행복해서 감사한 것이 아니라 감사해서 행복한 것이다. 살면서 만난 사람들에게 때론 상처 받기도 했지만 대개의 경우 많은 도움을 받았다는 사실에 새삼 감사한다. 그리고 보답할 길이 무엇인지 생각하게 된다.

행복은 늘 가장 가까운 곳에 있으며, 성공은 자기 일에 대해 감사하고 즐거운 마음으로 끝까지 성실히 하는 자에게 주어지는 선물이다.

그러면 감사와 행복 그리고 감사하면 행복해지는 길에 대해서 알아본다.

범사(凡事)에 감사(感謝)하라

우리 삶 속에서 매사에 불평불만인 사람은 자신도 모르게 생활과 인생을 불행한 결과로 몰아가고, 반대로 작은 것에도 감사할 줄 아는 사람은 스스로 만족할 줄 알고 자신의 생활도 만족과 행복으로 만들어 간다.

남의 친절은 아무리 사소하고 작은 것이라도 감사의 표현을 해야 한다. 'Thank you'나 'That's all right'를 하루에도 수백 번 말하는 유럽 사람들의 습관도 배울만하다.

일찍이 존 밀러는 "사람이 얼마나 행복한가는 그의 감사함의 깊이에 달려 있다"고 하였다. 또한 탈무드에서 "세상에서 가장 사랑받는 사람은 모든 사람을 칭찬하는 사람이요, 가장 행복한 사람은 감사하는 사람이다."라고 말한다. 찰스 스펄전은 "불행할 때 감사하면 불행이 끝나고, 형통할 때 감사하면 형통이 연장된다."고 했다.

그렇다면 감사란 어떠한 말인가. 사전적 의미는 '고마움을 나타내는 인사 그리고 고맙게 여김. 또는 그런 마음'이라고 정의하고 있다. 감사는 '느낄 감(感)'과 '사례할 사(謝)'로 구성된 한자어다. '느낄 감(感)'은 고마움을 느끼는 정서적 상태를 뜻한다. '사례할 사(謝)'는 '말씀 언(言)'과 '쏠 사(射)'가 합쳐진 문자이다. 화살을 쏠 때는 누구나 신중하게 한껏 주의를 기울인다. 감사하는 마음도 마찬가지로 진중하게 표현해야 한다. 감사는 한마디로 '고맙게 여기는 마음을 표현하는 것'이라고 말할 수 있다.

세상에는 세 종류의 사람이 있다고 한다. 기쁜 일이 있어도 감사할 줄 모르는 사람, 기쁜 일이 있을 때만 감사하는 사람, 역경 속에서도 여전히 감사하는 사람이다. 이 중에서 세 번째가 가장 바람직한 사람이다.

똑같은 일에 대해서 어떤 사람은 고마움을 느끼고 확실하게 감사를 표현하는 반면, 어떤 사람은 그게 왜 고마운 일인지도 잘 알아차리지 못해 배은망덕하다는 평판을 받기도 한다. 이런 차이는 사람마다 '감사 성향'이 다르기 때문이다. 감사 성향이 높은 사람한테 좋은 일이 나타나면 자기가 잘나서 성공했다기 보다 다른 사람들의 도움 때문이라고 생각하고 고마워한다. 그래서 이들을 자신이 가진 모든 것을 선물이라고 생각한다. 감사 성향이 높은 사람들이 우울이나 불안, 고독과 같은 심리적 문제를 적게 경험한다는 사실은 연구로도 증명되었다. 이들은 삶에 대한 만족도도 높고 마음이 편안해 즐거운 날이 괴로운 날보다 더 많다.

평소에 감사하는 마음을 자주 가지려면 어떻게 해야 할까. 미국의 심리학자인 세먼스 교수와 셀리그먼 교수는 감사 일기를 쓰면 만족스러운 삶을 사는 데 도움이 된다고 했다. 감사 일기란 일과를 돌이켜 본 뒤 감사해야 할 항목을 간단하게 적는 것이다. 감사 일기를 쓰는 것이 생활화되면 마음 건강도 좋아지고 대인관계도 탄탄해진다. 실제로 가벼운 우울증 상태였던 사람들에게 매일 감사한 일을 찾도록 했더니 우울증상이 호전되고 그 효과가 장기간 유지되었다는 연구 결과도 있다.

『행복의 기원』(21세기 북스, 2021) 저자인 서은국 연세대학교 심리학 교수가 말하는 "행복이란 사람들과 관계를 맺어야 행복하다."고 말한다. 그는 행복에도 유전이 영향을 미친다고 한다. 타고나길 외향적인 사람이 내향적인 사람보다 행복한 삶을 사는데 유리하다. 겁내지 않고 밖으로 나가 사람들과 관계를 맺으며 '행복의 비'에 자신을 적시기 때문이다. 사람에서 얻는 행복만큼이나 불행함도 크게 느끼는 이들이 내향적인 사람들이다. 이들은 고통을 겪고 싶지 않아 비를 맞으러 나가지 않는다. 하지만 '안정지향'과 '행복'은 '물과 기름', 행복은 움직여야 생긴다.

우리는 충분히 행복하게 살고 있다. 하지만 내향인은 이를 심각하게 생각하지 않아도 된다. 불행함을 '병'에 가까울 정도로 심각하게 겪는 사람은 100명중 1-2명 정도다. 이미 대부분은 충분히 행복하게 살고 있다. 그런데 자기계발서 등의 '행복마케팅'이 잘 살고 있는 사람들을 잘못 살고 있다고 생각하게 만들고 있다. 그는 "행복은 앉아서 '감사일기'를 쓰거나 '명상' '비움'을 한다고 만들어 낼 수 있는 것이 아니다. 불편한 환경을 바꾸고 행복감을 주는 행동을 자주하는 것, 이것만이 '과학적'으로 검증된 행복해지는 방법이다."라고 주장하고 있다. 이처럼 행복하기 위해 감사해야 한다는 주장과 다른 주장도 있다.

다음은 감사의 효과에 대해서 알아보자. 1,180만 명의 구독자를 보유한 독일의 교양물 제작 유튜브 채널 쿠르츠게작트(Kurzgesact)의 '불만족 해독제'편에서(과학적 연구로 확실히 검증된 것만 다루는 것으로 유명한 채널) 감사(gratitude)의 효과를 다음과 같이 열거했다. '긍정적인 기억을 더 쉽게 저장하고 떠올린다. 질투, 비교, 냉소, 자기애, 물질주의 등 부정적인 감정이 줄어들고, 친밀한 인간관계가 증진되며, 우울, 중독, 불면증, 번 아웃(burn out)에 시달릴 가능성이 줄어들고, 충격적인 사건에 더 유연하게 대처한다.'고 했다. 그러면서 제작진은 이런 결론을 내렸다. "어떤 상황에서도 감사하는 사람이 더 행복하고 만족하는 경향이 있다." 불만족 해독제이자 행복을 결정하는 가장 강력한 요소는 바로 감사라고 했다.

사람의 병은 대부분 스트레스에서 온다. 스트레스의 원인은 마음의 상처와 부정적인 생각이다. 그래서 감사의 마음을 가지면 모든 스트레스와 병을 이길 수 있다. 존 헨리박사도 "감사는 최고의 항암제요 해독제요 방부제이다."라고 말했다. 감기약보다 더 대단한 효능을 가진 것이 감사약이다. 우리가 기뻐하며 감사하면 우리 신체의 면역체계를 강화시켜 준다고 한다. 우리가 1분간 기뻐하며 웃고 감사하면 우리 신체에 24시간의 면역체가 생기고, 우리가 1분간 화를 내면 6시간 동안의 면역체계가 떨어진다고 말한다. 그러므로 매일 기뻐하고 감사하며 감사약을 먹으면 몸과 마음의 건강을 잘 유지할 수가 있다.

매사에 감사하고, 자기 일에 확실한 능력을 갖추면서 겸손하게 행동하면 누구나 성공할 수 있다. 누구에게나 자기를 확장할 수 있는 두 가지 무기가 있는데, 그것이 바로 '감사'와 '겸손'이다. '지는 것과 참는 것'이 성공을 위한 마음 자세라면 '감사'와 '겸손'은 성공을 위한 삶의 방식이다.

우리는 행복하기 위해 태어났다.

얼마 전 시내의 한 백화점에 들렀다가 우연히 눈에 들어오는 문구를 발견했다. 'Where's happy? Find Happy.'였다. 행복은 어디에 있는 것일까. 행복을 찾아라는 의미일 것이다.

어떻게 사는 삶이 행복한 삶일까? 많은 사람이 이상적으로 생각하는 좋은 삶을 '행복'이라는 말로 표현한다. 그렇지만 행복한 삶이 무엇일까 생각하면 막연하고 혼란스럽다.

행복이란

일찍이 철학자 아리스토텔레스는 인생의 궁극적인 목적은 '행복'이라고 했고, 헤르만 헤세는 "인생에 주어진 의무는 아무것도 없다네, 그저 행복하다는 한 가지 의무뿐, 우리는 행복하기 위해 세상에 왔지"라고 했다.

우리나라의 현행 헌법 10조에 '모든 국민은 인간으로서 존엄과 가치를 지니며, 행복을 추구할 권리가 있다.' 인간의 존엄과 가치는 우리 헌법이 지향하는 최고 가치이다. 행복 추구권은 물질적 풍요와 정신적 만족을 동시에 추구할 수 있는 권리다. 사람은 기본적으로 행복을 추구할 수 있도록 되어 있다. 이것을 우리는 '행복추구권'이라고 한다. 자기 기준에 맞는 행복을 찾아가기 위해 부단히 노력해야 한다.

행복이란 무엇일까? 사전적 의미는 '만족감과 기쁨을 느끼는 감정'이다. 행복은 매우 주관적인 가치라고 할 수 있다. 원래 우리말에는 행복(幸福)이라는 단어가 없었다. 이 개념 자체가 서구에서 수입된 것이다. '행복'이라는 말은 19세기 일본의 학자들이 서구의 개념을 번역하는 과정에서 만들어 내는 신조어로서, 그 후 우리나라에 수입된 것이다.

영어의 'happiness' 혹은 불어의 'bonheur' 같은 단어는 어원상 '(신이 허락한)좋은 시간'으로 기독교적인 신의 개념이 배후에 놓여 있다. 동아시아적 사고에는 그런 것이 없었으므로 일본의 번역자들은 물질적 풍요와 관련 있는 두 글자인 '행(幸)'과 '복(福)'을 붙여서 단어를 만든 것이다. 원래의 서구의 개념이나 일본의 신조어나 우리의 고유문화와는 거리가 멀다. 과거에 '행복'과 비교적 유사한 기능을 했던 단어는 '안심(安心)'이나 '안락(安樂)'이라고 한다. 행복하게 산다는 것이 무엇인지는 감이 잘 안 잡히지만 '안심'과 '안락'은 훨씬 더 가깝게 다가온다. 우리 사회가 안심하고 안락하게 사는 곳이 되었으면 좋겠다.

모든 행복은 어차피 주관적이다. 불행한 억만장자와 행복한 돼지와 불행한 소크라테스, 이 모든 게 가능한 것이 인간의 행복이다.

일본의 대표 소설가 무라카게 하루키는 저서『이렇게 작지만 확실한 행복』에서 행복이란 '갓 구운 빵을 손으로 찢어 먹고, 새로 산 하얀 맨 셔츠를 머리에서부터 뒤집어 쓸 때의 기분'이다. 이렇듯 조금만 주위를 둘러보면 우리 곁은 소소하지만 확실한 행복을 느끼게 해주는 것들로 가득 차 있다. 따스한 햇살 속에서 신선하게 불어오는 바람을 느낄 때 행복감을 느낀다. 커피 한잔에도 행복하고 따뜻한 말 한마디에 행복하고 작은 배려에도 행복해진다. 큰 행복을 기다리느라 자잘한 행복을 놓쳐서는 안 되는 것이다.

사향노루는 자신의 몸에서 나는 사향 냄새를 찾으러 평생을 찾아다니다가 죽는다고 한다. 단편 소설 '파랑새'에서 "파랑새를 찾아다녔으나 찾지 못했다. 자신의 행복을 위해 그토록 찾아 헤매던 파랑새는 바로 자신의 집 새장 속에 있었던 것이다." 행복도 먼데, 찾을 수 없는 곳에 있는 것이 아니다. 우리 주변, 바로 가까이 있는 것이고 주변의 일들에서 행복을 찾는 노력이 필요하다. 행복을 찾으면, 우리 주변에는 얼마든지 있다. 작은 것에서 사소한 곳에서, 일을 통해서, 가족과 가정을 통해서 우리는 행복을 느끼고 찾을 수 있고, 행복도 불행도 마음이 만들어 내고, 작은 행복은 기쁨을 누리는 것이고, 큰 행복은 기쁨을 주는 것이다. 작고 평범한 일상에서 행복을 찾는다.

나폴레옹은 유럽을 제패한 황제였지만 "내 생애 행복한 날은 6일 밖에 없었다."고 고백했다. 반면 헬렌 켈러는 "내 인생에 행복하지 않은 날은 단 하루도 없었다."는 고백을 남겼다. 법정 스님은 "행복의 척도는 불필요한 것으로부터 얼마만큼 홀가분해져 있느냐에 달렸다."고 했다. 그는 또한 "우리를 행복하게 해주는 것은 주변에 널려 있다."고도 했다.

미국 여론 조사기관 퓨 리서치가 2021년 전 세계 17개 선진국 1만8,000여명을 대상으로 '삶에서 가장 가치 있게 생각하는 게 무엇이냐'고 물었다. 한국만 유일하게 '물질적 행복'을 1위로 꼽았다. 한국인은 '물질적 행복'을 1순위(19%), 2순위 건강(17%), 3순위 가족(16%) 순이었다. 17국 중 절대다수인 14국에서 '가족'이 1위를 차지한 것과는 대조적이다. 전 세계 17개 선진국들은 가족(38%), 직업(25%), 물질적 행복(19%) 순으로 나타났다.

영국의 '런던 타임스'에서 영국인들을 대상으로 가장 행복한 사람을 조사했는데 그 결과가 의외였다. 1위가 바닷가에서 모래성을 쌓고 기뻐하는 아이, 2위는 갓난아기를 목욕시킨 후 아이를 바라보는 엄마, 3위로 멋진 공예품을 완성하고 휘파람을 부는 목공, 4위는 성공적으로 수술을 마친 의사였다. 여기에서 공통점은 첫째로 '수고로움'이다. 열심히 노력했다는 것이다. 자신이 있는 곳에서, 자기가 할 일에 최선을 다했다는 것이다. 둘째로 '열매(결실)'가 있다. 수고로움을 통해 얻은 성과가 있다는 것이다. 셋째는 '기뻐'했다. 수고로움을 통해 얻은 열매를 기뻐했다는 것이다.

행복은 마음먹기에 달려있다. 어떤 상황이나 조건 때문에 행복하고 불행한 것이 아니다. 나의 마음가짐이 행복과 불행을 결정한다. 오늘의 행복과 불행은 모두 내가 뿌린 씨앗의 열매이다. 좋은 씨앗 뿌리지 않고 어찌 좋은 열매를 거둘 수 있겠는가. 짜증나고 미워하고 원망하면 그게 바로 지옥이고, 감사하고 사랑한다면 그게 비로 천당이고 행복이다. 천당과 지옥은 바로 내 마음속에 있음을 알아야 한다.

괴롭지 않으면 행복한 것이다. 슬프고 외롭고 밉고 원망스럽고 화나고 짜증나는 것, 모두 행복하지 않은 상태이다. 마음이 병들지 않고 아프지 않은 사람, 바로 그 사람이 행복한 사람이다.

불행의 시작은 불평에서 오고 행복의 시작은 감사에서 온다. 불평(不平)이란 마음이 편치 않음을 나타내는 말인데 불평을 하는 순간 불행이 시작된다. 불행의 씨앗은 인간의 세 가지 유혹에 있다. 거칠은 육체적 욕망, 저 잘났다고 거들먹거리는 교만, 졸렬하고 불손한 이기심이다. 이로 인하여 모든 불행이 과거에서 미래까지 영원히 인류의 무거운 짐이 되고 있다.

행복의 조건

어떻게 살아야 행복한 것인가. 행복을 향한 자신만의 길을 찾을 수 있다면 더 큰 기쁨은 없을 것이다. 행복은 생각하기 나름이다. 또한 행복의 조건도 사람에 따라 다를 수 있다. 그래서 그 분야에 대해서 오랜 연구를 한 사람들의 견해를 통해 행복의 조건을 찾아본다.

먼저, 영국의 철학자 버트런드 러셀은 "행복의 조건으로 건강, 적당한 수입, 보람된 일 그리고 사랑"의 네 가지를 꼽았다. 건강을 잃고서 행복하다고 할 수 없고, 경제적으로 어렵다면 삶이 피곤하다. 그리고 평생 보람을 느끼는 일을 갖고 있고, 사랑하는 인간관계를 가질 수 있다면 그 사람은 분명 행복한 사람이다.

두 번째, 독일 철학자 임마누엘 칸트가 제시한 세 가지 행복의 조건이 비교적 명료하다. "어떤 일을 할 것, 어떤 사람을 사랑할 것, 어떤 일에 희망을 가질 것"이었다. 즉 안정적인 직업이 있어야 하고, 감정을 나눌 사람이 있어야 하며, 긍정적인 삶의 태도를 견지해야 한다고 했다.

마지막으로 행복심리학을 전공한 서은국 연세대학교 심리학 교수는 "행복을 좌우하는 가장 큰 요인은 선천적 기질이고, 다음은 문화적 환경이다. 사회의 전반적인 분위기와 가치관, 규범이 사회구성원의 행복감에 큰 영향을 미친다. 한국처럼 어느 대학에 가고, 몇 평짜리 아파트에 사느냐 같은 획일적 잣대로 개인을 평가하는 사회에서 행복도가 높을 수가 없다. 그는 행복도를 최대화하는 방법은 '사람과의 관계'를 중시하는 것이다."라고 말했다. 한국 방정환 재단과 연세대 사회발전연구소의 '2014년 한국 어린이, 청소년 행복지수 국제비교연구' 결과에서 '행복을 위해 가장 필요한 것은 무엇인가?'라는 질문에 초등학생들은 1위가 '화목한 가정'(43.6%)이었고, 고교생들은 1위가 돈(19.2%)이라고 답변했다. 행복을 위해 필요한 것은 초등학생들은 '화목한 가정'이었고 고교생은 '돈, 성적'이라고 했다.

앞에서 말한 저명인사들이 언급한 행복조건과 연구소의 조사결과와 저자의 평소 생각을 종합적으로 정리해보면 다음과 같다.

행복의 조건은 첫째, '건강'이다. 절제된 생활과 적절한 운동과 규칙적인 생활이 필요하다. 둘째, '돈'이다. 생활을 유지하기위한 최소한의 돈은 필수다. 경제적으로 어렵다면 피곤하다. 세 번째는 '일'이다. 평생 자기가 하는 일을 즐겁게 하는 사람과 자기 일에 만족하지 못한 사람과는 행복지수에 큰 차이가 있다. 넷째, '인간관계'다. 인간의 행, 불행은 인간관계에서 온다. 가족 간, 상사부하 간, 동료 간, 이웃 간의 관계가 좋으면 행복해지지만, 그렇지 못하면 마음만 괴로운 것이 아니라 자신의 명예, 재물, 건강에까지 악영향을 준다.

행복과 관련하여 두 가지 사례를 소개하고자 한다.

사례1. 영화 '행복을 찾아서' 이야기.

이 영화는 한국에서는 흥행에 성공하지 못했으나, 세상 끝에서 건져 올린 기적 같은 감동 실화로 사랑하는 모든 사람들에게 보여주고 싶은 이야기다. 저자는 이 영화를 보고 깊은 감동을 받았다. 그래서 보고 또 보았다. '행복을 찾아서'(the Pursuit of Happyness)'(영화제목 영어 스펠링이 Happyness)라는 영화는 노숙자에서 월 스트리트 정상에 오른 실존 인물인 크리스 가드너(Chris Garder)의 실화를 영화한 작품이다. 경제난으로 아내는 집을 떠나고, 살던 집에서도 쫓겨난 크리스 가드너는 지하철역 화장실과 보호소를 전전하는 노숙자로 전락한 극한 상황에서도 '남이 해냈다면 나도 해낼 수 있다'는 희망 하나로 증권 중개인 코스에 도전, 후에 굴지의 투자사 '가드너 앤 리치 컴퍼니'를 설립하고 1억 8,000만 달러의 자산가가 된 월 스트리트의 전설 같은 인물이다. 미국 최고의 토크쇼인 '오프라 윈프리쇼'에 출연한 그의 '진솔한 고백과 아들에 대한 사랑'은 전 세계 시청자의 눈시울을 붉혔다. '집이 없다고 희망도 없는 건 아니다', '그가 해냈다면 나도 해낼 수 있다', '꿈이 있다면 지켜내야 한다' 등 크리스 가드너의 소박하지만 확고한 신념은 이제 전 세계 관객들의 또 다른 희망코드로 퍼지고 있다.

이 영화에서 가슴을 찡하게 하는 부분 중 하나는 부성애(父性愛) 이야기다. 잘 곳이 없어서 아들과 함께 지하철 화장실에서 자게 되는데 아들을 위해 아들이 잠들기 전까지 재미있게 해주다가 아들이 잠이 들자, 흐느껴 우는 모습이 가슴 아프게 만들었다. 크리스가 아들에 말하기를 "너와 나만 행복하다면 어떠하든 행복한 거라고." 솔직히 살기 힘들면 아들을 시설에 맡기는 방법도 있었을 텐데, 크리스는 아들과 언제나 함께하는 모습이 정말 아름다웠다.

주인공 크리스 가드너는 "돈은 우리 인생에서 그렇게 중요하지 않다. 실제로 가장 중요한 것은 가족이고 건강이며 행복이다."라고 말했다. 이 영화가 전하는 메시지는 행복은 찾아오는 것이 아니라 그것을 향해 노력하는 사람에게 온다는 것을 가르쳐주고, 가장 좋은 행복은 사랑하는 사람들과 함께 산다는 것이다. 그것이 아무리 힘든 상황일지라도 말이다. 내 환경을 탓하기 보다는 지금의 환경에서 얼마든지 남들보다 행복하게 살 수 있다는 생각을 하게 한 영화다. 그리고 노력의 대가는 언제나 보상을 가져올 거라는 생각을 갖게 한 영화다. 아직까지 이 영화를 보지 못한 분들이 있다면 반드시 한번 보길 강력하게 권한다.

사례2. 천생연분과 평생원수

오래전에 할머니와 할아버지가 글자판에 쓰여 진 단어를 보고 할아버지가 설명을 하면 할머니가 답하는 방송 프로가 있었다. '천생연분'이란 단어가 나오자 할아버지가 "당신과 나와 같은 관계"라고 하자, 할머니는 "웬수"라고 했다. 그러자 할아버지가 "두 자 말고 네 자"라고 하자, 할머니는 신나는 표정으로 "핑생웬수"라고 답변했다.

여기에서 '천생연분'으로 만나서 '평생원수'가 되지 않으려면 어떻게 해야 되나 하고 생각해본 적이 있었다.

천생연분으로 살려면 반드시 지켜야 할 사항을 다음과 같이 정리한다.

하나, 남녀 간, 부부 간 서로 다름을 이해하고 받아 들여야 한다. 성장환경, 풍속, 교육능력, 성격차이, 가치관의 차이, 호르몬 분비 등을 이해하고 다름을 수용해야 한다. 행복하기 위한 부부생활의 기본 요건으로 성차(性差)에 대한 이해와 수용, 대화의 기술을 터득하고 상대방 마음을 읽는 법을 익혀야 한다. 이를 위해 평소에 꾸준히 공부해야 한다. TV 드라마, 소설, 영화, 주변의 사례, 경험담에서 배워서 상대방의 마음과 감정을 알아야 한다. 결혼을 전, 후해서 '결혼준비교육' 프로그램을 부부가 동시에 수강하는 것도 매우 의미 있고 중요한 일이다.

둘, 서로 상대방을 이해하고 배려하며 존중해줘야 한다. 오해가 생기면 세 번만 상대방 입장에서 생각하면 이해가 된다(5-3=2)는 것이고, 이해하고 또 이해하면 사랑하게 된다(2+2=4)는 것이며, 사랑하고 또 사랑하면 팔자가 바뀐다(4+4=8)는 말과 같이 상대방을 이해하고 배려하며 존중하는 것이야 말로 매우 중요하다. 배려와 존중이 담긴 말인 '미안해요' '괜찮아요' '좋아요' '잘 했어요' '훌륭해요' '고마워요' '사랑해요' 같은 7가지 말을 자주 사용하면 크게 도움이 될 수 있다.

셋, 상대방의 좋은 점, 장점을 보고 칭찬하라. 미국의 부부 문제 최고 전문가인 존 가트만 박사는 "행복한 부부를 만드는 황금 비율은 긍정적 감정 대 부정적 감정비율이 5:1일 때이며, 이것이 4:1, 3:1, 2:1로 줄어들다 1:1이 되면 이혼으로 가는 분기점"이라고 했다. 상대방의 장점을 찾아 칭찬하는 것을 습관화하라.

넷, 행복한 부부생활의 비결은 '듬뿍 주는 것'이어야 한다. 먼저 사랑을 주는 것이 30%이고, 받는 것이 70%일 경우 -40%가 되어 불평, 불만, 서운하고 비난하게 되어 불편해진다. 다음에는 사랑을 주는 것이 70%이고 받는 것이 30%라면 +40%가 되어 여유, 아량, 관대해져 고마움이 생기고 사랑하게 된다.

다섯, 서로 사랑하라는 것이다. 사랑이라는 영어 단어인 'love'를 통해서 사랑의 의미를 살펴본다. 먼저 'l'은 listen으로서 경청을 의미한다. 상대방 이야기를 끝까지 공감적 경청을 하는 것이 사랑이다. 'o'는 overlook으로서 상대방의 허물을 덮어주고, 감싸주고, 한 편이 되어 주는 것이다. 'v'는 voice로서 상대방의 좋은 점, 잘한 점을 소리 높여 칭찬하고 어렵고 힘들 때 위로하고 격려해주는 것이고, 마지막 'e'는 effort로서 상대방을 위해 헌신하고 희생하며 봉사하는 것을 말한다. 이러한 마음자세로 행동에 옮긴다면 진정한 사랑을 나누게 될 것이다.

배우자의 성격을 바꾸려다 배우자가 바뀔 수 있다는 이야기가 있다. 상대방과 본인의 다른 점을 찾아 이해하고 수용한다면 부부간의 다툼은 없어지거나 줄어들 것이다. 한 마디로 천생연분이 평생원수가 되지 않으려면 '져주는 것이 이기는 것'이요, '참는 자에게 복이 온다'는 사실을 아는 것이요, 부부의 운명은 스스로 만들어 간다는 사실을 인정하고 실천에 옮기는 것이다. '아내가 행복해야 가족이 행복하다(Happy wife, happy life)'는 사실에 주목하고 아내가 행복하도록 노력해야 한다. 그것이 바로 진리이자 지혜로운 방법이다.

> **사례3. 연예인 부부들의 사는 모습**
> 개그우먼 박미선씨는 남편인 이봉원씨에 대해서 "결혼 전에는 이상형이었는데, 살아보니 이상한 남자더라"라고 했다. 또한 영화감독(홍성기), 배우(최무룡), 가수(나훈아), 의사(이종구)와 살아본 영화배우 김지미씨는 "네 명과 살아본 결과 대단한 남자 없더라. 남자는 단순하더라."라고 했다.

부부가 다투는 이유를 대부분의 사람들은 성격 차이나 의견대립에서 찾는데, 사실, 본질은 거기에 있지 않다. 대부분의 부부싸움은 적절한 대화법을 모르기 때문에 일어난다. 대부분의 싸움은 말하는 내용이 아니라 말하는 방식과 태도에 기인한다. 남자는 자신의 의견이 존중받고 있다고 느끼면 말이 부드러워지고, 여자는 남편이 애정 어린 말투로 설득하면 절대로 화를 내지 않는다.

행복한 부부관계를 이루지 못하게 하는 네 가지 덫이 있는데, 이는 '누가 옳은가 하고 싸우는 것이고(옳은 것), 서로 이기려고 하는 자세이며(이기는 것), 이것은 불공평 하다고 외치는 것이며(불평등) 누구의 잘못인가를 따지는 것(재판)'이다. 또한 다툼의 원인을 살펴보면

'고쳐 주는 것'이 사랑이라고 생각하고 끝없는 잔소리에 담벽을 쌓는 것이요, 자기 눈의 들보(칸과 칸 사이의 두 기둥을 건너지른 큰 나무)는 보지 못하고, 남의 눈의 티끌만 보는 자세, 사소한 행동, '말투'로 감정을 상하게 하는 것과 옳고 그름을 따지고, 내 잘못이냐, 네 잘못이냐를 구분 짓는 것이고, 시인하느냐 안 하느냐를 재판하는 것이다.

결혼을 하는 이유는 행복하게 살기 위해서다. 하지만 상당한 부부는 어렵고 힘들게 생활하는 부부가 많다. 결혼의 어려움에 대해서 러시아의 '어머니의 기도' 이야기가 있다. '아들이 장성하여 원양어선을 타러 갈 때는 무사하도록 하루에 한 번 기도를 하였고, 자식이 전쟁터로 나간다고 할 때는 하루에 두 번 기도를 하였다. 그러다가 아들이 결혼한다고 하자 하루에 세 번씩 기도했다.'는 이야기에서 결혼이란 어렵고 힘들다는 사실을 알게 된다. 최근 미국에서 결혼 80주년을 맞은 노부부가 백년해로의 비결에 대해 "미안해(sorry)를 많이 하는 것"이라고 했다.

행복 만들기

행복으로 가는 길은 수 없이 많으나 정해진 답은 없다. 다만 행복을 찾기 위한 나름의 노력을 해야 한다. 행복은 어디에서 오는가. 그것은 따뜻한 가슴에서, 여유로움이 있을 때, 아량과 포용력이 있을 때, 만사에 냉철한 관심을 가질 때, 열정적일 때, 건전한 생활을 할 때 온다. 누구나 바라는 그 행복은 밖에서 오지 않는다. 행복은 우리들의 마음속에서 울어서 나온다. 행복은 누가 만들어서 갖다 주는 것이 아니라 내 자신이 만들어 간다. 우리 마음이 천당도 만들고 지옥도 만드는 것이다. 뇌 속에서 행복을 만드는 물질은 엔돌핀이다. 엔돌핀은 과거의 행복한 추억 때문에 생기는 게 아니라 지금 내가 즐거워야 엔돌핀이 생긴다. 엔돌핀이 많이 만들어지는 인생이 행복한 것이다.

행복해지기 위해서 우리는 어떻게 해야 할까. 행복을 느끼고 얻는데 일정한 공식은 존재하지 않는다. 그러나 행복에 이르게 하는 기본적인 원칙이 있다. 그 기본적인 원칙을 알아본다.

하나, 인간관계는 메아리 현상과 같은 것이어서 '자신을 위해 자신이 먼저 상대에게 플러스 전파를 많이 보내야 한다.'는 것이다. 내가 누구에게 플러스(plus) 전파 즉 사랑하는 마음, 아름다운 말, 칭찬, 감사, 행복, 축복 등을 보내면 그도 나에게 플러스 전파를 되돌려 보내오고, 마이너스(minus) 전파 즉 욕설, 비난, 원망, 불행, 저주 등을 보내면 마이너스 전파를 되돌려 보내온다. 내가 나의 최선의 것을 남에게 주면 그도 나에게 최선의 것을 돌려 준다.

둘, 행복은 자그마한 것, 그래서 쉽게 가능한 것에서 찾으라는 것이다. 진정한 행복은 우리들이 무심히 건넨 한마디 말, 별 생각 없이 내민 손, 은연중에 지은 작은 미소 등에 숨어 있을 수 있다. 행복은 결코 크거나 많거나 위대한 것에서만 찾을 수 있는 것이 아니다. 행복의 가장 큰 장애물은 너무 큰, 그래서 얻을 수 없는 행복을 기대하는 마음이다.

셋, 행복을 가까이서 찾아라. 내 손안에 있는 진주 하나가 더 귀하다. 사향노루는 자기 몸에서 향기가 나는데 자기 몸에서 나는 향기인줄도 모르고 평생 그 향기를 쫓아 다니다가 죽는다고 한다. 사향노루를 생각하는 지혜를 터득한다면 행복은 자기 자신에게서, 자기의 마음 속에서 발견할 수 있다. 행복은 자기 마음 안에서 찾아야 하는 것이다.

넷, 자기 분수를 알고 지금 갖고 있는 것에 만족하고 감사하면 행복해진다. 하나님은 모든 사람에게 열 가지 모두를 다 주지 않았고 동시에 한 가지도 안 주지 않았다.

'주신 것'에 감사하고 나쁘게 쓰일까 해서 '주지 않는 것'에 대해서도 감사하는 마음을 가져야 한다. 그러면 행복해질 수 있다.

다섯, 교만하지 말고 겸손 하라는 것이다. 그리고 겸손을 표현하라는 것이다. 교만은 자신의 재주와 능력을 뽐내고 우월감으로 가득 차서 남들을 업신여기는 마음이고, 겸손은 자신에게도 약점과 단점이 있으며 한계가 있고 그래서 남들보다 나을게 없다고 자기를 낮추는 마음의 자세이다. 교만의 뿌리는 열등의식이고, 겸손은 자신감과 실력에서 나온다. 겸손은 실력을 낮추는 것이 아니라 자세를 낮추는 것이다.

여섯, 건강하고, 적당한 돈, 좋은 친구, 좋은 배우자가 있어야 한다. 배우지 못한 무식한 사람은 병약한 지식인보다 행복하다. 건강을 잃는 것은 전부를 잃는 것이다. 돈과 행복은 정비례하지는 않지만, 최소한의 필요한 조건이다. 좋은 일하면서 행복한 인생을 살아가기 위해 적절한 만큼은 꼭 필요한 존재이다. 좋은 친구 셋이면 안 될 일이 없고 제왕도 부럽지 않다고 하였다. 좋은 친구란 친구를 위해 목숨까지 거는 것이다. 좋은 배우자는 행복의 가장 중요한 요소다. 베이컨은 "아내는 청춘의 연인이고 장년의 반려이며 노년의 보모다."라고 하였다. 방울방울 작은 물방울이 시냇물이 되고 강을 이루듯이 삶의 작은 순간순간들이 모여 우리의 인생이 된다. 작은 것 하나에서 기쁨을 발견하고 주변의 작은 사물 하나에서 감사할 이유를 찾아내는 것, 이것이 바로 행복 만들기요, 인생을 행복하게 만드는 지름길이다.

감사하면 행복해진다.

진정으로 우리에게 행복을 가져다주는 것은 감사라는 삶의 태도에 있다. 행복은 감사하는 마음에서 온다. 외적인 환경에서 오는 것이 아니다. 지금 행복을 맛보려면 먼저 감사의 조건을 찾아야 한다. 그러면 어떻게 사는 사람이 행복한가. 행복학 연구에 긴 세월을 바쳐온 전영 교수는 '감사'를 아는 삶, '감사하다'는 마음을 갖는 것이 행복의 제1 조건이라고 했다. 감사를 모르는 사람은 행복을 모른다는 뜻이다.

행복의 요소는 '지혜와 감사'이다. 지혜는 인생의 올바른 판단력이다. 나의 설자리가 어디이고, 나의 할 일이 무엇이며, 나의 갈 길이 어딘지를 바로 알아야 한다. 가장 행복한 사람이란 특별한 일이 없어도 감사하며 삶을 즐기는 사람이다.

행복이란 충분한 만족과 기쁨을 느끼는 상태라고 정의한다. 행복은 감사할 때 시작된다. '감사'란 고맙게 여기는 마음이다.

행복은 많은 것을 소유하느냐에 달린 것이 아니라 얼마나 감사하느냐에 달려 있는 것이다. 감사는 인생을 풍요롭게 한다.

사람의 행복을 결정짓는 요인은 유전이 50%, 환경이 10%, 선택이 40%라고 한다. 한국 심리상담연구소 김인자 소장은 "개인의 선택이라는 40%의 주체적 요인만 가지고도 유전과 환경 등 60%에 이르는 객관적 요인을 충분히 통제할 수 있다는 사실에 인생의 묘미가 있다."고 말한다. 선택은 개인의 몫이지만 어떤 것을 선택하느냐에 따라 자신의 건강도, 관계도, 삶의 질도, 자신의 인생도 달라지게 할 수 있다는 것이다. 우리 주위에는 수 많은 어려움이 있음에도 감사를 선택하고 행복하게 사는 사람들이 많지 않은가? 감사도 선택인 것이다. 컵에 절반 정도 남은 물을 보면서 불평하는 사람도 있고, 감사하는 사람도 있다. 그 선택은 개인의 몫이지만 어떤 것을 선택하느냐에 따라 자신의 감정도, 삶도 달라질 수 있다.

탈무드에 "가장 지혜로운 사람은 배우는 사람이다. 가장 강한 사람은 자신을 이기는 사람이다. 가장 행복한 사람은 늘 감사하며 사는 사람이다."라고 하였다. 그렇다 행복은 소유에 비례하는 것이 아니라 감사에 비례하는 것이다. 감사는 이러한 행복의 문을 열어주는 열쇠다.

박점식회장의 감사 사례

감사 나눔 운동 성공사례를 소개한다. 박점식 천지세무법인 회장의 감사 나눔 운동은 어려움을 긍정적으로 극복하자는 시도였다. 박회장은 "하루 한 두 가지씩 공책에 감사하는 일을 적으면, 3주 만에 뇌가 변한다."는 신문 기사를 읽고 반신반의하며 감사운동에 입문했다. 그는 구로공단 고졸 직공으로 출발해 주경야독으로 세무사 시험에 응시하여 합격했다. 천지 세무법인을 창업해 연 매출 70억원 규모로 키웠다. 어머니, 아내, 아들, 딸, 친구들, 직원들…, 그는 "한명 한명을 향해 감사노트를 쓰면서 남들이 나를 위해 애썼는데 내가 미처 몰랐던 부분이 많다는 걸 새삼 알게 됐다."고 했다. 박점식회장이 치매 어머니를 떠 올리며 쓴 감사노트에서 "어머니가 살아계셔서 감사합니다. 어머니 아들이라 감사합니다. 정신이 혼미한 지금도 '내 아들'이라고 알아봐줘서 감사합니다."라고 적었다.

> 박회장은 회사에도 '감사경영'을 도입했다. 전 직원이 각자 감사노트를 쓰다보니 차츰 회사 분위기가 달라졌다. 한 여직원은 "일과 육아로 지쳤을 때 남편을 위해 감사노트를 쓰다 보니 부부관계가 좋아졌다."고 했다. 박회장은 "감사한 일을 하나씩 적다보면, 저절로 지난날을 돌아보게 된다."면서 "자기를 성찰하고 상대방을 이해하면, 그 마음이 상대방에게 전해져 자연스럽게 관계가 변하고 일도 잘 된다."고 했다. 그는 "감사 나눔 운동은 불합리한 것을 그냥 받아들이라는 운동이 아니라, 자기를 성찰하고 상대를 이해하자는 운동이에요. 지금 대한민국에 꼭 필요한 운동이지요."라고 했다.

감사를 선택하면 나 자신이 행복을 느끼는 동시에 주위 사람의 좋은 면도 끌어낼 수 있다. 다시 말해 따뜻한 목소리로 '고맙다'고 말하는 건, 화가 잔뜩 난 상대를 무장 해제시키는 최상의 방법인 것이다.

오늘도 쉽지 않은 일상에서 불만보다는 감사를 선택하며 행복의 문을 열면 어떨까? 그 선택과 결과는 나의 몫이다.

감사 생활하면 행복감이 커진다. 감사를 생활화하자. 우선 만나는 사람들에게 '감사합니다.'라고 인사를 던져보라. 이어 매일 아침 사랑하는 사람이나 친구에게 감사를 전하라. 모닝커피처럼 반드시 하는 습관으로 만들어야 한다. 또 쓸데없이 보이는 주변의 모든 것에도 감사를 표시하자.

3절 인생에서 가장 중요한 것은 '인간관계'와 '말'이다

　세상에 태어나 인생을 살아가면서 가장 중요하고 어려운 것은 인간관계와 말이다. 인간관계를 원만하게 하는 것은 마음으로 시작하고, 말로 표현된다. 말을 잘하면 관계는 좋아지고, 말을 못하면 관계는 불편해진다.

　세상에서 가장 많이 팔리고 읽히는 책이 '성경책'이고, 다음이 '인간관계'에 관한 책이라고 한다. 우리 인간은 혼자서는 결코 살 수 없고 누군가와 함께 살 수밖에 없는 존재이기 때문이다.

　한 젊은 청년이 톨스토이를 찾아가 묻기를 "선생님, 어떻게 살아야 인생을 성공하고 행복하게 살 수 있나요?"하고 물었다. 가만히 듣고 있던 그는 눈을 지그시 감고 한참 생각한 후에 "좋은 사람을 만나세요, 그러면 성공하고 행복하게 될 겁니다. 그렇지 못하면 좋은 책을 만나세요, 그래도 성공하고 행복하게 될 겁니다."라고 하였다고 한다. 이 대화에서 '좋은 만남'이 얼마나 중요한지를 알게 된다. 특히 20대에 누구를 만나느냐는 자신의 인생 진로에 크게 영향을 미친다는 사실에 주목해야 한다.

인생은 인간관계이다

인간관계의 의미와 중요성 그리고 어려움

　인간관계의 공식이란 없다. 또한 인간관계에 어떤 요령 혹은 비결이 있느냐 하면 그것 또한 정답이 없다. 하지만 선현들, 성공한 사람들의 사례 등을 통해서 교훈을 얻고 행동 방향을 배울 수 있다면, 그렇게 해서 자기만의 모범 답안을 만들어 실천에 옮긴다면 어느 정도의 성과는 달성할 수 있다고 믿는다. 인간관계는 사람과 사람 사이의 모든 관계를 포함한다. 개인 심리학 창시자인 알프레트 아들러는 "인간관계를 모든 행복의 근원이자 고민의 근원"이라며, "인간관계는 사람들과 함께(with) 그리고 그들을 통해(through) 효과적으로 일할 수 있는 독특한 능력(ability)이고 또한 기능(skill)이며, 사람에 대한 관심과 배려(concern for people)이다."라고 하였다.

　인생의 성공과 행복을 좌우하는 열쇠로서 인간관계의 본질은 변하지 않는다. 그만큼 중요한 것이 인간관계다. 성공의 85%(S. Khera), 행복의 85%(J. Powell)가 인간관계의 성공과 실패에 달려있다. 미국 카네기 멜론공과대학에서 조사한 결과, 스스로 인생에서 실패했다고 생각하는 1만 명 중 85%가 자기 실패 원인을 '원만치 못한 인간관계'로 지목했다고 한다. 지식과 능력과 기술이 아무리 뛰어나다 할지라도 인간관계가 좋지 못하면 성공하기 어렵다는 결론을 내린 것이다.

　인간관계는 썩은 동아줄 끊어지지 않을 만큼만 붙잡고 살아야 오래 지속된다. 너무 가깝게 지내면 흠이 보여 틈새가 벌어지기 쉽고, 너무 멀리하여 눈에서 멀어지면 마음에서 멀어져 떠나 버린다. 그래서 너무 가까이도 너무 멀리도 하지 말라고 한다. 그게 쉬운 일이 결코 아니다.

세상 살아가는 모습을 들여다보면 원만하게 서로 좋아하며 살아가는 관계가 있다. 그러한 관계는 많지 않다. 오히려 마음에 깊은 상처를 받아 보기도 싫고 가까이도 하기 싫어 원수처럼 지내는 사람도 있다. 오히려 이러한 사람이 더 많다.

왜 그럴까. 그 원인은 인간관계의 어려움에서 찾을 수 있다. 그것은 상대방을 배려하지 않고 무시하는 일방적인 사고와 행동 그리고 대화에 기인한다. 남의 입장을 고려하지 않고 자기 위주로, 자기 이익만을 위해 행동하는 결과이다. 따라서 역지사지(易地思之)해야 한다. 인도의 속담에 '상대방의 마음을 알려면 최소한 상대방의 신발을 3주야(晝夜)만 신어보고 그 사람에 대해 말하라.'고 하였다. 아울러 인간의 본성과 기본심리 그리고 개인차, 성차(性差), 성격에 대한 이해와 수용이 모자라기 때문이다.

인간관계에 관한 모든 문제는 언제나 자기 자신으로부터 야기되고, 문제해결의 열쇠 또한 자기 자신에게 있음을 알아야 한다. 따라서 그 원인을 자신에게서 찾아야 하고 타인에 대한 자신의 인간관계에서 찾아야 한다. 그래서 강한 문제의식을 갖고 해결책을 찾아 구체적으로 실천에 옮긴다면 반드시 개선될 것이다.

인간관계를 개선한다는 것은 상대방을 이해하고 감정을 수용함으로써, 상대방으로부터 이해받고 수용됨으로써 태도 변화 등이 이루어지는 것을 말한다.

인간의 행동에 대한 이해-인간의 본성과 기본심리

인간의 행동에 대한 이해는 자기 자신에 대한 이해, 상대방에 대한 이해, 인간의 본성과 기본심리에 대한 이해, 인간의 동기 욕구에 대한 이해를 하여야 한다. 우리는 인간이 어떤 존재이며, 어떤 감정과 욕구에 따라서 행동하는 지를 바로 알고 사람을 대해야 한다.

동일한 상황이라도 개인의 지각과 인식에 따라 그 의미와 해석은 달라지고, 행동 또한 달라진다. 내가 생각하는 최선이 타인들에게는 최선이 아닐 수도 있다는 사실에 주목해야 한다.

인간 본성은 본래적으로 선(善)한가, 악(惡)한가 하는 문제와 이기적(利己的)인가와 이타적(利他的)인가하는 주제로 논쟁해왔다. 서양에서는 성악설이 유력한 반면에 동양에서는 성선설이 유력하게 생각되어 왔다. 그러나 오늘날의 관점은 모든 사람이 선과 악의 양자를 함께 지니고 있으면서 선과 악의 연속상의 어느 위치에 있다고 본다. 어느 만큼의 선과 어느 만큼의 악을 함께 지닌, 그래서 천사도 악마도 아닌 존재라는 것이다. 내가 그를 어떤 사람으로 대하느냐에 따라 상대가 달라진다고 할 수 있다.

인간을 이해하는 데는 본성과 기본심리에 이어 인간의 지능에 대한 이해도 필요하다. 인간의 지능은 IQ 보다 끈기, 지구력, 집중력이 더 중요하다. 끝장을 보는 사람이 뭔가를 이룬다.

하버드대학 가드너 박사가 창시한 영재 교육이론인 '다중지능이론'은 사람의 지능을 학업 능력만으로 파악하는 게 아니라 8가지 지능으로 분류해 이를 골고루 개발하자는 주장이다. 이 8대 지능은 ① 공간지능 ②언어지능 ③자연 친화지능 ④논리 수학지능 ⑤음악지능

⑥신체 운동지능 ⑦인간 친화지능 ⑧자기 성찰지능이다. 사람에게는 한 가지 지능만 있는 게 아니라 8가지 지능이 공존한다는 이론이다. 이 8가지 다중지능은 사람에 따라 각 지능별 높낮이가 달라서 다양한 능력을 갖게 된다고 하였다.

예를 들면 박세리나 박찬호 같은 운동선수들은 신체 운동지능이 뛰어나고, 모차르트는 음악지능, 피카소는 공간지능, 아인슈타인은 논리 수학지능, 성철스님은 자기성찰지능, 윤무부교수는 자연 친화지능이 다른 지능보다 뛰어나다는 것이다. 그러나 이런 여러 가지 지능이 무조건 현실적 능력으로 발현되는 것은 아니며, 정확한 양육과 훈련이 필요하다. 일반적으로 공부 잘하는 어린이들은 논리 지능이 강하여, 학문을 하거나 기업의 기획, 연구, 통계 리서치 등 부서에 적합하고, 논리지능은 별로 뛰어나지 않지만 대인관계 지능이 뛰어난 어린이들은 정치인, 기업의 홍보, 영업부서, 사업 등에서 큰 두각을 나타낼 수 있다.

인간의 본성과 기본심리를 살펴보면 다음과 같다.

하나, 인간은 자기의 이해관계에 따라서 행동한다. 인간은 저마다 이기심과 자기욕심과 이해관계에 따라서 행동하는 본능을 가지고 있다. 올바른 도리보다는 이해의 원리에 지배되기 쉽고 이해관계는 상황에 따라 수시로 변한다.

둘, 남으로부터 인정과 칭찬을 받고 싶어 한다. 남에게 칭찬을 받고 싶은 욕망이 인간의 가장 큰 욕구 중 하나이다. 가능한 남을 인정해주고 칭찬해주어야 한다.

셋, '좋아한다'는 말을 듣고 싶은 것은 인간의 원초적 본능이다. 좋아하는 사람을 친구로 선택하고, 좋아하는 사람을 도와주려 하며, 좋아하는 사람으로부터 물건을 사고 싶어 한다.

넷, 사람들은 옳은 말을 하는 사람보다 자신을 이해해주는 사람을 더 좋아한다.

다섯, 자신에 대해서는 관대하지만 남에 대해서는 비판적인 태도를 취한다. 내가 하면 로맨스요, 남이하면 불륜이라는 식이다. 이른바 '내로남불'이다. 인간은 자기의 약점을 다른 사람에게 결코 보여주지 않으려고 한다. 이를 안다면 상대방의 약점을 들춰내는 것은 현명한 행동이 아니다.

여섯, 인간은 공통된 마음으로 이기심을 가지고 있다. 이익을 보면 달려들고 어리석은 사람이나 약자를 보면 속이려는 마음을 갖고 있다.

일곱, 인간의 원초적인 욕구 중 하나는 사유재산을 중시하고, 자기 것에 대한 애착이 강하다.

여덟, 남의 이야기를 즐겨하고 소문내기를 좋아하는 본성을 갖고 있고, 사람들은 잘난 척, 아는 척, 있는 척하는 사람을 싫어하는 기본 심리를 갖고있다.

아홉, 강자가 되면 오만해지는 것 또한 인간의 본성이다. 초심을 잊지 말아야 한다.

열, 아무도 명령받기를 좋아하지 않는다. 따라서 요청하고 부탁하라. 스스로 마음이 움직이도록 만들어라. 명령이라 생각되면 하다가도 중지하고 싶은 것이 사람의 심리다.

이러한 내용들을 숙지하고 관계를 지속한다면 인간관계 개선이 크게 도움이 될 것이다.

인간관계관리

인간관계관리를 개선하고 효과적으로 수행하기 위해 일과 인간관계의 비중문제, 이미지 메이킹 그리고 인맥관리 등에 대해 살펴본다.

20대는 인생의 주춧돌을 놓는 시기로 일의 전문성과 능력향상에 높은 비중을 두어 일과 인간관계의 비중을 80:20으로 보고, 또한 가볍지도 무겁지도 않고, 어리지도 않고 늙은 것도 아닌 30대에는 50:50으로, 인생의 완성단계인 40대 이후에는 15:85의 비중을 둘 때 비로소 인생을 성공적으로 살 수 있고, 행복해질 수 있다고 판단되어, 이를 저자는 '일과 인간관계의 1585법칙'이라고 명명한다.

다음은 이미지 메이킹에 관한 것이다. 우리는 어떠한 이미지를 심어 주어야 할까. 헤드헌팅 업계에서 반드시 거쳐야 할 관문은 '평판조회(Reference Check)'다. 20년 걸려 쌓아온 명성이 무너지는 건 5분도 안 걸린다. 그러나 어디서나 좋은 평판을 유지하기는 예수님도 어렵다. 평판이 좋은 사람이란 원만한 인물, 유능한 인물, 기지보다는 정신이 있는 인물이며, 때와 장소에 완전히 어울리고, 자기도 편하고 남도 편하게 만드는 인물이다.

미시간 대학의 로버트 액슬로드(Robert Axelrod) 교수는 『협력의 진화(Evolution of Cooperation)』란 저서에서 성공적인 사회생활을 위한 네 가지 행동지침을 ①남에게 잘하라(be nice). ②성깔이 있어야 한다(punishing). ③뒤끝이 없어야 한다(be forgiving). ④맺고 끊음이 분명해야 한다(be clear)고 제시했다.

이를 종합해보면 사회생활에서 성공하려면 동료들 사이에서 "그 사람 괜찮지, 남에게 항상 잘해. 그래도 쉽게 보면 안 돼, 성깔이 있으니까. 그래도 뒤끝은 없어. 그리고 그 친구를 대하는 것은 편해, 맺고 끊는 게 분명하니까. 뒤로 호박씨 깔지 모른다고 걱정할 필요가 없어."라고 이미지 메이킹을 하는 게 바람직하다.

휴먼네트워크(Human Network)란 무엇인가. 우리는 이를 흔히 '인맥'이라고 말한다. 여기서 인맥의 의미는 신뢰가 기반이 된 정말 진정한 사람 간의 관계를 뜻한다. 어려울 때 힘이 되는 친구, 어려우면 힘이 되고픈 친구, 휴먼네트워크는 이러한 인간관계의 형성을 의미한다. 인맥이란 학교, 직장 등 연고 관계, 지역 관계 등에 기초해 맺어진 인간관계를 말한다.

인맥이 맺힌 것을, 어려운 것을 풀어준다. 평소에 인맥을 잘 관리하면 어려울 때 도움을 받는다. 사례를 들어본다.

사례1: 이승만대통령과 맥아더
6.25 전쟁 발발했을 때, 3일 만에 맥아더 미 극동군 사령관이 한국 전선을 시찰하였다. 어떻게 그렇게 빨리 이루어질 수 있었을까? 그것은 이승만 대통령과 맥아더 장군은 이미 몇십년 전부터 알고 있었고, 가치관과 생각이 똑같은 동지와도 같은 관계였다. 이러한 인간관계의 결과였다.

사례2: 인도네시아 무관과 동티모르 파병
동티모르에 한국군 파병문제를 인도네시아 정부와 사전에 협의 없이 대통령이 프랑스 순방 시 일방적으로 발표함으로써 우호관계였던 인도네시아 정부와 껄끄러운 관계가 조성됐다. 이를 원만하게 해결할 수 있었던 것은 인도네시아의 고위급 인사와 튼튼한 인맥을 구축하고 있었던 인도네시아에서 무관을 역임한 서세호 예비역 장군(육사 23기)의 활약으로 외교적 마찰을 방지하고 원만하게 해결했다.

한 사람의 탄탄한 인맥을 활용한 국가 간 문제를 해결한 사례다.

인맥관리는 좋은 사람을 자신의 주변에 많이 모으고, 이들과 끈끈한 관계를 유지하며, 다양한 각종 사람들과 교류하면 많은 정보획득이 가능하다. 사람과 사람의 연결 단계는 외국의 경우 5명의 연결 사슬이고, 한국은 3.6명(2004년. 연세대 사회발전 연구소) 단계를 거치면 원하는 사람과 연결이 가능하다고 한다.

직장인은 실제 한 명당 82명 정도의 인맥을 보유하고 있는 것으로 집계 되었다.(인쿠르트가 운영하는 인맥 전문사이트 '인쿠르트 인맥'에서 2009년 조사결과)

인맥을 구축하는 세 가지 유형에 대해 알아 본다.

우선, 맡은 일을 효율적으로 처리하기 위한 '직업적인 인맥'이다. 현재 속한 조직이나 팀에서 함께 일하는 동료, 선후배, 상사 등 주로 직장 내에서 구축하는 인맥을 말한다. 직업적 인맥 구축은 '깊이'를 중심으로 해야 한다. 다음은 친목도모, 자기계발 등 '사적 네트워크'이다. 사적 인맥 구축은 '다양성'을 중심으로 넓게 해야 한다. 세 번째는 미래 큰 그림을 완성하는데 필수적인 '전략적 네트워크'이다. 자신의 향후 목표를 세우고, 그 우선순위에 따라 전략적으로 인맥을 구축하고 발전시켜 나가야 한다. 전략적 인맥 구축은 적절한 '균형'을 추구해야 한다.

효과적인 인맥관리를 하기 위해서 지켜야 할 사항은 ①타인의 필요를 알고 채워주는 것이다. ②꺼진 불도 다시 보라. 형편이 어려울 때 도와주면 고마워한다. 그 사람이 형편이 좋아졌을 때 관심을 가져준다. ③약속을 철저히 지켜 신용있는 사람이 되라. 가장 기본은 약속을 잘 지키는 것이다. ④한 분야에서 '프로'가 되어라. 전문성은 사람 관계 밀도를 높이는 중요 요소다. ⑤인맥의 허브(hub)를 찾아라. 자전거 바퀴살은 중심에서 만난다. 사람 중에는 '인간 중계기' 역할을 잘하는 사람이 있다. 이 사람이 바로 '정보통'으로 불리는 인맥의 허브다. ⑥각종 모임에 참석하고 간부직을 맡는다. ⑦인맥관리엔 선물이 최고다. 선물과 봉사는 신(神)도 감동시킨다. 선물은 막힌 곳을 뚫어주며 하느님도 감동시킨다. 부담 없는 상대방이 필요로 하는 조그만 선물을 주었을 때 고마워하고 기억하게 된다. 여기서 선물과 뇌물은 구분해야 한다. ⑧도와줄 때는 무조건, 적극적으로 도와라. ⑨고마움과 미안함을 말로 표현하고 남의 험담을 하지마라. ⑩귀를 열어라. 상대방 말속에 귀중한 정보가 있다.

사람의 마음을 움직이려면 어떻게 해야 할까.
　사람의 마음을 움직이려면 상대방이 무엇을 원하는가를 알아야 한다. 원하는 것을 해결해줄 수 있는 능력을 갖추어 그대로 해결해주면 된다. 이것이 핵심이다.
　사람들은 어떤 사람을 좋아하고 잊혀지지 않고 오래 기억하는가. 사람들은 이러한 사람들을 좋아한다. 그것은 자기를 따뜻하게 대해주고, 반갑게 대해주는 사람이다. 자기를 인정해주는 사람이며, 고마움을 느끼게 해주는 사람, 감동을 주는 사람이다. 어려울 때 자기를 도와준 사람, 위로와 격려와 용기와 힘을 주는 사람이다. 그러면 사람들로부터 호감을 얻고 매력적인 사람이 될 수 있으며, 마음을 사로잡고 움직일 수 있다.

이러한 내용을 참고로 하여 사람의 마음을 움직이게 하는 비결은 무엇인가?

　하나, 사람들은 이해(利害)관계로 움직이고, 자기의 필요와 이득을 위해 행동한다. 누구에게 이익이 되고 누구에게 손해가 되는가. 손자(孫子)는 이 부분을 중시했다. 이해관계만 잘 컨트롤 할 수 있다면 얼마든지 상대방을 조종이 가능하다고 하였다. 유인하려면 이익이라 생각하게 하고, 오지 않게 하려면 손해를 생각하게 해야 한다. 상대방에 대한 이해(利害)를 안다는 것은 상대의 약점을 정확히 파악하는 것이다. 이해를 알면 싸우지 않고도 승리할 수 있다. 그래서 손무(孫武)가 쓴 『손자병법』을 두 글자로 요약한다면 '이(利)'와 '해(害)'라고 말한다. 인간을 움직이는 지레는 공포와 이익이고, 당근과 채찍도 마음을 움직이도록 하게 하는 한 방법이다.

　둘, 상대방이 원하는 것을 찾아 해결해준다. 상대방이 원하는 것을 찾아서 채워주고 충족시켜 준다면 상대방의 마음을 움직일 수 있다. 상대의 필요성, 욕구 등 다른 사람의 열렬한 욕구를 불러 일으켰을 때 비로소 사람의 마음을 움직일 수 있다.

　셋, 섬기는 마음이 사람의 마음을 움직인다. 상대방에 대한 이해와 존중하는 마음과 배려로 상대방을 섬길 때 상대방의 마음을 움직일 수 있다.

　넷, 사람의 마음을 움직이는 가장 기본적인 방법은 경청이다. 사람을 움직이는 것은 입이 아니라 귀다. 상대의 마음을 얻기 위해서는 무엇보다 나의 마음을 열고, 상대의 입장과 상황을 이해해 주는 일이다. 그렇게 하려면 경청을 해야 한다. 좋은 대화의 비결은 잘 듣는 것이다.

다섯, 지극 정성이 사람의 마음을 움직인다. 상대방을 정성을 다해 진심으로 말과 행동으로 대할 때, 상대방은 그 정성에 감동을 받아 마음이 움직이게 된다. 지극 정성으로 대하면 움직이지 않을 사람은 없다.

여섯, 역량을 키워라. 역량으로 영향력을 발휘하면 마음을 움직인다. 사람들로부터 능력을 인정받고 전문가로서의 역량을 발휘하여 영향력을 갖췄을 때 사람의 마음을 움직일 수 있다.

일곱, 사람을 움직이게 하는 것은 '칭찬'과 '격려'이다. 허물을 덮어주고 칭찬을 해주면 그는 스스로 움직인다. 맞춤 칭찬, 기대 칭찬, 형식적인 칭찬을 활용할 줄 알아야 한다. '너는 할 수 있어.' '너는 해 낼 거야.' '너만 믿는다.' 등의 격려와 위로의 말이 마음을 움직인다.

성공적인 인간관계 10대 키워드

성공적이고 원만한 인간관계를 위한 10대 키워드를 제시한다. 이를 제대로 실천한다면 원만한 인간관계 확립에 크게 도움이 되리라 믿는다.

> **성공적인 인간관계를 위한 10대 키워드**
> 1.(신뢰) 상대방을 신뢰하라.
> 2.(경청) 상대방 말을 경청하고, 정확한 말을 하라.
> 3.(대우) 대우 받고 싶은 대로 상대방을 먼저 대접하라.
> 4.(상생) 상생관계를 유지하라.
> 5.(칭찬) 비난하지 말고 칭찬하라.
> 6.(존중) 상대방을 존중하라.

> 7.(만남) 좋은 만남을 만들고, 끈끈한 관계를 유지하라.
> 8.(감사) 항상 감사하는 마음을 가져라.
> 9.(미소) 웃는 모습으로 항상 친절하라.
> 10.(겸손) 예의 바른 언어를 사용하고 겸손한 자세를 가져라.

위에서 제시한 10개의 키워드를 살펴본다.

하나, 상대방을 신뢰하라. 믿음을 주라, 그래야 속내를 보인다. 불신 속의 대화와 사귐은 가식이요 기만이요, 위선이다.

둘, 상대방 말을 경청하고, 정확한 말을 하라. 말을 잘한다는 것은 잘 듣는 것이고 말을 아끼는 것이다. 정확한 화술은 인생을 바꾼다. 여기서 화술은 말을 번드르하게 하는 것이 아니라 정확하고 상황에 맞게 하는 것이다.

셋, 대우받고 싶은 대로 상대방을 먼저 대접하라. 내 마음이 남의 마음이다. 하는 대로 받는다.

넷, 상생관계를 유지하라. 너도 살고 나도 사는 길을 찾아라. 너 죽고 나만 사는 길은 모두 멸망의 길이다. 상생의 길을 찾아 행하라. 오래 지속되고, 서로 돕고 살게 되는 길을 찾아 행하라. 인간관계를 성공하고 행복으로 가는 길은 너도 살고 나도 사는 길을 모색해야 한다.

다섯, 비난하지 말고 칭찬하라. 비난 대신 칭찬해야 관계는 유지되고 좋아진다.

여섯, 상대방을 존중하라. 상대방을 이해하고 입장 바꿔 생각하라. 이해하고 배려하며 존중하는 것은 남을 헤아리는 것으로 인간관계의 기초이다.

일곱, 좋은 만남을 만들고 끈끈한 관계를 유지하라. 배우자, 친구, 스승, 직장의 상사, 동료, 부하 등에서 좋은 만남을 유지하는 것이야말로 매우 중요하며 어려운 일이다. 이를 극복해내는 사람만이 인생에서 성공하고 행복할 수 있다.

여덟, 항상 감사하는 마음을 가져라. 항상 감사하는 마음을 가지면 행복해진다.

아홉, 웃는 모습으로 항상 친절하게 행동하라. 밝은 표정, 환한 미소로 친절하며 상대방을 반가워하는 것은 인간관계를 좋게 만드는 윤활유와 같다.

열, 예의 바른 언어를 사용하고 겸손한 자세를 가져라. 예의 바른 언어가 그 사람의 인품이다. 항상 자세를 낮추고 겸손한 자세를 갖추면 관계는 좋아진다. 겸손은 고개를 숙이는 각도가 아니라 마음을 숙이는 각도이다.

말이 인생에서 정말로 중요하다.

말의 의미와 중요성

말은 모든 인간관계의 끈이고 수단이다. 얼마나 말을 잘하느냐, 못하느냐에 따라 인간관계의 성패가 결정된다. 말은 곧 그 사람의 인격을 보여준다. 사람들은 그 사람이 사용하는 단어를 보고 교양과 품격을 가늠한다. 한 사람의 상황을 행복하게도 불행하게도 만드는 말의 마력은 정말로 헤아릴 수 없는 강한 힘을 지니고 있다.

말의 중요성에 대해서 옛 선현들의 이야기를 알아본다.

먼저, 불교에서는 구업(口業. 입으로 짓는 죄업)이라는 말이 있다. 자기 이익을 위해 말로서 짓는 죄를 가장 큰 죄라고 한다. 거짓과 험담, 과장의 죄로서 혀를 뽑히는 벌(拔舌.발설)을 받는다고 한다.

다음은 중국 최고의 처세술의 달인으로 불리는 풍도(馮道. 882-954)는 그의 '설시(舌詩)'(말조심에 대해 강조하는 시(詩))에서 그는 "입은 재앙을 불러들이는 문이요(口是禍之門. 구시화지문), 혀는 자신을 베는 칼이니(舌是斬身刀. 설시참신도), 입을 닫고 혀를 깊숙히 간직한다면(閉口深藏舌. 폐구심장설), 어디서나 몸을 편히 하리라(安身處處牢. 안신처처뢰)"이라고 하여 입조심을 하라고 경고하였다.

세 번째는 유대인 속담에서도 '말이 입안에 있을 때는 네가 말을 지배하지만, 말이 입 밖에 나오면 말이 너를 지배한다.'고 하였고, 또한 탈무드에서도 '험담은 살인보다 위험하다. 살인은 한 사람만 죽이지만 험담은 말한 사람, 듣는 사람, 대상이 된 사람, 세 사람을 죽인다.'고 했다. 말, 특히 험담의 심각성을 강조했다.

상대의 마음을 사로잡는 스피치는 타고난 소질이나 재능의 문제가 아니라 꾸준한 노력의 결과다. 그러므로 말을 잘하기 위해서 꾸준한 관심과 노력이 요구 된다.

언어폭력이란 폭언, 반말과 욕설, 비속어 등을 사용하는 것을 말한다. 언어폭력은 평생의 아픔, 한(恨)으로 남는다. 험담은 험담한 사람에게 반드시 되돌아온다는 사실을 기억하고 험담은 하지 말아야 한다. 직장인 70%는 '회사에서 말실수로 곤란'을 겪고 있다고 한다. 그런 때에 실수를 하지 않으려면 다섯 가지를 조심하라고 W.E 노리스가 경고하고 있다. 이는 ①누구에게 말하는가? ②누구에 대해서 말하는가? ③어떤 식으로? ④어떤 때에? ⑤어떤 장소에서 말하는가를 점검해 보라고 권하고 있다. 이를 실천한다면 말실수를 줄일 수 있을 것이다.

비언어적 의사소통의 전문가인 머라비언(Mehrabian)은 "언어적 의사소통은 메시지의 7%를, 비언어적 의사소통은 93%이다. 그 중 말투나 억양이 메시지의 38%, 몸짓이나 얼굴표정 및 제스처, 자세, 시선 등이 메시지의 55%가 된다."고 말한다. 이처럼 언어를 잘하려면 신체언어, 얼굴표정에도 관심과 노력이 요구된다.

경청의 힘

말을 잘한다는 것은 잘 듣는 것이다. 남의 이야기를 관심을 갖고 끝까지 잘 들어주는 것이 대화를 잘하는 것이다. 경청하지 않은 데서 문제는 발생하고 경청하는 데서 문제는 해결된다. 경청하기만 해도 갈등의 90%가 해결된다. 자기의 입장을 버리고 상대방의 입장에서 공감하며 마음으로 듣는 것이 진정한 경청이다.

징기스칸은 잘 듣는 귀를 가지고 있었다. 그는 "사람을 움직이는 것은 입이 아니라 귀다."라고 했다. 징기스칸은 배운 게 없어도 항상 남의 말에 귀를 기울였다고 한다. 세계를 정복한 그는 "내 귀가 나를 현명하게 가르쳤다"고 회고했다.

삼성 창업주 고(故) 이병철 회장의 아들 이맹희, 이창희, 이건희 3형제에 대한 일화를 보면, 병석에 누운 이병철 회장에게 기자가 질문했다. "왜 3남인 이건희 회장을 후계자로 지명하였나요?"라는 기자의 질문에 이병철 회장은 짧게 대답했다. "건희는 '듣는 귀'가 있어서!"라고 했다. 다른 요인도 있었겠지만, 남의 말을 들을 줄 아는 능력이 이병철 회장에게 인정받은 것만은 분명하다.

아내의 말을 들을 줄 아는 사람이 유능한 남편이고, 남편의 말에 귀를 기울이는 아내가 현명한 아내이다. 배우자의 말을 잘 듣는 것은 문제와 갈등을 풀어내는 가장 강력한 능력이다.

평화로운 가정, 행복한 가정, 아름다운 인간관계를 위한 소통은 듣는 것에서 시작한다. 하고 싶은 말을 다 하는 것보다 상대가 하는 말을 끝까지 듣는 것이 진정한 대화의 능력이고 삶의 기술이다.

말의 힘과 위력

말 한마디에 마음의 위안을 얻게 되는가 하면 말 한마디에 한평생을 원망과 분노에 묻혀 살게 되기도 한다. 말을 한 번 내뱉으면 되돌릴 수 없다. 한마디의 말로 소망을 얻고 삶의 모습과 목적이 달라지고 한마디의 말로 절망하고 포기하기도 한다.

말 한마디로 부모자식 간이나 형제자매 간에 등지기도 하고, 절친한 친구 간에 원수가 되는 경우도 있다. 아내의 말 한마디가 남편의 일상을 결정하고, 남편의 말 한마디가 아내의 인생을 결정한다. 부모의 말마디가 자녀의 인생을 결정한다.

오랫동안 부부생활을 한 사람들의 공통점은 "미안해, 고마워, 사랑해, 당신 말이 옳아"라는 말을 자주 한 사람들이라고 한다. 이것만 실천해도 부부생활에 많은 도움이 되리라 믿는다.

진실한 말은 사람의 마음을 움직이는 힘을 갖고 있다는 사례를 통해 알아본다.

사례1 : 인생을 바꾼 아내의 말

뉴욕 양키즈 팀의 론 기드리는 1976년 마이너 리그로 방출되었다. 크게 절망한 그는 야구에 대한 의욕을 잃고 고향으로 돌아가기로 결심했다. 아내는 그 상황에서도 바가지를 긁거나 불평을 토로하지도 않았다. 대신 그녀는 이렇게 말했다. "당신은 위대한 선수예요, 최고가 될 자격이 있다구요." 그는 희미한 미소를 지었지만, 결심을 굽히지는 않았다. 고향으로 내려가는 차 속에서 아내는 다시 한 번 말했다. "당신은 분명 메이저 리그에서 성공할 수 있을 텐데…그 사실을 모르게 될까 봐 마음이 아파요." 아내의 말은 그의 마음을 움직였고, 결국 그는 고향으로 가던 차를 돌렸다. 할 수 있다는 믿음을 회복한 그는 마이너 리그에서 열심히 노력했고, 그 후 1년 만에 다시 메이저 리그로 돌아갈 수 있었고, 11년 뒤 기드리는 미국 야구사에 길이 남을 "최다승 투수"라는 기록을 남기고 명예롭게 은퇴하였다.

여기에서 아내의 따뜻한 말 한마디가 론 기드리의 인생을 바꾸게 한 말이었다. 언어의 힘은 놀라운 것이다. 한마디 말로 소망을 얻고 삶의 모습과 목적이 달라지고 한마디 말로 절망하고 포기하기도 하는 것이다.

사례2 : 히딩크 애인 에리자베스의 한마디의 말

2001년 12월, 2002 월드컵 한국팀 감독이었던 히딩크는 프랑스와의 평가전에서 5:0으로 패한 뒤, 가혹한 비난과 함께 별명이 '오대빵'이 되었다. 이에 실망한 히딩크는 감독직을 그만두려고 하였다. 당시 그의 애인인 에리자베스가 말하기를 "지금 그만두면 한국 축구대표팀은 어떻게 되는 거냐."며 반대하였다. 그래서 히딩크는 마음을 고쳐먹고 감독직을 계속해서 '4강 신화'를 만들어 냈다. 그녀의 한마디의 결과였다.

한국의 월드컵에 기뻐한 사람이라면 모두들 그녀에게 감사해야 한다. 그녀는 한국과 등질 뻔한 히딩크를 다독여 대표팀 감독으로 남게 한 결정적인 역할을 했기 때문이다.

> **사례3: 마릴린 먼로의 '샤넬 넘버 5'**
> 기자가 한 밤 중에 영화배우 마릴린 먼로(Marilyn Monroe.1926-1962)에게 전화를 걸어 "지금 무슨 잠옷을 입고 있나요?"고 묻자, 그녀는 "샤넬 No. 5"라고 하였다. 이 내용이 기사화되면서 '샤넬 No.5'는 세계적으로 유명한 상품이 되었고 판매량이 급증했다. 마릴린 먼로의 한마디는 전 세계 여인들의 향수에 대한 취향을 바꿔 놓았다. 이것은 대단한 말의 위력이었다.

상처 주는 말과 듣기 좋은 말

따뜻한 사람의 말 한마디가 깊은 마음의 상처를 치료해주고, 가시 돋힌 독설의 말 한마디가 마음속에 깊은 상처를 남겨준다. 우리는 말로 인한 수많은 상처를 입고 살아간다. 상처받지 않고 살아가는 사람은 없으며, 상처 주지 않고 살아가는 사람도 없다. 상처는 친밀함을 먹고 자라기 때문에 친하고 가까운 사람, 그것도 가장 가까운 사람한테 가장 큰 상처를 받는다.

마음에 상처를 주는 말에 대해 알아본다. 사람은 누구나 약점, 아픈 곳을 찌르는 말, 상대방의 허물을 들춰내고 자존심을 건드리고 무시할 때 상처를 받는다. 상처를 주는 대표적인 말로는 ①넌 안 돼, 네가 뭘 알아 ②넌 해봐야 별수 없어 ③머리가 나쁘면 몸으로 때워 ④이번 실수를 두고두고 참고 하겠어 ⑤그 얼굴에 화장한다고 별수 있냐 ⑥너나 잘해 ⑦그럴 줄 알았어 ⑧너는 암적인 존재야 ⑨너 때문이야 ⑩반말을 한다. 야!, 너, 당신, ㅇㅇ야 등이다.

희망과 용기를 주는 듣기 좋은 말에 대해서 알아본다. 말 한마디에 운명이 좌우된다. 희망과 용기를 주는 말, 감동을 주는 말을 많이 하라. 대표적인 말로는 ①잘 될 거야 ②당신, 참 좋다 ③수고했네, 고생했어 ④당신은 꼭 필요한 사람이야 ⑤자네 뿐일세 ⑥넌 해낼 줄 알았어 ⑦좋은 인사말인 '감사합니다, 미안합니다, 고맙습니다, 잊지 않겠습니다' ⑧정직하고 정확한 사람이라고 믿는다. ⑨너는 무엇이든 맡기면 잘 하잖아 ⑩항상 한결같아서 좋다 등이다.

우리는 상처받는 말은 피하고, 듣기 좋은 말을 습관처럼 사용한다면 인생은 원만하고 인간관계를 유지하고 행복하게 살게 될 것이다.

말을 잘하려면 어떻게 해야 할까

상사들이 한 말을 부하 직원들이 제대로 이해할 확률은 '5%'에 불과하다고 한다. 따라서 상대방에게 정확하게 전달될 수 있도록 관심과 노력이 필요하다.

말을 잘한다는 것은 요점 위주로 주제가 명확하고 짧으며 단순한 것으로 내용 전달이 명확한 것이다. 듣는 사람의 관심을 집중시켜 공감적 경청을 하는 것을 말한다.

설득력의 요체는 간결한 내용, 쉬운 말, 뚜렷한 주장이 있어야 한다. 좋은 화술을 구사하려면 끝맺음을 잘하고, 경청의 태도와 말을 할 때는 남의 말이 아닌 자신의 말로 이야기하는 것이다. 말 잘하는 진짜 비법은 '말하기'가 아닌 '질문'과 '듣기'에 있다. 상대가 좋아하는 것을 파악해서 질문하고 듣기만 잘하면 된다.

말을 잘하는 사람들을 보면, 남을 칭찬하고 높이며, 나를 낮추고 겸손해 하고, 감사의 말을 잊지 않는다. 아울러 꼭 필요한 말만, 짧게 하고 여유와 유머 감각을 가지고 대화한다.

우리 모두 마음에 새겨 놓고 실행에 옮겨야 할 소중한 말의 십계명(十誡命)을 다음과 같이 정리한다. 이것을 지킬 때 관계가 좋아지고 오래 지속될 수 있다.

하나, 같은 말이라도 때와 장소를 가려서 해야 한다. 아무리 재미있는 유머라도 장례식장에서 하면 안 된다. 결혼식장에서 할 말, 장례식장에서 할 말을 가려서 해야 한다.

둘, 내가 하고 싶은 말에 열을 올리지 말고 상대방이 듣고 싶은 말을 하라. 내가 하는 말들이 상대방의 관심사가 아닐 수도 있다.

셋, 한번 한 말은 두 번 다시 하지 말라. 특히 윗사람이 아랫사람에게 같은 말을 되풀이하면 잔소리로 들리고 만남 자체를 피하게 된다.

넷, 말을 독점하지 말고 상대방에게도 기회를 줘라. 대화는 일방통행이 아니고 쌍방통행으로 해야 한다.

다섯, 상대방의 말을 끝까지 들어줘라. 말을 자꾸 가로채면 돈을 빼앗긴 것보다 더 기분이 나쁘다. 잘 듣는 사람이 말을 잘하는 사람이다. 상대가 주인공이 되어야 한다.

여섯, 상대방이 싫어하는 말은 하지 말라.

일곱, 남을 비판하거나 비방하는 말을 하지 말라. 남을 향해 쏘아 올린 화살이 자신의 가슴에 명중된다.

여덟, 상대방의 눈을 보고 말하라. 그래야 말이 진정성을 갖는다.

아홉, 불평불만을 입에서 꺼내지 말라. 불평불만을 일삼으면 모든 것에 부정적인 사람으로 인식되고, 사람들로부터 왕따 당한다. 불평 불만은 불행을 불러들인다.

열, 조리있게, 재미있게, 일관성있게 말하라. 두서없이 말하거나 딱딱한 내용의 이야기를 장황하게 하거나 좌충우돌식으로 말하지 말라.

가는 말이 고우면 관계는 좋아진다.

가는 말이 고와야 오는 말이 곱다

가는 말이 고와야 오는 말이 곱고, 오는 말이 고와야 가는 말도 고운 법이다. 물론 오는 말이 고와도 가는 말이 거칠 수도 있고, 가는 말이 거칠어도 오는 말은 고울 수도 있다. 전자에 해당하는 사람을 '무뢰한'이라고 한다면 후자에 해당하는 사람은 '성인(聖人)'의 경지에 도달한 사람일 것이다. 보통 사람들은 상대에 따라서 말을 하게 된다. 가는 말과 오는 말, 오는 행동에 관한 이야기를 알아 본다.

> **사례1 : 푸줏간 박서방 이야기**
>
> 조선시대 박상길이라는 나이 지긋한 사람이 장터에 푸줏간(정육점)을 냈었다. 어느 날 인근에 사는 양반 두 사람이 고기를 사러 왔다. 그중 한 사람이 먼저 고기를 주문 했다. "야!, 상길아 쇠고기 한 근 다오." 그러자 그는 솜씨 좋게 고기를 베어 주었다. 함께 온 다른 양반은 상대가 비록 장사하는 신분이긴 하지만 나이 든 사람에게 함부로 하기가 거북하였다. 그래서 "박 서방, 나도 쇠고기 한 근 주시게"라고 하였다. 그가 선뜻 고기를 잘라 주는데, 먼저 산 양반이 보니 자기가 산 것 보다 갑절은 많아 보였다. "이놈아!, 똑같이 한 근씩 돈 내고 샀는데 어째서 이 사람 것은 많고

내 것은 적으냐?"라고 따졌다. 그러자 그는 "손님 고기는 상길이가 자른 것이고, 이 어른 고기는 박 서방이 자른 것입니다."라는 이야기에서 우리는 상대방을 존중하는 말씨로 하는 사람과 함부로 대하는 사람을 구분할 수 있다. 가는 말이 고우면 오는 행동도 곱다는 것을 보여준다.

사례2 : 여 뱃사공 이야기

아낙이 모는 나룻배에 양반 둘이 탔는데 그중 하나가 여 뱃사공에게 농을 건다. "여보게, 마누라." 깜짝 놀란 사공이 무슨 말이냐고 따지자 연유를 말해준다. "내가 자네의 배에 탔으니 내 마누라라고 불렀네." 껄껄 웃는 양반에게 어떻게 되갚아 줄까 생각하던 여 뱃사공, 배가 나루에 닿고 양반네들이 배에서 내려 걸어가는데 그들에게 한마디 한다. "얘들아!, 잘 가거라." 아니 감히 누구에게. 영문을 몰라 하는 양반네들에게 여 사공이 이유를 말한다. "내 배에서 나왔으니 내 아들이 아니고 뭐란 말인가?"했다는 유머에서 우리는 제가 판 구덩이에 제가 걸려 넘어진 꼴이니 입이 열 개라도 할 말이 있을 리 없는 것이다.

말이 인간관계를 결정한다.

말이 인간관계를 좌우한다. 인간관계에서 말이 정말로 중요하다. 말 한마디에 따라서 사람의 관계가 일순간에 극과 극으로 바뀌기도 한다. 말에는 그 말하는 사람의 인격과 감성이 고스란히 들어 있기 때문이다. 말 한마디가 나쁘면 사람들이 그것을 기억하여 치욕스러움을 느끼고 손해를 보게 된다. 누구든지 말을 조심해야 한다.

좋은 인연이 모여 좋은 인생이 된다. 진심이 담긴 따뜻한 한마디로 좋은 인연이 시작되어 좋은 가정, 좋은 사회가 펼쳐진다. 말은 따뜻하고 따끔하게, 그러나 따분한 말은 아예 하지 않아야 한다.

상처를 주면서도 널 위해 하는 말이라고 우기고, 사랑과 지혜가 없는 쓴소리는 듣는 사람에겐 헛소리에 불과하다. 따라서 상처를 주고 가슴에 못을 박는 언행은 없었는지 항상 자신을 뒤돌아보아야 한다.

관계를 좋게 만드는 '1초의 짧은 말'은 다음과 같다. '친구해요, 고마워요, 축하해요, 힘내세요, 용서하세요, 안녕' 등이다. 이런 말을 자주 사용한다면 관계는 좋아진다.

우리가 세상을 살아가면서 하지 말아야 할 말과 행동은 ①비판적으로 생각하고 ②참지 못하고 화를 내며 ③비난하고 ④자기 관점으로만 상황을 바라보는 것 등이다. 이러한 언행은 인간관계를 악화시키기만 할 뿐이다. 따라서 반드시 피해야 한다.

반면에 해야 할 말과 행동은 ①공감하고 ②이해하며 ③다정한 미소를 지으며, ④상대의 입장이 되어보고 잘못된 것도 용서하는 것 등이다. 이러한 언행은 인간관계를 긍정적으로 변화시켜준다. 긍정적인 말을 자주 사용하는 것이 인생을 행복에 이르게 하는 지름길인 것이다.

4절   삶과 죽음에 대한 생각

모든 사람이 태어나는 방법은 거의 비슷하지만, 그러나 죽는 방법은 많이 다르다. 그래서 인간의 평가는 태어나는 것보다 죽는 것으로 결정된다. 내가 세상에 올 땐 나는 울었고, 내 주위의 모든 이들은 웃었다. 내가 이 세상을 떠나갈 땐 모든 사람들이 아쉬워 우는 가운데 나는 웃으며 홀홀히 떠나가는 모습이 바람직한 모습일 것이다.

죽음에 대해 분명히 알고 있는 것은 사람은 분명히 죽는다는 것이고. 나 혼자서 죽으며, 아무것도 가지고 갈 수 없다는 것이다. 죽음에 대해 모르는 것은 언제 죽을지 모르고, 어디서 죽을지, 어떻게 죽을지 모른다. 그래서 항상 준비하고 있어야 한다. 이런 죽음과 삶에 대해 이해한다면 사생관 확립에 도움이 될 것이다.

우리는 인생을 바로 사는 지혜와 태연하게 죽을 수 있는 준비를 해야 한다.

사생관이란

죽음이란 누구에게나 닥친다는 면에서 평등하다. 어디서 어떻게 죽는지는 결코 평등하지 않다. 죽음은 삶의 현실이다. 누구도 죽음에서 예외일 수 없다. 따라서 죽음을 응시하고, 죽음을 준비하는 삶은 가장 성숙한 삶이다. 죽기 전에 삶을 어떻게 보람 있는 것으로 매듭지어야 하며, 삶을 어떻게 의미 있게 이루어, 마침내 죽음이 추하거나, 지저분하거나, 부끄러운 것이 되지 않도록 해야 할 것인가를 아는 삶이야말로 가장 인간다운 삶인 것이다. 삶이 유의미한 것은 죽음이 있기 때문이다. 죽음에 대한 성찰은 삶을 풍요롭게 하며 '잘 사는 삶(well-being)'은 '품위 있는 죽음(well-dying)'을 필연적으로 내포한다.

사생관이란 죽음과 삶에 대한 견해나 생각을 말한다. 투철한 사생관을 가질 때 우리는 비로소 의미있고 올바른 생을 살 수 있다.

소크라테스는 "철학은 죽음의 연습이다"라고 외쳤다. 철학이라는 학문은 죽는 연습, 죽는 공부, 죽는 준비, 죽는 훈련을 하는 학문이라며 언제 죽더라도 태연자약하게 죽을 수 있는 마음자세를 준비하는 것이 철학이라고 했다.

논어의 선진편에 보면, 자로가 공자에게 묻기를 "감히 죽음에 관하여 묻겠습니다." 하자, 공자는 "미지생 언지사(未知生 焉知死)"라고 하였다. '삶을 알지 못하는 데, 죽음을 어찌 알겠는가?'라고 말한 것이다. 우리는 삶을 살아가며 많은 것을 경험하고 배운다. 하지만 우리가 알고 있는 것은 전체의 일부에 불과하다. 미지생(未知生), 알지 못하는 삶이 우리에게 많은 것을 알려주고 있다. 죽음은 우리에게 진정한 미지의 영역이다. 삶과 죽음은 연속된 과정인 것이다.

철학자 고(故) 안병욱 선생은 명상록 중 '회자정리(會者定離)'에서 "인생은 너와 나와의 만남인 동시에 너와 나와의 헤어짐입니다.…우리는 이 세상에서 영원히 사는 것이 아닙니다. …언제 떠나더라도 조용하게 떠날 준비를 하는 생사관을 확립하는 것이 참으로 중요합니다. …오늘이 어쩌면 나의 삶이 마지막일지도 모른다는 생각에 주어진 오늘에 감사하며 최선을 다하는 삶이 되도록 해야 할 것입니다." 라고 했다.

그리스와 로마인들이 중요하게 생각한 것이 '죽음'이었다. 그들은 사람이 죽으면 완전히 사라지지 않고, 다른 모습으로 바뀌어 다른 세상에서 살게 된다고 믿었다. 그렇기에 산 사람이 계속해서 죽은 사람을 기억한다면 영원히 사는 것과 같다고 여겨 길가에 무덤을 만들고, 무덤 앞에 커다란 조각상과 장식물을 뒀다.

지난 세월호 사건에서 죽음을 앞에 두고 일어난 사람들의 행동에 대해 살펴본다. 죽음의 공포 앞에서 나부터 살겠다는 사람들이 눈에 띄지만 그럴 수는 없다는 사람도 많이 있다. 누구나 죽음이 무섭고 살고 싶은 것이다. 그러나 인생의 어느 때에 불행하게도 죽음이 앞에 닥쳐오거나, 피할 수 없는 상황에 부딪치기도 한다. 그런 순간에 어떤 판단을 하고 어떤 행동을 하느냐는 사람의 사생관에 따라 달라질 수 있다.

세월호 선장과 많은 선원에겐 살고 싶다는 본능적 욕망 외에 아무 것도 없었다. 그들은 수사과정에서도 "그때는 살아야겠다는 생각밖에 없었다."고 진술했다. 그들의 사생관은 '내가 사는 게 최우선'이라는 것이었다. 그래서 다른 사람들의 죽음을 팽개쳤다.

반면에, 세월호 사무장 양대홍씨는 거의 90도로 기울어진 배에서 아내에게 전화를 걸었다. "배가 많이 기울어졌다. 통장에 있는 돈은 아이 등록금으로 쓰라"고 했다. 그는 죽을 수 있다는 걸 알고 있었다.

아내가 "지금 상황이 어떠냐"고 묻는다. 양 사무장은 "지금 아이들 구하러 가야해, 길게 통화 못해. 끊어"라고 했다. 그게 유언이 됐다.

또한 배에 있는 학생들이 승무원 박지영씨에게 "왜 언니는 구명조끼 안 입어요."라고 물었다. 박씨는 "너희가 모두 탈출하면 나도 나갈 거야"라고 했다. 침몰하는 배에서 구명조끼를 남에게 주는 것은 죽음까지 생각하지 않고는 할 수 없는 일이다. 박씨의 죽음으로 학생 20여명이 생명을 건졌다.[37]

양씨와 박씨의 사생관은 무엇이었을까. 저 혼자 살기 위해 발버둥치는 선장과 동료들 사이에서 스스로 죽음으로 들어가면서 아내에게 마지막 말을 전한 양씨를 생각한다. 그도 살고 싶었을 것이다. 사랑하는 아내가 있고 지켜야할 자식이 있다. 그러나 양씨에게는 자신의 생명만큼이나, 가족의 안위만큼이나 중요했던 무엇이 있었다. 그것은 한 인간으로서 '최소한의 양심'이라고 생각한다. 마지막 순간에 달아나고 싶고, 살고 싶은 본능을 향해 '그래도 그럴 수는 없다'고 붙잡은 것은 대단한 희생정신이기에 앞서 사람의 마음 밑바닥 가장 깊은 곳에 있는 양심일 것이다.

지금 우리 사회에 죽음의 위협 앞에서 제 가슴 깊은 곳에서 울리는 양심의 목소리를 들을 사람이 얼마나 있는지를 생각해본다. 양씨나 박씨 같은 사람이 많은지, 아니면 세월호 선장, 선원 같은 사람이 많은지 생각한다.

---

37) 양상훈 칼럼, '사생관'(조선일보. 2014.7.10.)

삶과 죽음의 모습과 묘비명

삶과 죽음의 모습들을 보면서 많은 생각을 하게 한다. 그리고 세상을 떠난 후에 그 사람의 족적을 말해주는 묘비명에 대해서 살펴본다. 먼저 세상 떠나는 사람들의 모습을 알아본다.

세상 떠나는 사람들의 모습

사례1 : '엔딩노트' 다큐

일본 스나다 마미(砂田麻美.34) 감독의 '엔딩노트'. 감독이 자신의 아버지 스나다 도모아퀴가 말기 암 판정 받은 후 6개월 만에 69세로 별세할 때까지의 과정을 담은 다큐멘터리다. 감독의 아버지는 생이 얼마 남지 않았다는 것을 알고서도 열심히, 유쾌하게 살아 나간다. 손녀들과 신나게 노는가 하면, 평생 찍어주지 않았던 야당에 투표를 하고, 믿지 않았던 신(神)도 믿어 보려고 성당에 간다.

스나다 감독은 "아버지도 아마 좀 더 살고 싶었을 것"이라고 했다. "그런데도 '가족과 친구들 놔두고 왜 나만 빨리 가느냐.'고 하지 않고, '난 70년이나 살았다. 그것도 불행하지 않고 행복하게'라고 하셨죠. 이런 면에서 아버지가 대단하다고 생각해요." 고령화 사회로 접어든 일본, 죽음에 대비해 할 일을 기록하는 '엔딩노트 쓰기' 열풍이 부는 데 기폭제 역할을 했다. 감독의 아버지는 자신이 세상을 떠나기 전에 해야 할 일, 또 자신이 떠난 뒤 가족들이 처리해야 할 일들을 '엔딩노트'에 꼼꼼히 기록해 놨다. 회사 잔무처리, 장례식장 사전답사, 홀로 남게 될 아내를 돌보는 일, 채무 등 재산처리 문제 등등.

스나다 감독은 고령화 사회가 되면서 일본에선 '어떻게 죽고, 삶을 정리할 것인가'가 중요한 문제로 떠올랐다고 한다. 아버지는 당신이 돌아가셨을 때 가족이 당황할까봐 배려 차원에서 엔딩노트를 만든 것이었다. 그 과정에서 가족, 주변 사람들은 서로 '사랑한다' '감사하다'는 말을 주고받을 수 있었다고 한다.

스나다 감독은 "나는 이 영화를 통해서 '모든 사람은 죽는다. 다 끝이 있다'는 것을 현실적으로 보여주고 싶었다."고 했다.

사례2 : 노부부의 사랑, '그 강을 건너지 마오'(영화, 진문영 감독)

TV에 소개됐던 '76년째 닭살 노부부', 경계에 선 삶과 죽음의 모습을 담은 다큐멘터리. 76년을 연인처럼 살았던 노부부의 이별기, '님아, 그 강을 건너지 마오.' 사는 게 좋은 줄 잊고 지내는 동안 소홀히 했던 죽음에 관해 질문하는 영화다.

할아버지 무덤엔 아직 눈이 쌓이지 않았다. 부부는 76년을 함께 살며 자식 열둘을 낳아 여섯을 먼저 저 세상에 보냈다. 할머니는 자식들 살았던 적 못 입혔던 고운 빛깔 새 내복 몇 벌과 할아버지 새 한복을 함께 태웠다. "내 보고 싶더래도 참아야 돼. 낸도 할아버지 보고 싶어도 참는 거야." 할머니는 두어 걸음 뗀 뒤 무덤을 돌아봤다. 또 두어 걸음, 또 두어 걸음…, 끝내 눈밭에 주저앉았다. 울음이 옅은 눈발처럼 낮게 깔렸다. "허으으…, 할아버지, 어여 데리러 와요, 손목잡고 하얀 저고리 파란 바지 파란 치마 입고 저기 재 너머 같이 가요." 98세 로맨티스트 조병만 할아버지와 89세 소녀 감성 강계열 할머니 부부는 TV 다큐 프로그램으로도 소개 됐다. 노부부는 마당을 쓸다 서로에게 낙엽을 뿌리며 장난을 치고, 나물을 씻다 개울물을 튕기며 웃음을 터뜨린다. 밤에 할머니가 화장실을 갈 땐 할아버지가 문밖에서 노래를 부른다. 사랑이 깊을수록 이별은 더 눈물겹다.

진문영 감독은 "진짜 저럴까 싶을 만큼 아름다운 이 노부부의 사랑을 지켜보는 것만으로도 의미 있겠다고 생각했는데, 할아버지가 갑작스러운 건강 악화로 돌아가시는 과정까지 담게 됐다."고 했다.

사례3 : 1조 7000억, 장학재단에 기부한 이종환 회장

평생 모은 재산 1조 7,000억원을 장학재단에 기부한 관정(冠廷) 이종환 삼영화학 그룹명예회장이 2023년 9월 13일, 100세의 나이로 별세했다. 그는 일찍이 장학재단을 만들어 매년 국내외 명문대 재학생 1,000명 안팎에게 150억 원 정도를 지급했다. 이렇게 지급한 장학생이 23년간 1만 2,000여명, 금액으로 2,700억 원이다. 박사학위를 받은 장학생만 750여명이다.[38]

1923년 경남 의령에서 태어난 그는 마산고를 졸업한 뒤, 1944년 일본 메이지대 경상학과로 유학을 떠났다. 하지만 1945년 일본 측 학도병으로 끌려가 소련. 만주 국경과 오키나와를 오가며 사선을 넘나들기도 했다. 이 회장은 해방 후 "두 번째 인생을 산다"며 부국강병의 기업을 만들겠다고 나섰다. 그는 16개 회사를 거느리는 삼영그룹을 만들었다. 그는 2000년 설립한 관정 이종환 교육재단에 자신의 재산 대부분을 쏟아부었다. 목적은 '일류 인재 양성'이었다. 그는 "우리가 가진 건 사람 밖에 없다. 사람을 키워야 한다. 노벨상 수상자를 키워 내자"는 말을 자주했다. 그가 기부한 금액은 총 1조 7,000억 원이 됐다. 아시아 최대 규모다. 그는 평소 '공수래(空手來), 만수유(滿手有), 공수거(空手去)'란 말도 스스로 만들었다. 즉, "인생은 빈손으로 와서 그냥 빈손으로 가는 것이 아니라, 손에 가득 채운 뒤에 그것을 사회에 돌려주고 빈손으로 가는 것"이란 의미. 평소 자장면이나 된장찌개를 주로 먹으면서 근검절약을 몸소 실천하여 '자장면 할아버지'로도 불렸다. 그는 눈을 감기 전 가족과 지인들에게 "정도(正道)를 지켜라. 결국 정도가 이긴다. 재단을 영속되게 잘 운영해 달라."는 유훈(遺訓)을 남겼다고 한다.

우리는 앞의 사례를 통해 삶과 죽음에 대해 깊이 생각하게 된다.

---

38) 조선일보. 2023.9.14.일자.

즐거운 마음으로 아름답게 인생을 정리하는 '엔딩노트', '닭살 노부부'이야기, 영원히 사는 보람 있는 일을 남기고 간 사람들로부터 우리는 느끼고, 배우며 감동을 받는다.

묘비명(墓碑銘) 이야기

묘비명이란 내가 죽은 후 남들에게 어떻게 기억되고 싶은가에 대한 본인 스스로 또는 지인들의 표현이다. 묘비명은 한 개인의 생사관(生死觀)을 압축한다.

가장 유명한 묘비명은 영국 극작가로서 1925년에 노벨 문학상을 받은 조지 버나드 쇼(George Bernard Shaw. 1856-1950)일 것이다. 그는 자기 묘비에 "I knew if I stayed around long enough, something like this would happen." 이라고 쓰게 했다. 흔히들 '우물쭈물 하다가 내 이렇게 될 줄 알았다'고 오역한 것이 돌아다닌다. 그러나 그는 결코 우물쭈물 살지 않았다. 잘못된 번역이다. 정확한 번역은 '오래 살다보면 이런 일이 생길 줄 알았다'이다. 또는 '오래 살면 결국 죽는다.'라는 지극히 당연한 명제를 특유의 풍자적 표현으로 말한 것뿐이다.

다음은 칸트의 묘비명이다. 칸트는 "내 머리 위에는 별이 빛나는 하늘, 내 마음 속에는 도덕률"이라는 자작 묘비명을 썼는데 그의 도덕 철학인 '실천이성비판'을 압축한 것이다. 칸트의 글을 읽으면 묘비명과 메시지에 공감하게 된다. 깊이 생각하면 두 가지 기쁨이었다. 별이 반짝이는 하늘이요, 내 마음속의 도덕률이다. 이 두 가지를 삶의 지침으로 삼고 나아갈 때 막힘이 없을 것이다. 항상 하늘과 도덕률에 비추어 자신을 점검하여 매번 잘못된 점을 찾아 반성하는 사람이 되라는 의미일 것이다.

세 번째는 카네기의 묘비명이다. 그의 묘비명은 "여기 자신보다 더 능력 있는 사람을 알아볼 줄 알았던 남자가 잠들어 있다."고 되어 있다. 용인술의 달인다운 말이다.

인류에 회자되는 유명한 묘비명들은 대체로 심오하거나 가슴 짠한 것들이지만, 마지막 순간에도 삶을 해학 의미로 승화한 묘비명도 있다. 한국에서 '걸레 스님'이란 별명으로 알려진 중광스님 묘비에는 "에이, 괜히 왔다 간다"라고 적혀있다. 시인 천상병의 묘비에는 그의 걸작 '귀천'의 한 구절 "나 하늘로 돌아가리라/이 세상 소풍 끝내는 날/가서 아름다웠다고 말하리라"가 새겨져 있다.

일본의 선승 모리야 센얀의 묘비에는 "내가 죽으면 술통 밑에 묻어줘, 운이 좋으면 술통바닥이 샐지도 모르니까"라는 그의 시가 적혀 있다고 한다. 개그우먼 김모씨는 미리 써둔 묘비명은 '웃기고 자빠졌네'이다.

이런 감동과 유머가 담긴 묘비명이 운명 직전에 떠오른 것은 아닐 것이다. 자신의 묘비명을 생각해본다는 것은 자신의 삶을 되돌아본다는 의미가 있지 않을까. 나는 과연 유머와 감동이 있는 삶을 살았을가를 생각해보게 한다.

군인의 사생관

모든 군인은 평화를 지키기 위해 존재하지만, 언제나 전쟁이라는 위험의 울타리에서 살게 된다. 이때 '사생관' 즉, 삶과 죽음에 대한 확고한 가치관이 정립되어 있지 않으면 전쟁이라는 삶과 죽음의 갈림길에서 정신을 잃고 좌절하기 쉬우므로 군인들의 사생관은 분명하게 확립되어야 한다.

군인의 특수성은 생명을 담보로 하는 집단이라는 사실이 다른 어느 직종과도 확실히 다른 점이다.

군인, 수의(壽衣)를 입고 사는 사람들이다. 군인에게 사생관은 국가와 동료 그리고 이름 모를 누군가를 위해 우리 자신의 목숨을 바치는 숭고한 희생이다.

시인 청은은 '수의를 입고 사는 사람들'이란 시(詩)에서 "군인은 언제나 군복을 입고 산다. …군인이 죽으면 안동포 수의 대신 깨끗한 군복에 계급장, 명찰, 휘장, 훈장 모두 달아 입히고 군화까지 신겨서 마지막 길로 보낸다. …이름 모를 전선의 참호 속에서 장렬하게 죽어 가면 그 자리는 무덤이 되고 군복은 수의가 된다. 조국이 원할 때 지체 없이 죽음으로 뛰어들어야 하기에 군인은 늘 수의를 입고 산다."

전선의 참호 속에서 싸우는 군인에게 '전투복=수의'라는 생각을 하게 된다. 나는 과연 수의를 입고 사는 사람으로서 당장 죽음으로 뛰어들 수 있는가?라는 수의를 입은 군인들은 생각해야 한다.

군인에게 사생관이 중요한 이유는 군인의 사고와 행동방식에 지대한 영향을 주기 때문이다. 전장이라는 항상 죽음의 위험성이 도사리는 환경에서 임무를 수행하는 군인에게 사생관의 유무는 그 사고, 행동, 리더십에 영향을 크게 준다. 군인에게 올바른 사생관을 확립하는 것은 위기의 순간에서 올바른 판단과 행동을 위한 필수적인 요소다.

군인의 사생관은 생명을 하찮게 버리라는 것이 아니라 생명을 소중하게 여기면서 값지고 영광된 죽음을 선택해야 한다는 의미를 가진다. 조국을 위해, 국민을 위한 죽음의 의미가 사생관의 핵심인 것이다.

성웅 이순신 장군이 명량해전에서 말씀하신 "필사즉생 필생즉사(必死則生 必生則死)" 즉, '죽고자하면 살 것이요, 살고자하면 죽을 것이다.' 이것이 바로 군인의 사생관이다.

어느 신문에 전쟁터에 나간 미국 여군의 얘기가 실렸다. '두렵지 않느냐'는 질문에 그녀는 "아버지가 '지금 네가 하고 있는 일이 목숨을 걸만큼 가치가 있느냐를 생각하라'고 하셨어요."라고 답했다. 우리나라에서도 입대하는 자식에게 "네가 가는 길은 목숨을 걸 가치가 있다"는 사생관을 말해주는 부모가 많았으면 한다. 세계 역사에서 강대국들은 사생관이 서 있는 사람이 많은 나라들이었다. 단 하나의 예외도 없다. 우리 사회도 아직은 부족하지만 그 길로 가고 있다고 믿는다.

어떻게 죽을 것인가

삶에서 남기지 말아야할 것과 남기고 갈 것은 무엇일까. 훌륭한 화가는 언제 붓을 거두어야 하는 줄 알고, 훌륭한 지휘자는 어떻게 연주를 마감해야 하는 줄 안다. 이렇듯 우리의 삶도 어떻게 정리하고 마감하느냐를 알아야 한다. 이를 위하여 삶의 길에서 남기지 말아야 할 것과 남길 것을 알아야 한다.

먼저, 남기지 말아야할 것은 ①'아쉬움'을 남기지 말아야 한다. 우린 때때로 놓친 고기를 아쉬워한다. 하지만 놓친 고기는 본래 내 것이 아니었기에 내게 오지 않은 것일 뿐이다. ②'회한'을 남기지 말 것이다. '그렇게 했으면 좋았을 것을', '나는 왜 이렇단 말인가?' 하는 회한이나 자탄을 남기지 말아야 한다. 회한은 삶에 실재하는 현실이 아니라 망상이며 나약함의 증거일 뿐이다. ③'치적'을 남기려 하지 마라. 자화자찬으로 치적을 남기려는 것은 영적 빈곤을 드러내는 것이다. 그러면 남기고 갈 것은 무엇일까. ①'기쁨'을 남겨야 한다. 지금 순간순간 나타나는 삶을 기쁨으로 채우라. ②'참회'를 남겨야 한다. 참회는 과거를 벗고 새날을 새롭게 맞도록 한다. ③'감사'를 남겨야 한다. 모든 사람에게 남는 것은 감사뿐이다.

인도계 미국인 의사 아툴 가완디(Atul Gawande)는 그의 저서『어떻게 죽을 것인가(Being Mortal)』에서 "죽음 앞에 선 인간의 존엄과 의학의 한계를 고백한다. 책에서 호스를 주렁주렁 매달고 중환자실에서 몇 년 버티다가 맞는 죽음과 집에서 통증 조절하다가 비교적 평온하게 맞는 죽음 가운데 어떤 것을 택할지 묻는다. 나는 단연코 후자를 택할 것이라고-그것이 가능하다면-결심했다."고 했다.

뇌 과학자 이시형박사는 에세이 '어른답게 삽시다'에서 '나이 들어 위축되지 않으려면 자존감과 정신적 자립이 필요'하다고 했다. 다른 사람이 나를 어떻게 보는지가 아니라 내가 자신의 가치와 존재감을 결정할 수 있어야 한다는 것이다. 가장 좋은 방법은 '죽는 순간까지 은퇴하지 않고 현역으로 뛰는 것이다.'라고 했다. 죽기 직전까지 삶에 충실하라⋯그게 '나잇값'이라 했다.

단 한 번도 은퇴를 고려해 본적이 없다는 그는 '웰다잉'을 '웰리빙'

으로 정의했다. "열심히 살아야 자신 있게 죽을 수 있다"며 "그걸 젊은이들도 준비해야 한다"고 했다.

삶이란 죽음과 분리되어 생각할 수 없는 것인데 한국인들은 삶에만 너무 집착하고 있다. 병원 중환자실을 보자. 소생할 가망이 없다는 선고를 받으면 천천히 삶을 정리할 생각을 하는 것 같지 않다. 대신에 무익할 뿐만 아니라 단가가 높은 치료에 매달려 생의 마지막 몇 달을 낭비하다 속절없이 죽음을 맞이한다.

잘 사는 것만큼, 아니 그보다 더, 잘 죽는 것이 중요하다. 그 어려운 인생 잘 살아 놓고 죽을 때 사랑하는 가족들과 제대로 이별도 못하고, 약에 취해. 또 기계에 의지해 혼수상태로 있다가 죽는 것이 안타까운 현실이다. 인간은 살 때도 인간답게 살아야 하지만 죽을 때는 더욱 품위 있게 죽어야 한다.

'한국 죽음학회' 회원들은 한국인들이 올바른 죽음관을 갖도록 만드는 게 필요하다고 말하고 있다. 학회에 참석한 의사들은 가장 큰 문제로 의사들에게 임종(臨終) 환자를 다루는 지침서가 전혀 없다는 것을 지적하고 있다. 사후(死後)에 고소가 있는 것에 대비해 아무리 가망이 없더라도 환자를 살려놓는 방어적 진료를 할 수 밖에 없다는 것이다. 노인들도 품위 있게 죽을 수 있는 권리가 있다는 것을 원리로만 알뿐이지 정작 본인은 어디서 어떤 형태로 죽을 수 있는가를 정할 수가 없다.

한국인에게 적합한 죽음에 대한 견해가 형성되고 이것이 초등학생을 비롯해서 모든 계층의 사람들에게 교육되어야 하고 많은 토론이 이루어져야 한다.

어떻게 죽을 것인가에 대한 사례를 소개하고자 한다.

> **사례1 : 어느 아버지의 죽을 때의 모습**
> 폐렴으로 입원하신 아버지는 이렇게 말씀하셨다. "내가 아는 어떤 할머니는 이렇게 말씀하더라. 죽을 때가 된다고 느끼면 밥을 굶을 거라고. 예전에 무슨 이유로 밥을 굶은 적이 있다는데, 사나흘은 아주 괴롭더니 그 다음에는 아무렇지 않고 견딜만 하더란다. 나도 그렇게 할 것 같다. 의사가 가망 없다 하고 내 정신이 또렷하다면 나는 곡기를 끊고 죽음을 맞을 수 있을 것 같다." 어떻게 대답해야 할지 몰라 잠자코 있었다.[39]

> **사례2 : 마지막 5개월 어머니와 세 아들 충분한 대화 후 하늘나라로**
> 최근에 모친상을 치룬 학교후배인 방동환(육사 33기)으로부터 들은 얘기다. 아버지와 어머니가 북한에서 월남하여 한국에서 만나 결혼하여 슬하에 3형제(1남 육사, 2남 공사, 3남 육사)를 낳아 키우시고 결혼 시켰다고 한다. 아버지는 6.25 참전 용사로 일찍 돌아가시고, 어머니가 홀로 3형제를 키우셨다고 한다. 어머니는 가훈을 '정직, 겸손, 올바른 믿음'을 직접 정하시고 집안에 보이는 곳에 걸어 놓고 늘 강조 하셨다고 했다. 독실한 기독교인이었던 어머니는 건강관리를 잘 해오시다 93세 되던 해인 2023년 1월에 갑자기 건강이 악화되어 거동할 수 없게 되자 3형제가 모여서 의논한 후, 어머니를 요양원에서 진료하지 않고, 어머니 집에서 요양하기로 결정하고 3형제가 24시간에서 72시간씩 교대해 가면서 어머니와 충분한 대화를 나누는 시간을 가졌다고 한다. 어머니도, 자식들도 모두 흡족해하고 행복하게 눈을 감으셨다고 하면서, 너무나 좋았다고 말했다. 최근에 보기 드물게 아름다운 모습이었다.

---

39) 조선일보. 2023.9.14.일자.

세상을 떠날 때에는 가까운 주변 사람들에게 짐이 되지 않고, 잘못된 관습에 얽매이지 않고, 본인이 원하는 죽음을 맞이할 수 있도록 법적인 장치에 대한 여론을 수렴한 후 실질적인 임종에 대한 의사나 본인의 행동수칙을 만들어야 한다고 본다.

또한 떠날 때는 가까운 가족들과 따뜻하고 충분한 대화를 통하여 인생을 아름답게 마무리하는데 서로 협조해야 된다고 생각한다.

제5절   인생의 황금률과 실천해야 할 인생수칙

누구나 이 치열한 세상을 살아가면서 원하는 바를 얻기 위해 지혜로운 사람이 되기를 원한다. 그러나 지혜란 것은 지식이 많거나 혹은 오랜 세월을 살았다고 해서 반드시 얻어지는 것은 아니다. 어떻게 해야 모두가 원하는 지혜로운 삶을 살 수 있을까. 누구도 명쾌하게 정답을 말해 줄 수는 없겠지만 그래도 먼저 살다간 성인(聖人)이나 현자(賢者)들 혹은 현재 성공적으로 인생을 꾸려가고 있는 사람들의 삶에서 지혜를 배우고, 그 특성을 닮으려 노력한다면 많은 도움이 될 것이다. 삶의 지혜는 보는 시각, 보는 사람에 따라 차이가 있겠지만 선각자(先覺者)들의 말씀 및 필자의 경험과 상식을 바탕으로 평범한 삶의 지혜를 살펴본다.

세상을 살아가는 삶의 지혜란 무엇일까.

모든 사람은 지혜로운 삶을 살기를 원한다. 지식이란 어떤 대상을 연구하거나 배우거나 또는 실천을 통해 얻은 명확한 인식이나 이해를 말한다. 지혜(智慧, wisdom)란 사물의 이치를 빨리 깨닫고 사물을 정확하게 처리하는 정신적 능력을 말한다. 지식은 시대에 따라 달라질 수 있으나, 지혜는 시대의 흐름에도 변하지 않는다.

지혜는 자신 및 타인의 경험, 그리고 과거의 역사 속에서 우러나온다. 자신의 경험은 절대적인 시간과 공간의 제약 때문에 제한적일 수밖에 없다. 자연히 세상을 살아가는 지혜는 타인의 경험과 사회의 역사 속에 쌓여 있는 풍부한 지혜를 어떻게 활용하느냐가 관건이 된다.

지혜란 우리의 생활을 윤택하게 해주는 윤활유와 같다. 지식이 주가 되는 현대인의 삶이지만 그 가운데서 진정한 삶의 여유와 지혜를 찾을 수 있어야 한다. 그래야 살아가면서 인간이 만나게 될 삶의 문제를 효과적으로 해결할 수 있으며 동시에 올바른 삶도 확립되는 것이다.

유대인의 경전에 "현인(賢人)이란 어떤 사람인가. 모든 것에서 배우는 사람이다. 강자(强者)란 어떤 사람인가. 자기를 이기는 사람이다. 부자(富者)란 어떤 사람인가. 자기의 운명에 만족하고 있는 사람이다."라고 말하고 있다. 우리는 항상 배우고자 하는 겸허한 마음을 가지고 살아가야 한다. 내 주위의 만인이 다 나의 스승이 될 수 있다. 책을 많이 읽는다고 현인이 되는 것은 아니다. 배우고자 하는 사람은 만인에게서, 만물에서, 만사에서, 지혜와 진리를 찾아낸다. 우리는 내가 나를 누르고 나를 이기는 극기 훈련에 항상 힘써야 한다.

지혜와 관련된 이야기 하나를 소개한다. '그리스 애꾸눈 왕의 초상화' 이야기다. 그리스에 애꾸눈 왕이 있었다. 죽기 전에 자기의 초상화를 남기고 싶었다. 그래서 유명한 화가를 불러서 왕의 초상화를 그리도록 했다. 왕은 다 그린 초상화를 보고 못마땅했다. 왜냐하면 왕의 애꾸눈을 그대로 그렸던 것이었다. 그런 후 다시 유명한 다른 화가를 불러 초상화를 그리도록 한다. 그 화가는 앞서 그린 초상화로 인해 혼났다는 이야기를 듣고서 애꾸눈을 흐릿하게 그렸다. 그 초상화를 본 왕은 몹시 화를 냈다. 그런 일이 있고 한참 지난 후 무지랭이 화가가 나타나 자기가 초상화를 그려보겠다고 하자, 허락했다. 다 그린 초상화를 보고 왕은 매우 만족해했다. 왜 그랬을까. 그 화가는 왕의 성한 눈 쪽의 옆모습을 그렸던 것이다.

이 사례는 왕의 약점을 감춰주고 좋은 점을 보는 지혜가 있었던 것이다. 세상 살아가면서 상대방의 긍정적인 면을 보는 안목이 바로 지혜다.

세상 살아가는 평범한 지혜 열 가지(황금률)

인생은 달에 비유되기도 한다. 길, 흉이 반복되기 때문이다. 달이 차면 기울고, 초승달도 보름달이 된다. 인생에서도 흐린 날, 맑은 날, 궂은 날이 번갈아 온다. 음지가 양지가 되고 양지가 음지가 된다는 것은 진리다. 원만한 인생을 살아가기 위해서 필요한 성인이나 현자들 그리고 필자가 경험한 내용을 포함하여 인생과 관련된 지혜들을 다음과 같이 정리했다.

인생의 황금률 열 가지
1. 내가 대접 받고자 하는 대로 남을 대접하라.(황금률)
2. 상대가 대접받고 싶은 대로 그를 대접하라.(백금률)
3. 네가 싫어하는 일은 아무에게도 행하지 말라.(성경, 논어)

4. 세상에 공짜는 없다.(성공의 비결)
5. 네 눈의 들보는 보지 못하고 남의 눈의 티만 본다.(비판금지의 황금률)
6. 가정의 평화가 만사의 근원이다.
7. 신뢰함이 없이 신뢰 받기를 기대하지 말라.(신뢰의 황금률)
8. 크고자 하거든 먼저 남을 섬기라.(리더십의 황금률)
9. 사람들은 자기에게 관심을 가져주는 사람에게 더 많은 관심을 갖는다.
10. 허물을 덮어주고 칭찬을 해주면 상대방은 스스로 움직인다.

하나, '내가 대접 받고자 하는 대로 먼저 대접하라.'는 가르침은 오랜 역사를 자랑하는 '나 중심(me-centered)적' 황금률(golden rule)이다. 이 원칙은 모든 사람이 지켜야 할 규범이다. 바라는 대로 남에게 해주는 것이다. 남편은 아내가, 아내는 남편이 바라는 것이 무엇인지를 알고 그대로 해주는 것, 이것이 문제를 해결하는 핵심적 열쇠이다.

둘, '상대가 대접받고 싶은 대로 그를 대접하라.' 이 백금률(platinum rule)은 황금률에서 한 걸음 더 나아가 상대방이 받고자 하는 대접을 예측하여 즉 상대방의 수준이나 감정, 성향, 욕구에 맞추어 대접하라는 것으로서 상대방(you-centerd) 중심으로 행동하라는 것을 말한다.

셋, '네가 싫어하는 일은 아무에게도 행하지 말라.' 이는 구약성서에 나와 있는 내용이다. 이는 예수께서는 당신이 태어나기 훨씬 전부터 전해 내려오는 현인들의 가르침을 산상 설교를 통해 다시금 핵심적으로 짚어준 내용으로서 내 마음이 타인의 마음과 같다. 내가 좋아하는 것은 남도 좋아하고, 내가 싫어하는 것은 남도 싫어한다는 것이다. 공자 또한 논어에서 '자기가 하기 싫은 일을 남에게도 하게 해서는 안 된다.'(己所不欲 勿施於人, 기소불욕 물시어인)는 것이었다. 너무나 평범한 진리를 가슴 깊이 새겨두고 명심해야 할 것이다.

넷, '세상에 공짜는 없다.' 성경에 뿌린 대로 거두리라는 말과 불경에 '인과응보론(因果應報論)'은 같은 내용이다. '투자한 것이 없으면 얻는 것도 없다'라는 말이야 말로 세기의 지혜라고 할 수 있다. 모든 사람들이 이 지혜를 알고 행한다면 불행한 일을 사전에 예방할 수 있다.

다섯, '네 눈의 들보는 보지 못하고 남의 눈의 티만 본다.' 남의 작은 결점만 보고, 자기의 더 큰 대들보 같은 결점을 보지 못하는 잘못을 저질러서는 안 되는 것이다. 인생은 두 개의 짐을 짊어지고 살아간다고 한다. 앞에 짐만 보고, 뒤에 짐을 보지 못하는 것이 인간인지도 모른다. 남의 결점, 단점만 보아서는 안 된다. 따라서 결코 남을 비난해서는 안 된다.

여섯, '가정의 평화가 만사의 근원이다.' 가정경영이 매우 중요하다. 가정이 평화스러워야 매사가 잘 풀린다. 가정을 파괴하는 요인은 자기본위, 자기위주, 상대방에 대해 배려 안하고, 사랑의 결여에서 나온다. 사랑이란 상대방에 대한 관심, 배려, 이해, 희생, 기쁨을 함께 하는 것이다. 가정에서의 행복이란 함께 하는 사람과 즐거운 시간을 갖는 것을 말한다.

일곱, '신뢰함이 없이 신뢰받기를 기대하지 말라.' 신뢰는 사람관계의 알파요 오메가다. 신뢰는 사람관계의 형성, 유지의 가장 기본이 되는 조건이다. 신뢰받는 사람이 되기 위해 자기관리를 철저히 하여야 한다. 이순신 장군이 임진왜란 시 연전연승을 할 수 있었던 것은 장군과 부하, 백성 간에 무한한 신뢰가 있었기 때문이었다. 신뢰는 위대한 힘을 발휘한다.

여덟, '크고자 하거든 먼저 남을 섬기라.' 성경 말씀에 '너희 중에 누구든지 크게 되고 싶은 사람은 남을 섬기는 사람이 되어야 하고, 으뜸이 되고 싶은 사람은 모든 사람의 종이 되어야 한다.'는 말을 가슴 깊이 새겨 두어야 한다.

아홉, '사람들은 자기에게 관심을 가져주는 사람에게 더 많은 관심을 갖는다.' 관심이 행복의 출발점이다. 관심을 표현해야 한다. 표현되지 않은 관심은 죽은 관심이다. 상대방에게 지대한 관심을 가져주면 메아리처럼 상대방도 관심을 보내 온다.

열, '허물을 덮어주고 칭찬해주면 상대방은 스스로 움직인다.' 칭찬은 사랑이고 동기유발 요인이다. 비판하기보다 칭찬하는 것이 10배의 효과가 있다고 한다. 정명훈이가 콘닥터가 된 비결은 '어머니의 칭찬 덕분'이었다고 한다. 칭찬은 운명을 바꾼다. 사람을 움직이게 하는 비결은 많지만 모든 사람에게 칭찬만큼 위력을 가진 것은 없다. 칭찬과 격려를 아끼지 말아야 한다.

실천하면 도움되는 인생수칙

앞에서 지혜로운 생활과 인생의 황금률에 대해서 살펴보았다. 저자가 살아오면서 최소한 이것만은 꾸준히 지키고 실천한다면 최소한의 평범한 인생을 살게 되는데 도움이 될 것이라고 생각하는 내용을 모아 정리했다.

인생수칙 10가지
1. 좋은 사람, 좋은 책을 만나라.
2. 약속은 반드시 지켜서 신뢰를 만들어라.
3. 공감적 경청을 하라.
4. 너의 입 밖으로 나오는 말을 조심하라.
5. 밝고 부드러운 표정, 환한 미소, 자신감 있는 태도를 가져라.
6. 항상 겸손하고 매사에 감사하라. 그리고 항상 공부하라.
7. 자기 분수를 알고 가진 것에 만족하는 삶이 행복하다.
8. 상대방의 허물을 덮어주고, 원하는 것을 찾아 해결해주라.
9. 참는 자에 복이 온다.
10. 웃음과 유머감각을 가져라.

하나, '좋은 사람, 좋은 책을 만나라.' 그러면 인생이 달라질 것이다. 사람의 운명은 만남에 의해 결정 된다. 훌륭한 배우자, 좋은 스승, 좋은 친구 등을 얻는 것이 큰 재산을 얻는 것보다 훨씬 값지다. 평생의 문제이기 때문이다. 좋은 책을 찾아 만나면 부족한 부분을 채워 줄 것이다.

둘, '약속은 반드시 지켜서 신뢰를 만들어라.' 약속한 일은 반드시 지켜야 한다. 신용을 저버리는 것은 결국 스스로 무덤을 파는 것이다.

셋, '공감적 경청을 하라.' 대부분은 사람들은 자신의 이야기를 끝까지 들어주는 사람을 좋아하지 결코 자기 이야기만 늘어놓는 사람을 좋아하지 않는다. 경청 80%, 말하기 20% 룰을 지키면 좋으며, 이 때 말하기는 질문 위주로 간단명료할 때 더 효과적이다.

넷, '너의 입 밖으로 나오는 말을 조심하라.' 말이 관계를 좋게 하기도 관계를 나쁘게 만들기도 한다. 말이 고우면 관계는 좋아진다. 말이야 말로 무엇보다도 중요하다. 조선의 왕, 연산군이 직소(直訴)를 막기 위해 신언패(愼言牌)를 신하들 목에 걸고 다니게 했다. 즉 "입과 혀는 재앙과 근심이 드나드는 문이며 몸을 망치는 도끼와 같은 것이다. 입을 다물고 혀를 깊이 간직하면 몸이 어느 곳에 있든지 편안하리라."고 했다. '입은 화를 부르는 문이요, 혀는 목을 찍는 도끼와 같다.'란 말을 명심해야 한다.

다섯, '밝고 부드러운 표정, 환한 미소, 자신감 있는 태도를 가져라.' 항상 부드럽고 부드러운 표정과 환한 미소와 자신감은 사람들에게 호감을 주고 나를 좋아하게 만들며 좋은 이미지를 심어준다.

여섯, '항상 겸손하고 매사에 감사하라. 그리고 꾸준히 공부하라.' 겸손하면 당신의 요구가 이루어진다. 숨 쉬고 있음에 감사하고, 걸어 다닐 수 있음에 감사하라. 감사하면 행복해진다. 공부에 끝이 없다. 지속적으로 마음의 양식을 채우라.

일곱, '자기 분수를 알고 가진 것에 만족하는 삶이 행복하다.' 분수를 모르는 과욕은 반드시 화(禍)를 부른다. 자기 능력과 분수를 알고 가진 것에 만족하면 행복해진다.

여덟, '상대방의 허물을 덮어주고, 원하는 것을 찾아 해결해주라.' 허물을 덮어주고 상대방이 원하는 것을 찾아서 해결해준다면, 확실한 우군이 될 것이고, 그는 스스로 움직일 것이다.

아홉, '참는 자에 복(福)이 온다.' 다정하던 우정의 관계가, 천생연분으로 만난 부부가 그 순간을 참지 못해 평생 후회를 하며 사는 사람들을 주변에서 흔하게 볼 수 있다. 참고 살았을 때 복은 반드시 온다. 참을 수 있는데 까지 참아라.

  열, '웃음과 유머 감각을 가져라.' 웃는 사람이 웃지 않는 사람보다 더 오래 산다고 한다. 우리는 행복하기 때문에 웃는 것이 아니라 웃기 때문에 행복한 것이다.

  인생을 살아가면서 앞서 말한 인생수칙 열 가지를 행동으로 실천한다면 모두가 지혜로운 삶에 한 발자국 다가설 수 있다고 본다. 위의 인생수칙을 자기만의 룰로 만들고 실천해보기를 기대해 본다.

5장

위대한 전쟁영웅들은 어떻게 위기에서 나라를 구했나

1절. 손자와 클라우제비츠 병법과 전쟁승리의 조건
2절. 위대한 명장들의 전장리더십
    1. 이순신장군의 탁월한 리더십과 뛰어난 용병술
    2. 춘천전투, 김종오 6사단장의 유비무환 리더십
    3. 워커장군과 백선엽장군의 리더십
    4. 지평리전투와 몽클라르 리더십
    5. 베트남전의 영웅, 채명신장군 리더십

1절 손자와 클라우제비츠 병법과 전쟁승리의 조건

왜 리더들은 손무(孫武)의 『손자병법』과 클라우제비츠(Carl von Clausewitz)의 『전쟁론』을 읽는 것일까? 그것은 그들의 지혜(智慧)를 배우기 위해서다. 오늘날 군대, 정치, 경영, 스포츠 등 많은 분야에서 『손자병법』과 『전쟁론』이 널리 응용되고 있다. 승리하는 전략과 전술은 병법(兵法)에서 나온다. 그래서 병법에 대한 연구와 활용이 필요한 것이다.

손자는 싸우지 않고 승리하는 "부전승(不戰勝)" 사상을, 클라우제비츠는 전쟁승리를 위해 "섬멸전(殲滅戰·적 전투력 격멸)"을 강조했다.

1. 손자병법

생애, 사상, 철학

2,500여 년 전 춘추시대(B.C 770-404)의 사람으로 손무(孫武)가 저술한 손자병법은 총 13편 6,190자(字)로 되어있다. 이름은 손무이며, 자(子)는 경칭이다. 손자병법은 동양 최고의 병법서이자 군사고전이다.

손자병법을 아는 사람과 모르는 사람은 인생이 다르다. 우리는 어떻게 살아야 하고 어떻게 승리를 만들어 가야 하는가. 인생사의 모든 영역에서 손자병법은 많은 영감과 지혜를 알려준다.

고대 중국의 병법가인 손무는 제(齊) 나라 사람으로 일찍이 '병법 13편'을 오(吳)왕 합려(闔閭)에게 보이고 그의 장군이 되어 대군을 이끌고 초(楚) 나라를 무찔렀다.

손자병법의 철학은 보민(保民)과 보국(保國)에 두었다. 백성, 병사가 살아남게 하는 보민과 내 나라를 어떻게 지켜야하는 생존을 고민해야 한다고 말했다. 손자는 전략의 이상을 '스스로 보존하고 전승을 얻는 것(自保而 全勝)' 이라고 했다. 완전한 승리는 어떻게 얻어질 수 있는가? 그것은 가능하면 전쟁을 치루지 않고도 적을 굴복시킴으로써 국가의 안전을 도모하는 것이다(不戰勝). 그러기에 손자는 "백번 싸워 승리하는 것은 최상이 아니다. 싸우지 않고 적을 굴복시키는 것이 최상이다.(百戰百勝 非善之善者也, 不戰而屈人之兵 善之善者也)" 라고 말했다.

손자병법의 전략은 가장 효과적인 장소에, 가장 예상치 못한 시간에, 가장 상상도 못할 속도(스피드)로 가장 적절한 답을 찾아내는 것을 전략이라고 했다. 손자병법은 크게 네 분야로 나눌 수 있다. 먼저 전쟁 시작 전에 해야 할 일은 1편 시계(始計), 2편 작전(作戰), 3편 모공(謀攻)에서, 다음은 각종 상황에서 지휘관이 알아야 할 사항은 4편 군형(軍形), 5편 병세(兵勢), 6편 허실(虛實), 7편 군쟁(軍爭), 8편 구변(九變)에서 다루었고, 세 번째는 작전지역에서 전술적 상황조치 요령은 9편 행군(行軍), 10편 지형(地形), 11편 구지(九地), 12편 화공(火

攻)에서, 마지막으로 첩보와 정보의 중요성을 13편 용간(用間)에서 다루었다.

손자병법의 용병술

손자는 전쟁에서 승리는 결코 요행에 의해 달성될 수 있는 것이 아니라고 보았다. 손자는 싸우지 않고 적을 굴복시키는 용병(不戰而 屈人之兵)을 최상의 용병으로 보았다. 그러므로 용병은 적의 침공 의도를 사전에 무력화 시켜버리는 '벌모(伐謀)'가 최상이며, 적의 동맹외교를 와해시키는 '벌교(伐交)'가 그 다음이며, 그 다음이 적의 군대를 격파하는 '벌병(伐兵)'이고, 피해가 심각하고 성과가 신통치 않는 제일 낮은 수준이 '공성(攻城)'이라고 하였다. 손자 용병이론의 핵심은 적의 허(虛)를 골라서 기습하는 것이다. 적의 허를 알기 위해서는 적에 관한 정보를 획득해야 한다. 이 때문에 그는 '용간(用間)', 즉 간첩의 사용을 중시하고 적측의 지리를 잘 아는 향로의 사용을 중시하였다. 또 적이 예기치 않는 곳으로의 공격을 중시하였다. '적이 의도하지 않는 곳으로 나아가고, 적이 대비하지 않는 약점을 공격하라(攻其無備 出其不意)'고 했다. 이것이 손자 용병이론의 핵심이다.

저자가 항상 좋아하고 가슴깊이 새겼던 손자병법의 명구(名句)들은 다음과 같다. '상하 같은 마음을 가지면 이긴다(上下同欲者勝)', '전쟁이란 속이는 일이다(兵者詭道也)', '부하 보기를 사랑하는 자식같이 하라(視卒如愛子)', '적을 알고 나를 알면 백번 싸워도 위태롭지 않다(知彼知己 百戰不殆)', '실을 피하고 허를 공격하라(避實擊虛)' 등 이었다.

손자의 용병술에서 반드시 알아야 할 내용은 다음과 같다.

하나, 손자가 말하는 '승리하는 조직의 5가지 조건'은 ①상대를 정확히 파악하는 장수의 조직이 승리한다.(知可以戰與 不可以戰者勝), ②임무특성에 부대 규모를 맞출 줄 아는 장수의 조직이 승리한다.(識衆寡之用者勝), ③상하 한마음 한뜻의 조직이 승리한다(上下同欲者勝), ④준비된 조직이 준비되지 못한 적과 싸우면 승리한다.(以虞待不虞者勝), ⑤능력있는 장군과 간섭하지 않는 군주의 조직이 승리한다.(將能而 君子御者勝)로 전쟁에 임하는 장군이 5가지 조건을 갖추었다면 승리할 수 있다고 하였다.

둘, 상산(常山)의 솔연(率然)같은 조직을 만들어라. 상산이란 산에 솔연이란 뱀이 살았는데, 솔연이란 뱀은 불사의 뱀이었다. 그 머리를 때리면 꼬리가 달려들고, 꼬리를 때리면 머리가 달려든다. 몸통을 때리면 머리와 꼬리가 함께 달려든다. 군대를 잘 운용하는 장수는 부대를 솔연처럼 만든다.

셋, 정보 없는 전쟁은 이길 수 없다. 무엇보다도 최우선적으로 적에 대해 아는 일이다. 13편 용간(用間)에서 '간첩은 통치자의 보배'라 하였다. 정보획득이 승리 전제조건이다. 정확한 정보만이 전승을 보장한다. 첩보수집과 모략이 중요하다.

넷, 전쟁에서 한번 이룬 승리는 영원히 반복되지 않는다.(戰勝不復) 손자는 세상에 영원한 승리란 없다고 하였다. 지금의 승리에 도취되거나 영원히 지속되리라고 착각하지 말라고 강조하였다. '승리한 자여, 승리를 잊어버려라.' 그래야 다음 전투가 객관적으로 눈에 보인다.

다섯, 유비무환(有備無患)의 중요성을 강조하였다. '적이 오지 않으리라는 것을 믿지 말고, 언제와도 좋은 대비태세를 갖추고, 적이 공격하지 않으리라는 것을 믿지 말고, 적이 공격 못할 방비태세를 믿으라.(無恃其不來 恃吾有以待也 無恃其不攻 恃吾有所 不可攻也)'라고 하였다.

여섯, '물의 조직을 닮은 조직이 가장 위대한 조직'이라고 하면서 물에서 유연함, 겸손함, 적응력, 변화하는 모습을 보았다.(能因敵變化 而 取勝者謂之神) 상대방의 다양한 변화 모습을 파악, 승리방법을 찾아내는 조직이 귀신같은 조직이다.

일곱, 전쟁의 주도권을 잡아라. 전쟁터는 불확실한 상황의 연속이 계속되는 곳이다. 다 이겼다 싶어도 역전이 되고, 또 다시 뒤짚이는 등 승리와 패배로 이어지는 곳이다. 이런 전쟁터에서 승리하려면 가장 중요한 요소는 상대방의 전의를 꺾는 것이다. 사기와 전투의지를 꺾는 것이 가장 중요하다.

여덟, 손자(孫子)는 수시로 변하는 전쟁 상황 속에서 장수의 천재성을 강조했다. 그래서 장수가 지녀야 할 5대 덕목(德目)으로 '지(智)-장군이 갖고 있는 지식과 재능, 신(信)-믿음과 신뢰를, 인(仁)-사랑과 따뜻함, 용(勇)-용기, 엄(嚴)-엄격함'을 갖추어야 한다고 말했다.

손자병법의 영향

승리하는 사람들의 인생 바이블이 손자병법이다. 동서고금을 통해 가장 많이 사랑 받고 있다. 빌 게이츠가 중국 진출의 전략서로 삼은 책이 손자병법이다. 모택동과 나폴레옹 그리고 이순신 장군 등이 손자병법 애독자였다.

손자병법의 영향은 지대했다. 동양에서 손자의 병법은 중국의 전국시대(B.C. 5-3세기)부터 유명해졌고, 수많은 정치가와 군인의 필독서가 되었다. 또한 손자의 전략 이론들이 서구의 전통적 군사이론의 모태였다.

고구려에서는 서기 1세기부터 손자병법을 인용해 전략 논의를 했다는 것을 삼국사기의 기록을 통해 알 수 있다. 백제의 몰락 이후 일본으로 망명한 백제 병학가들이 일본에 손자병법을 전해 주었다. 이후 막부시대에는 손자의 병법은 비전(秘傳)되면서 활용되다가 도쿠가와 막부시대부터는 공개적으로 가르치게 되었다. 손자병법은 일본 병학에서 추앙받았다.

손자병법을 잘 활용했던 사례에 대해 살펴본다.

먼저, 이순신 장군이다. 이순신 장군은 손자병법에 정통했다. 난중일기에도 두 번이나 언급되었다. 스스로 보존하고 승리를 얻는 '자보전승(自保全勝)'에 역점을 두었고, 적의 강점은 피하고 적의 약점을 공격했다(避實擊虛). 적에 끌려가지 않고 내가 끌고 가겠다고 생각했다. 이순신은 모든 면에서 열세였으나 적이 예상치 못한 시간에 출격(出其不意)하였고, 적이 전혀 준비하지 못한 장소로 출격(攻其不備)하여 승리할 수 있었다. 이순신 장군의 23전 23승의 비결은 항상 지나간 전투의 승리에 연연하지 않고 항상 새로운 상황에서 어떻게 살아남을 것인가 고민했고, 모든 전략을 쏟아 냈기에 가능했다(戰勝不復).

다음은 중국의 마오쩌둥이다. 그는 항상 머리맡에 손자병법을 놓고 보았으며 죽을 때도 머리맡에 놓고 죽었다고 한다. 손자병법을 통달 후 유격전술로 중국 대륙을 장악했다. 그는 손자병법 허실편을 잘 활용했다. 그는 공산주의 이념으로 무장하여 유격전을 전개했다. 특히 손자병법에서 배워 '16자(字)전법'인 '적이 공격하면 아군은 퇴각한다(敵進我退)', '적이 주둔하면 아군은 교란한다(敵駐我擾)', '적이 피로했을 때 아군은 공격한다(敵疲我打)', '적이 퇴각할 때 아군은 추격한다(敵退我進)'를 적용하여 중국 대륙을 유격전술로 석권했다.

세 번째는 일본의 손정의다. 손자병법으로부터 확실하게, 가장 크게 영향 받은 사람이다. 젊어서 건강이 안 좋아서 병원에 장기간 입원 중에 무려 4,000여권의 책을 읽었다. 그 중 두 권의 책에 꽂혔다고 한다. 그게 '손자병법'과 '료마가 간다'였다. 손자병법을 참고하여 손정의는 '제곱병법 25자(字) 전략'을 만들어, 소프트뱅크를 이끌었고 성공했다. 손정의야 말로 손자병법의 혜택을 가장 많이 본 사람이었다.

네 번째는 베트남 전쟁의 영웅 보응우엔잡 장군이다. 그는 프랑스와 미국을 상대로 기만전술과 기습으로 '공기무비(攻其無備)'하고 '출기불의(出其不意)'하는 손자의 용병술을 기초로 이길 수 있었다. 베트콩은 남의 눈에 띄지 않는 무형의 전력이었다. 월남군을 습격하기 위한 게릴라 양성, 베트콩의 기습침투에서 승리했다. 베트남전의 패인으로 미군은 베트콩의 유격전에 대한 이해와 대응 능력이 부족했다.

이 외에도 빌게이츠는 "손자병법이 나를 만들었다."고 했고, 페이스 북의 저커버그는 "결정적인 순간에 손자병법을 편다."라고 했을 정도로 손자병법의 영향력은 지대했다.

2. 클라우제비츠의 『전쟁론』

저자가 좋아했던 클라우제비츠가 말한 명구(名句)는 다음과 같다. '전쟁은 정치의 수단이다.' '전장(戰場)의 3/4이 안개라는 불확실성으로 뒤덮여있다.' '물질력(物質力)은 목제(木製)의 칼집과 같고, 정신력(精神力)은 새파란 칼날과 같다.' '피를 흘릴 각오 없이 승리를 얻고자 하는 자(者)는 피 흘릴 것을 불사하는 자(者)에 의해 반드시 정복당한다.' 등 이었다.

클라우제비츠의 생애, 사상, 철학

카를 폰 클라우제비츠(Carl von Clausewitz: 1780-1831)의 『전쟁론』은 『손자병법』과 더불어 불멸의 고전으로 여겨지고 있다. 전쟁론은 클라우제비츠의 전투경험을 철학적, 변증법적 사유(思惟)과정에서 서술된 것이다. 독일어 원전은 3부 8편 125장으로 총 1,255쪽의 방대한 분량으로 구성되어 있다.

클라우제비츠는 1792년 12세에 군문에 입대했다. 1818년 소장으로 진급했고, 베를린에 있는 사관학교의 교장으로 부임했다. 그때부터 전쟁론의 저술에 착수했으며, 그후 12년 동안 이를 위해 시간을 보냈다. 1831년 당시 유행하던 콜레라에 걸려 51세에 사망했다. 사망 1년 후인 1832년 그의 부인에 의해 『전쟁론』이 출간되었다. 그는 39년을 군인으로 살았으며, 프로시아 출신 장군으로 나폴레옹 전쟁기간 동안 여러 전역에서 활약한 군인이었다.

전쟁론은 전쟁 철학적 방법론으로서, 전쟁과 정치와의 관계를 정립시킨 것이다. 그는 "전쟁은 적을 굴복시켜 자기의 의지를 실현시키기 위해 사용하는 폭력행위"라고 규정하고 있다. 그는 부전승(不戰勝)을 반대하고, 먼저 적의 전투력 파괴, 적 영토의 점령 그리고 적의 의지를 굴복시켜 강화(講和)를 맺고서 전쟁의 정치적 목적을 달성한다는 이론이었다.

클라우제비츠는 나폴레옹의 섬멸전 전쟁수행 방식을 전쟁의 본질로 보았다. 그는 『전쟁론』의 특징은 '철학 책이요, 논리학 책이며, 정치학 책이고 군사학 책이다.'라고 말할 수 있다.

『전쟁론』의 핵심주제

클라우제비츠의 『전쟁론』은 제1편 (전쟁의 본질), 제2편 (전쟁이론), 제3편 (전략일반), 제4편 (전투), 제5편 (전투력), 제6편 (방어), 제7편 (공격), 제8편 (전쟁계획)으로 구성되어 있다.

『전쟁론』의 핵심주제는 전쟁에 대한 정의, 전쟁과 정치의 관계, 삼위일체, 전쟁천재, 방어와 공격의 상호관계, 국민전쟁으로 일컫는 총력전, 게릴라전과 중심(重心)의 개념 등이다. 핵심주제에 대해 알아본다.

하나, 전쟁의 정의와 전쟁의 본질에 대해 설명했다. 클라우제비츠가 유일하게 완성하였다고 한 부분은 제1편 1장 전쟁이란 무엇인가 이다. 여기에는 전쟁의 정의, 목적과 수단, 우연성, 전쟁과 정치의 관계, 전쟁 삼중성(三重性) 등을 말한다. "전쟁은 나의 의지를 실현하기 위해 적에게 굴욕을 강요하는 폭력행위다."라고 정의하였으며, 전쟁목적은 적에게 나의 의지를 강요하는 것, 수단은 물리적 폭력, 목표는 적이 저항할 수 없게 만드는 것이다. 전쟁의 속성에 대해 "전쟁은 정말 카멜레온(chameleon)같다. 왜냐하면 전쟁은 각각의 구체적인 경우마다 자신의 특성을 조금씩 바꾸기 때문이다."라고 하였다.

둘, 전쟁과 정치의 관계는 전쟁론의 중심 주제에 속한다. 전쟁과 정치의 관계는 "전쟁은 다른 수단들에 의한 정치의 연속"이라고 널리 알려진 명제다. 클라우제비츠는 "전쟁의 가치는 정치에 의해 결정되며, 정치는 전쟁을 합리적으로 사용해야 한다."고 주장했다. "전쟁과 정치는 상호 작용하므로 전쟁은 정치에 영향을 미칠 수 있고, 정치의 본래 목적을 변화시킬 수 있다고 밝혔다." 정치 우위의 원리와 정치에 의해 지배되는 현실을 지속적으로 강조하였다.

셋, 삼위일체다. 즉, '국민, 군대, 정부가 하나가 되어야 전쟁에서 승리를 달성할 수 있다.'고 하였다. 전쟁을 구성하는 3대 요소는 폭력, 우연성의 작용, 합리성(이성)이라 복잡하고 미묘한 전쟁의 본질을 이해하고 설명하기 위한 틀로서 활용되고 있다.

전쟁구성 내적 요소가 정치적 행위를 통해 민족, 군대, 정부라는 외적 요소는 연계됨을 나타내고 있다. 현대에는 민족은 국민과 여론, 최고사령관과 군대는 군사작전, 정부는 전쟁지도로 각각 정치와 군사와의 관계분석 도구로 활용되고 있다.

넷, 전쟁천재의 중요성을 강조했다. 클라우제비츠는 '전쟁 천재의 본질은 많은 힘들을 조화롭게 연합하는 것이다. 그리고 전쟁은 불확실한 안개 속에 둘러싸인 위험한 세계이므로 냉철한 이성과 용기가 필요하다. 이성은 정신을 이끄는 내면적 불빛으로 통찰력, 용기는 내면적 빛을 따르는 결단력이다. 또한 전쟁은 육체적 긴장과 고통에 따르는 영역이므로 강한 체력과 정신력이 필요하다.'고 했다. 이러한 요소를 갖춘 전쟁천재가 전쟁의 위험과 고통, 불확실성과 우연을 극복할 수 있는 것이다. 오늘날 전쟁천재는 대통령 또는 군사지휘관과 제대별 리더 등 범위가 넓혀져 이해되고 있다.

다섯, 전략과 전술의 의미를 정리했다. 클라우제비츠는 "전술이란 전투에서 전투력의 운용에 관한 지도(가르침)이며, 전략이란 전쟁목적을 위해 전투의 운용에 관한 지도(가르침)이다." 명제는 오늘날에도 그대로 적용될 수 있는 정의이며, 다만 전략, 작전술, 전술로 세분화되어 있는 것이 다를 뿐이다. 이것은 어디로 가느냐가 전략적이라면, 어떻게 가느냐는 전술이란 뜻이다. '전략의 궁극적 목적은 직접적으로 평화를 이끌어내는 것이며, 수단은 전술적 승리이다. 곧 전략은 전술 승리를 수단으로 삼아 평화라는 목적을 실현하는 것으로 전략이 전술보다 광범위한 개념이다.'

여섯, 국민전쟁, 게릴라전과 중심이론은 무엇인가. 클라우제비츠는 오늘날 국민전쟁은 게릴라전 또는 유격전을 수단으로 하는 총력적 저항전쟁이라고 보편적으로 인식되고 있다. 클라우제비츠는 이 국민전쟁을 '전쟁이라는 전체 발효과정의 확장과 증대'로 파악하면서 "국민전쟁은 정규군과 연계하여 통합된 계획에 따라 수행되어야 효과적이다. 국민전쟁은 지속적이고 분산된 저항의 형태로 진행되며, 적군이 어떤 강도로 점령하고 있는가에 따라 저항활동은 증가했다."고 역설하였다. 제6편 방어의 제26장 인민의 무장에서 게릴라전에 대한 이론적 토대를 마련하였다. 인민전쟁은 안개나 구름과 같아야 하며 어느 곳에서도 저항하는 몸과 같은 구체적인 형체를 지녀서는 안 된다. 이 안개는 어느 지점에서는 빽빽이 모여 한번 강력한 번 갯불이 번쩍일수록 위협적인 구름을 이루는 것이 필요하다. 그의 이론은 나중에 로렌스나 마오쩌둥 및 호치민 등에 의해 게릴라전 이론으로 접목했다.

중심(重心, center of gravity)은 제4편 전투와 제6편 방어에서 언급 후 제8편 전쟁계획에서 마무리하고 있다. 상대를 쓰러뜨리려면 적(敵) 중심을 집중 공략하는 것이다. '모든 전투력 발휘에서 공격은 적 중심점에 집중돼야 한다.'고 언급하였다. 적을 쓰러뜨리려고 언제나 적의 나라 전체를 점령할 필요는 없다. 전쟁을 하는 양쪽 나라의 지배적인 정치 상황을 주의 깊게 살펴보는 것이 중요하다.

클라우제비츠는 부분적 점령보다 늘 적의 병력의 핵심을 찾고 전체를 얻을 생각으로 전체에 중점을 두면 적을 실제로 쓰러뜨리게 될 것이라고 하였다. 그 사례로 1812년 러시아를 침공한 나폴레옹이 러시아 전력의 중심을 수도인 모스크바로 설정하는 잘못을 저질렀다는 것이다. 나폴레옹은 모스크바를 점령하면 승리를 선언할 수 있다고 믿었다. 그런데 클라우제비츠는 광활한 영토를 지닌 러시아의 중심은 특정적 영토인 모스크바가 아니라, 바로 러시아 군대였다. 그의 이론과 사례로 볼 때 적과 나의 중심을 정확히 파악한 다음, 군사작전은 적의 중심에 집중하는 것이 효과적이라고 요약할 수 있다. 중심 격파를 적용해 최단 기간 내 적을 무력화한 전례로는 1991년 걸프전 시 '사막의 폭풍작전(Operation Desert Storm)'과 2003년 이라크전 시 '충격과 공포작전(Operation Shock and Awe)'이다.

일곱, 정치, 심리적 요소들의 의미에 대해 강조했다. 클라우제비츠에 의하면 군의 무덕(武德), 대담성, 끈기와 같은 정신적 요소들은 전쟁의 가장 중요한 요소에 속한다. 군의 무덕은 단순한 용감성과는 다르며 전쟁자체에 대한 열정과는 더 더욱 다르다. 군의 무덕은 전쟁의 정신과 본질이 전투력에 스며들어 있음을 의미하며, "전쟁에 완전히 몰입하는 것, 순수 인간으로부터 군인에게 부여된 역할로 전환하는 것이다." 클라우제비츠는 대담성을 전쟁에서 가장 고귀한 무덕, 독특한 효과적 원리, 진정한 창조적 힘으로 평가하였다. 클라우제비츠는 정신적 요소들을 19세기 초(初) 전쟁이론의 주제로 만듦으로써 전통적 사고체계를 극복하고 현실적 전쟁의 중요한 요소들 중에 한 가지로서 설명한 것이다.

여덟, 전쟁원칙, 예비대원칙 등을 강조했다. 전쟁원칙이란 전쟁수행을 지배하는 기본적 원리로서, 군사작전을 성공적으로 수행하는데 대단히 중요한 요소이다. 군사작전 성공을 위해 중요한 전쟁원칙으로 공세, 기동, 지휘통일, 집중과 전략 등을 들었다.

예비대의 운용원칙에 대해서 클라우제비츠는 제3편 '전략에 관하여'에서 "예비대를 운용하는 목적은 싸움의 연장과 재개, 예측하지 못한 상황에 대처하는 것이다. 주력결전에는 모든 전투력이 투입되어야 하므로, 주력결전 이후에 예비대를 투입 운용하는 것은 무의미하다. 남아있는 새로운 예비대의 상호비율이 승패 결정을 좌우하는 주요 요인이다." 예비대의 운용 목적을 "예비대는 지휘관의 중요한 수단이며 때때로 최후 수단이다. 예비대는 전투의 경과에 영향을 미치며, 승패 결정에 기여한다. 예비대의 규모, 구성, 장소, 운용 시기 및 방법 등은 신중하게 계획되어야 한다."로 재해석 될 수 있다.

『전쟁론』의 영향을 받은 사례들

클라우제비츠의 『전쟁론』은 동서양의 많은 전략가들에게 영향을 미친 전략, 전술의 고전적 병서로 리더들이 읽어야 할 책이다.

현 독일 연방군의 의식, 전쟁술, 교리, 교범, 교육훈련제도 등에는 클라우제비츠의 전쟁론의 정신과 철학이 깊이 들어 있다.

세계적으로 유명한 게릴라 전략가와 이론가로 손꼽히는 아라비아의 로렌스(T.E Lawrence) 대령, 중국의 마오쩌둥(毛澤東), 체 게바라(Che Guevara) 등도 전쟁론의 '정치와 전쟁', '국민전쟁' 등을 학습하였다. 전쟁론의 영향을 받은 대표적인 사례를 든다면

먼저, 북한군의 배합전 전술 개념이다. 이는 클라우제비츠의 개념으로부터 발전된 것으로 추정되고 있다. 클라우제비츠는 『전쟁론』의 곳곳에서 배합, 중심(重心) 개념을 사용하고 있다. 배합이란 여러 요소를 일정한 비율로 알맞게 섞어 합치는 것이다. 배합의 경우로서 계획과 실시의 배합, 공격과 방어의 배합, 기동과 화력의 배합, 전략과 전술의 배합, 전투력, 시간, 공간의 배합 등으로 발전시킬 수 있다. 현재 북한군이 전통적으로 사용하는 배합전 개념은 클라우제비츠의 개념으로부터 발전된 것으로 추정 된다.

다음은 전쟁론의 핵심이론을 파리평화협상에 적용했다. 클라우제비츠는 "전쟁은 나의 의지를 실현하기 위해 적에게 굴복을 강요하는 목적행위이다."와 "전쟁은 다른 수단에 의한 정치의 연속에 지나지 않는다."는 이론은 베트남 전쟁 파리 평화협상과정에서 일관되게 나타났다. 전쟁론의 핵심인 정치와 전쟁, 삼위일체와 전쟁천재, 게릴라전과 중심이론은 미국보다 북베트남에 의해 대부분 적용되었고, 전

쟁에서 승리할 수 있었다. 전쟁론의 "폭력, 우연성의 작용, 합리성(이성)에 기초한 정부와 군사지휘관, 국민의 삼위일체"의 적용이다. 미국은 정부와 군사지휘관, 국민의 삼위일체 조성에 실패했다. 미국은 북베트남의 중심인 북베트남군을 섬멸하기보다 남베트남의 민족해방전선(베트콩)에 대한 공격과 방어전에 주안을 두었다. 반면 북베트남은 피아식별이 불가능한 게릴라전을 통해 정규전에 맞서는 미군에 대해 효과적으로 대응했다. 또한 평화협상이 교착될 때 공격의 중심을 남베트남 내의 미군이 아닌 미국 본토의 미국 국민들의 반전 여론을 조장함으로써 미군 철수를 유도했다. 공격의 중심을 남베트남 내 미군이 아닌 정치의 심장부인 워싱턴을 겨냥해 미국 정부와 전쟁지도자 및 국민의 반목과 갈등을 야기시켰다. 전쟁과 정치, 삼위일체, 전쟁천재, 게릴라전과 중심이론들이 북베트남의 승리요인에 접목됐음을 알 수 있다. 이와 같이 『전쟁론』의 가치는 베트남 전쟁을 통해 확인됐다.

3. 전쟁승리의 조건

맥아더는 "전쟁에는 승리의 대용물(代用物)이 없다(In war there is no subsitute for victory)"고 하였다. 전쟁의 승패는 나라가 크고 작음에 있지 않고, 그 국민의 전의(戰意) 여하에 달려 있다. 일찍이 중국의 사마의가 말하기를 전쟁에는 두 가지 방법이 있다. 하나는 군사책략을 써서 정정당당하게 전쟁터에서 대결을 펼치는 것이고, 다른 하나는 전쟁터에서 싸우는 것이 아니라 민심과 형세를 이용해 승부를 보는 것이라고 했다.

　최근에 러시아-우크라이나전의 특징은 전쟁 주체의 확장과 전장 영역이 확대되었고 수단도 다양화되었다. 전쟁양상은 전쟁의 종합판이다. 심리전, 사이버전, 게릴라전, 시가전, 특수전 등의 양상을 보이고 있다. 전장 영역은 기존의 지상, 해상, 공중에 더해 사이버와 우주라는 공간까지 확대됐고, 최근에는 사이버 공간에서 한발 더 나아가 메타버스라는 가상공간까지 등장했다. 전쟁 당사국들은 군사행동과 함께 SNS를 활용해 자국에 유리한 영상이나 기사를 유통하고 사이버전 부대를 통해 기간 통신망, 인터넷, 스마트폰 등을 해킹해 심리전과 정보전을 수행하고, 유언비어와 가짜 뉴스가 폭증하는 전시 상황을 만들고 있다. 따라서 올바른 정보를 확인하고 유용할 수 있는 수단을 확보해야 한다.

　전쟁에서 승리하기 위해서 핵심적인 요소는 싸워 이길 수 있는 융통성있는 작전계획, 전쟁지속능력을 보장하는 군수지원이 중요하고, 국민적 지지와 정치적 지원요건 등이 필수적이다.

　전쟁에서 승리하기 위해서는 변하지 않는 손자의 용병술과 클라우제비츠의 전쟁술 그리고 전쟁양상의 변화와 경험 요소 등을 고려하여 전쟁 승리의 10대 조건을 다음과 같이 정리한다.

　(조건1) 전쟁양상 변화에 따른 대비책을 갖출 때 전승이 가능하다. 장차전에 대비하여 무엇을 어떻게 할 것인가? 변화하는 전쟁 양상, 과학기술 발달, 작전수행방법 및 절차에 대한 대안을 모색하고 대책 강구가 요건이다. 하이브리드 전쟁, 정치심리전, 우주전, 사이버전,

전자전, 기만전, 드론전, 경제안보전쟁, 게릴라전(유격전), 작전보안 등에 대한 확고한 대책이 강구되어야 한다.

(조건 2) 국민, 군대, 정부가 하나로 삼위일체가 되었을 때 승리가 가능하다. 정치심리전을 통한 확고한 국민의식과 잘 훈련되고 준비된 군대와 정부의 충분한 지원이 있을 때 승리는 가능하다.

(조건 3) 적을 기만, 기습하는 군대가 승리한다.(兵者 詭道也) 전쟁은 속임수다, 아군의 의도를 노출하지 않고, 적을 속일 수 있어야 한다.

(조건 4) 정보력이 강한 조직이 승리한다. 정보력의 우위를 확보할 때만이 전쟁에서 승리를 보장한다. 정확한 정보만이 전승을 보장한다. 정보가 힘이다. 따라서 정보수집에 전력을 기울여 피·아의 강약점을 파악, 활용해야 한다. 기상, 지형, 적정에 대한 정보수집과 간첩작전이 매우 중요하다. 부대 상황을 적에게 탐지 당한 군대는 반(半)은 패한 것과 같다. 따라서 적의 정보는 찾아내되, 아군의 정보는 보안 유지를 잘해야 한다.

(조건 5) 상하의 욕망이 같으면 승리한다(上下同欲者勝). 위아래가 하나로 단결된 군대가 승리한다. 최상의 조직인 상산(常山)의 솔연(率然)과 같은 조직을 만들고, 싸우지 않을 수 없도록 만들어야 한다.(吳越同舟)

(조건 6) 적의 강점은 피하고 약점을 공격하면 승리할 수 있다(避實擊虛). 싸울 수 있는 경우와 싸우면 안 되는 경우를 아는 자가 승리하고, 적의 강점은 피하고 허점을 공격하면 승리할 수 있다.

(조건 7) 장수가 유능하고 통치자가 간섭하지 않으면 승리한다. '장수(將帥)는 국가의 간성(干城)으로 그의 능력이 충분하면 나라가

반드시 강하고 능력이 없으면 반드시 망한다(손자).' 군사전문가들은 "우수한 부대 열등한 부대는 없다. 오로지 우수한 지휘관, 열등한 지휘관이 있을 뿐이다."라고 말했다.

(조건 8) 높은 사기와 엄정한 군기 그리고 단결된 군대가 승리한다. 엄격한 신상필벌이 군을 강하게 만든다. 제갈공명의 읍참마속의 사례나, 이순신장군의 군령을 어기거나 부정해위가 발견 시 즉각 엄벌에 처해 군 기강이 확고해서 승리할 수 있었다.

(조건 9) 준비되고 잘 훈련된 군대가 승리한다(有備無患). 잘 훈련되고 적절히 지휘된 인간이 유일한 절대적 무기이다. 철저한 교육훈련만이 승리를 보장한다. 교육의 중점은 창조력과 아이디어에 있다. 유비무환의 조직이 승리한다. 항시 전투준비태세를 갖추어야 한다. 손자병법에서 말하는 용병의 원칙은 '적이 오지 않으리라는 것을 믿지 말고, 언제와도 좋은 대비태세를 갖추고, 적이 공격하지 않으리라는 것을 믿지 말고 적이 공격 못할 방비태세를 믿어라(用兵之法 無恃其不來 恃吾有以待也, 無恃其不攻 恃吾有所 不可攻也)'라고 하였다.

(조건 10) 한번 승리한 것은 잊고 새롭게 전투준비를 할 때 승리가 능하다. 전쟁에서 한 번 이룬 승리는 영원히 반복되지 않는다(戰勝不復). 이순신 장군의 23전 23승의 비결은 바로 전승불복이었다.

2절   위대한 명장들의 전장리더십

1. 이순신 장군의 탁월한 리더쉽과 뛰어난 용병술

   광화문 한 복판에 버티고 서 계신 육중한 몸매, 근엄한 표정, 쭉 찢어진 눈매, 과묵한 입의 모습을 하신 충무공 이순신장군의 동상(銅像)은 조국의 심장을 지키는 호국신(護國神)이다.
   그는 무인(武人)이면서도 이상적인 군자(君子)의 모습을 보여주었다. 임진란이 끝 난지 400여년이 지난 지금에도 이순신 장군에 대해 열광하고 있다. 그것은 그가 보여준 리더십의 진수(眞髓)와 리더의 표상(表象)을 보면서 우리 국민 모두는 이순신같은 위대한 리더를 갈망하고 있기 때문일 것이다. 그는 죽어서도 불멸(不滅)의 신화와 함께 영원히 우리 곁에 살아 계신다.
   만일 그가 없었다면 임진왜란의 결과는 어떻게 종결되었을까. 또한 조선의 운명과 한반도의 역사는 어떻게 되었을지 의문이 간다.
   이순신에 대해서는 연구자도 많고 자료도 방대하다. 그럼에도 불구하고 이 글을 쓰게 된 배경은 이순신장군의 전승무패(全勝無敗)의 비결의 실체를 알고 싶었고, 탁월한 리더십과 뛰어난 용병술을 찾아내 장차 한반도에서 벌어질지도 모를 전쟁에 대비하고 싸워 이길 수 있도록 많은 국민들, 특히 젊은이들에게 알려줌으로써 '나라를 지키고 국민의 안전을 보장'하는데 도움이 되기를 바라는 마음에서 정리하였다.

이 글에 포함된 내용은 이순신장군의 생애와 국내외의 평가, 명량대첩 그리고 탁월한 리더십과 뛰어난 용병술을 살펴본다.

이순신 장군의 생애(生涯)와 국내외의 평가

생애와 업적

이순신 장군은 1545년 3월8일(양력 4월28일) 아버지 덕수이씨(德水李氏) 이정(李貞)(1511-1583)과 어머니 초계변씨(草溪卞氏)(1515-1597) 사이에서 4형제 중 셋째 아들로 서울 건천동(乾川洞)(오늘의 중구 인현동 1가)에서 태어났다.

22세 때 이순신은 당시 보성(寶城)지역의 군수(郡守)였던 방진(方震)의 딸과 결혼하여 슬하에 회, 열, 면의 세 아들과 한명의 딸을 두었다.

무관 출신이었던 장인(丈人)의 도움으로 병학과 무예를 배우면서 무과시험을 준비하여 28세 때 무과에 응시하였으나 사고로 낙방하였고, 32세 때 무과시험에 합격하였다.

이순신이 32세에 무과(武科)에 급제하여 삼도수군통제사에 이르는 기록은 『충무공전서』, 『선조실록』, 『난중일기』, 『징비록』 등의 역사적 기록에서 상세히 밝히고 있다.

47세에 전라좌수사로 발탁되었다. 그는 발포만호로서 1년 반, 전라좌수사로 1년 2개월을 합치면 임진왜란이 일어나기 전(前) 불과 3년 미만의 해군 복무경험으로 해전에 대한 경험과 지식이 미흡했음에도 불굴의 의지와 노력으로 수많은 해전을 승리로 이끌었다. 1598년 11월 19일(양력 12월 16일) 노량해전에서 54세의 나이로 장렬하게 전사하였다.

그는 유교적 학문에 대한 조예가 깊었고, 참다운 무인(武人)으로서의 역할을 다하기 위해 각종 병법, 특히 손자병법에 통달하였다. 그의 성품은 강직하고 공명정대하였다. 그러므로 항상 부정(不正)하고 불합리(不合理)한 내용에 대하여는 결코 양보나 굴복하는 일이 없었다. 자신의 출세나 명예를 위하기보다 양심(良心)에 기준한 행동을 중요시하였다.

온 몸을 던져 나라를 구했던 이순신은 그의 군(軍) 생활을 통해서 한 번의 투옥, 세 번의 파직, 두 번의 백의종군, 두 번의 죽을 고비를 넘긴 부상을 당했다. 그러면서도 그는 단 한 번도 그를 질시했던 임금이나 그를 몰아쳤던 조정 대신들을 원망하지 않았다. 그리고 나라가 썩었다고 탓하지 않았다. 그 자신이 그 썩은 나라의 백성이었기 때문이었다. 대신에 그 스스로 몸을 던져 절망과 어둠 가운데 한 줄기 빛이 되었고 그 스스로 몸을 녹여 썩은 땅에 소금이 되었다. 그래서 그는 영원토록 우리 민족의 영웅으로 남아있다.

이순신장군의 해전 결과는 임진란 7년 동안에 총 13회 출동해서 크고 작은 전투 43번을 하는 동안 일본전선 731척을 완파했고, 23척을 나포했으며, 명량대첩시 8천여명을 포함한 일본수군 수만 명을 사살

하는 전과를 냈다. 이순신의 전적은 43전 38승 5무라고 할 수 있다.[40]

이순신은 기록정신이 뛰어나서 임진란 7년 동안 쓰여진 위대한 유산 『난중일기』를 남겼다. 난중일기는 임진년 1월 1일부터 그가 순국하기 이틀 전인 1598년 11월 17일까지 1,593일간의 일기로 『난중일기』원본은 현충사에 보관되어 있고, 1962년 12월 20일에 국보 제76호로 지정되었으며, 2013년 6월에는 유네스코 세계기록 유산으로 등재 되었다. 『난중일기』에는 전쟁에 관련된 많은 기록뿐 아니라 전란 전반에 걸친 사회, 경제, 정치, 군사에 이르기까지 다양한 내용이 담겨져 있다.

헛소문으로 시작된 선조와 이순신간의 갈등

조선 14대 국왕 선조와 군인 이순신간의 오해로 인한 갈등의 시작은 헛소문, 뜬소문에서 비롯되었다.

선조는 정읍 현감이었던 이순신을 신하들의 반대에도 불구하고 7계급 특진시켜 전라좌수사로 임명하는 혜안이 있었다.

그런데 선조와 이순신간의 갈등에 대해서 난중일기 초고 1593년 5월 5일자에서 "선전관 이숭일 말이 명(明)에서 나에게 '은청금자 광록대부(銀靑金紫 光祿大夫)' 작위를 내려준다는 소문이 있더라고 말하였다. 필시 헛소문일 것이다."라고 기록하고 있다.

이순신이 연전연승을 거두니까 명나라로부터 벼슬을 주기로 했다는 헛소문이 돌았고, 이 소문이 선조에게도 들어갔다. 증폭되는 가짜

---

[40] 노병천, 『세종처럼 이순신처럼』(밥북, 2022), 248쪽

뉴스, 그 소문 자체가 엉터리 가짜뉴스였다. 중국 어느 사서에도 이순신이 명나라 황제로부터 정1품 벼슬을 받았다는 기록은 없다. 이는 명백한 100% 뜬소문으로 사실이 아니다. 그런데 문제는 현대 정치에서도 마찬가지지만 사실 여부가 문제가 아니라 이 소문을 선조가 알고 있었고, 그렇게 믿었다는데 문제가 있었다. 선조는 질투심과 이기심이 많았던 사람이기에 더욱 그랬다.

이런 헛소문이 도는 가운데 선조가 의주로 피난 가는 도중에 평남 안주에서 원병을 온 명나라 장수 유원해를 만났는데, 그가 말하기를 "귀국은 고구려 때부터 강대국이었는데 선비와 서민이 농사와 독서에만 치중한 나머지 전란을 초래했다"고 하자, 선조는 "오직 대인의 가르침에 따를 뿐이다."라고 답변했다. 조선과 조선 국왕을 비웃는 명나라 장수의 조롱을 받았다. 이에 따라 선조는 이순신에 대해 명나라 벼슬을 받았다는 뜬소문과 명나라 장수의 망신에 극도로 분노하였다. 그러나 이순신은 소문과 무관하게 일본 수군과 최선을 다해 열심히 싸웠다.

이런 정황을 고려하여 이순신 장군에 대한 선조의 심경 변화를 살펴본다. 먼저, 선조는 "이순신은 가또 기요마사(加藤淸正)의 목을 베어 오더라도 용서할 수가 없다."(1597년 1월 27일 선조실록)고 하였고, 조선 수군이 칠천량에서 일본 수군에 의해 전멸되고, 원균도 죽은 후 20일이 지난 1597년 8월 3일 진주에서 삼도수군통제사로 복직 명령을 받는 기복수직교서(起復授職敎書)에서 선조는 "패전의 굴욕을 맞이하였으니 무슨 할 말이 있겠나, 무슨 할 말이 있겠나."라고 사죄했다. 그러다 기적적인 명량대첩을 치루고 한 달 후 선조가 명나라 장수인 양호를 접견한 자리에서 "통제사 이순신이 사소한 왜적을 잡은 것은 직분에 마땅한 일이며 큰 공이 있는 것이 아니다."라고 이순신의 공(功)을 폄훼했다.

이처럼 선조와 이순신의 악연으로 '보면 반드시 죽여야 한다.', '할 말이 없다'고 사죄하였던 점, '사소한 왜적을 물리친 것은 당연한 일'이었다고 말한 것처럼 두 사람간의 인연은 참으로 어려웠다. 이순신 장군의 마음 고통이 얼마나 컸을까 짐작이 가는 부분이다.

이순신 장군에 대한 국내외 평가

이순신에 대한 평가는 국내외에서 다양하다. 당시 백성들의 이순신에 대한 평가는 임진왜란이란 국난 극복의 원동력이었던 이순신 장군을 임금보다도 더 우러러 보았다. 이순신 장군이 있는 곳은 늘 안전하고 둔전을 통해 백성의 배고픔을 잊게 하였고, 장군과 함께하면 생존이 보장되어 백성들이 진영으로 모여 들었다는 기록도 있다. 그의 우국충정, 애국 애민정신과 희생정신은 임진왜란 이후 현세에 이르기까지 성웅(聖雄)이라고 부르며 존경하고 흠모하고 있다. 또한 유성룡은 징비록에서 "우리 국가가 보존 된 것은 오로지 남해 해전의 승리 때문이었다."고 밝히고 있다. 그는 의롭고 용맹스러웠으며 또한 지혜로운 학문을 겸비한 명장(名將)이었다.

얼마 전 국내에서 '순천향대 이순신 연구소'에서 남녀 성인 1,000명을 대상으로 조사한 결과(2005년4월 29일), 대한민국을 대표하는 위인으로 1위 이순신 (43.8%), 2위 세종대왕(37%), 3위 박정희(5.7%) 등이었고, 이순신 장군을 존경한다는 91.0%로 이순신 장군은 매우 존경받고 있는 것으로 평가됐다. 최근 이순신 장군 전도사로 활동하고 있는 김종대 전 헌법재판소 재판관은 "이순신장군은 공직자의 사표이자 뛰어난 지략가이지만 무엇 보다 정돈된 인격을 가진 '완벽한 인간'이라고 평가했다."

일본 사람들의 평가는 '증오와 분노의 대상이자 배움의 대상'으로 보았다. 일찍이 러일전쟁의 영웅 도고 헤이하치로(東鄕平八郞) 제독은 "나를 영국의 넬슨과는 비교할 수 있으나 이순신과 비교하는 것은 있을 수 없다."고 하며 "이순신은 나의 스승이다"라고 했다. 또한 한산도 대첩에서 이순신에게 대패한 와끼자까가 본 이순신은 "내가 제일로 두려워하는 사람, 가장 미운 사람, 가장 좋아하는 사람, 가장 흠숭(欽崇)하는 사람, 가장 죽이고 싶은 사람, 가장 차를 함께하고 싶은 사람이 바로 이순신이다."라고 했다. 그는 한산 대첩이후 충격에 6일간 굶었고, 지금도 와끼자까의 후손들이 매년 이순신 장군의 탄생을 기념하고 있다고 한다.

또한 명나라 진린 도독의 이순신에 대한 평가는 "전란이 끝나면 명나라로 데려와 오랑캐를 제압할 수 있는 인물"이라고 했다.

국가지도자는 군사(軍事)에 무지했고, 군인(軍人)을 경멸했던 조선왕조 시대에 누란(累卵)의 위기에서 나라를 구한 성웅 이순신은 군인으로서 성공한 사람이라고 하기에는 너무나 고뇌와 고충이 많은 삶을 살았다.

명량대첩(鳴梁大捷)

이순신의 해전 중에서 가장 유리한 상황에서 승리한 해전이 한산대첩이라면, 가장 불리한 상황에서 승리한 해전이 명량대첩이다.

임진란은 1594년부터 1597년 1월까지는 소강상태를 이루었으나, 1597년 일본의 재침략으로 인해 당시 조선 상황은 매우 급박했다. 원균의 칠천량해전 참패로 왜군이 급속히 서진(西進)하는 상황이었다. 기간 중 주목할 사항은 일본군 측에서 그들의 침공 작전이 부진한 근본 원인을 이순신 장군 때문이라 판단하고 그를 제거하고자 음모를 꾸미게 된다.

반간계로 삼도수군통제사 파직과 재임명 그리고 수군 철폐

일본은 정유년(1597년) 1월에 가토 기요마사(加藤清正)를 선봉 1군에 고니시 유기나가(小西行長)를 제 2군에 세워 조선을 침략한 이른바 정유재란을 일으켰다. 이때 도요토미 히데요시는 고니시 유키나가에게 이순신을 제거하라는 명령을 내렸다. 고니시는 간첩 요시라(要時羅)를 시켜서 조선의 임금이 직접 이순신에게 부산으로 출동하라는 명령이 떨어지게 만들었다. 이순신을 제거하려는 고도의 계략이었다.

요시라의 반간계인 "적장 가토 기요마사가 오는 날을 알려 줄테니 매복했다가 잡으라"는 내용이 전해졌고, 선조는 그것이 큰 구원책이 될 것으로 여기고 크게 반겼다. 그러나 통제사 이순신이 그 계획에 따르지 않자, 선조는 그를 향한 증오와 저주의 마음을 누를 수가 없었다. 임금으로 하여금 다시 몽진(蒙塵)을 계획하게 하는 불충한 자(者)라고 생각했다.

이순신은 적(敵)의 속임수를 간파했다. 이때 그는 즉각 출동하지 않고 신중하게 상황판단을 했다. 『징비록』을 보면 이 부분에 대해 "이순신은 왜적들의 간사한 속임수가 있다는 것을 의심해서 출동하지 않았고, 여러 날 동안 머뭇거렸다."라고 기록되어 있다.

일본의 반간계에 속아 넘어간 조정은 이순신을 삼도수군통제사에서 해임하고, 그 자리에 원균을 임명하였다. 원균은 칠천량해전에서 대패했고, 조선 수군은 궤멸됐다. 위기의식을 느낀 조정은 이순신을 삼도수군통제사에 재임명했다. 남은 전력은 전선 12척과 패잔병 120여명뿐이었다.

원균의 조선 수군이 망한 후, 조정이 찾은 유일한 방책이 조정에서 내려 보낸 '삼도수군통제사'로 재임명한다는 교지였다. 그 교지 내용에 "지난 날 그대를 백의 종군케 해서 오늘 이런 패전의 욕됨을 입었으니 무슨 할 말이 있으리오… 그대는 부디 충의를 굳건히 하여 다시 나라를 구해주기 바란다(尙何言哉 尙何言哉)"는 조선 조정의 사과문이었다.

교서를 받은 이순신은 바로 길을 떠난다. 지금의 보성군청(보성관아) 창고에서 버리고 간 무기와 식량을 수습하였다. 8월 9일 조선 수군의 기반이라고 할 수 있는 말(馬) 4마리 분량의 무기와 전선 12척과 불과 120여명의 군사가 전부였다. 미약하나마 해전준비를 하던 중 추석날 저녁에 뜻밖에 어명을 받는다. "군사를 합쳐 육전에 참가하라(合兵於陸戰)"였다. 명량대첩 직전에 선조는 12척으로는 어림없으니 수군을 폐지하라는 명령인 '수군 철폐령'을 내렸다. 명량대첩 약 한달 전인 1597년 8월 15일의 일이었다.

이순신은 청천 벽력같은 명령을 받은 이날 이순신은 보름달이 밝게 비치는 누대(樓臺)위에서 술에 크게 취했다. 맨 정신으로는 도저히 버텨내기 힘들었기 때문이다.

정신을 차린 이순신은 목숨을 건 장계를 올린다. "지금 신(臣)에게는 아직도 열두척이 있사오니(尚有十二), 나아가 죽기로 싸운다면 능히 막아 낼 수 있사옵니다… 설령 전선의 수(數)가 적다고하나 미미한 신이 죽지 않는 한(微臣不死) 왜적이 감이 우리를 얕보지는 못할 것입니다."라고 장계를 올려 선조를 설득해서 수군(水軍)을 지켰다.

전투준비

이순신은 적은 전력으로 일본의 대(大) 수군과 어떻게 싸워 이길 것인가를 고민했다. 무엇보다 땅에 떨어진 장졸의 사기와 자신감 고취가 시급했다.

12척의 배를 보면서 상,하 좌,우, 부하 등 모든 사람이 싸우면 질 수밖에 없다고 하였다. 이순신은 12척의 판옥선을 이끌고, 진도의 울돌목에서 잘하면 막을 수 있다고 판단하고 상황을 벼랑 끝으로 몰고 가는 결사(決死)태세를 갖추었다. 이를 위해 이순신이 판단한 적의 기도는 첫째, 칠천량 해전 이후 남아있는 10여척의 조선 함대를 조기 격멸하는 것이며, 둘째는 도요토미의 전략계획인 수륙병진책을 감행하여 약 2만 명의 왜군을 서울로 상륙시켜 조·명 연합군의 배후를 차단하여 격멸하는 데 있다고 판단했다.

이순신은 정보활동을 중시했다. 전투에 이기기 위해서 생생한 현장정보의 수집과 활용하는 정보수집체계를 효과적으로 구축했다. 적에 관한 정보도 다양하게 수집하였다. 정보원과 정탐선을 파견하여 적들의 규모와 이동상황을 파악하였다. 명량해전에서 전선은 불과 12척인데 반해 초탐선은 32척이나 되었다.

당시 이순신은 '갈두', '어란포', '하마도', '벽파진' 및 진도 남단 일대에 이르는 광범위한 해역에 고정 관측소 또는 정찰선을 운용하고, 수집된 첩보는 즉각 지상 통신 수단인 봉화(烽火) 또는 해상 통신 수단인 연락선(連絡船)을 운용하였다.

명량대첩 당시에 이순신은 제승전략(制勝戰略) 차원에서 여섯 가지 이길 수 있는 조건을 만들어 나갔다.[41]

하나, 남해안 전체에서 적은 수로 많은 적을 상대할 수 있는 곳은

---

41) 노병천, 『세종처럼 이순신처럼』, (밥북, 2022). 249-253쪽

견내량 해협과 명량 해협 딱 두 군데뿐이다. 그런데 견내량 해협은 일본군이 장악했다. 따라서 다른 해협은 다 포기하고 과감하게 명량을 택하여 적을 유인하여 싸울 장소를 선정하고 유리한 지위를 갖는 것이었다. 이순신은 불과 12척의 미미한 전력으로 적을 유인격멸하기에 가장 적합한 '결정적인 장소'를 고려한 결과 밀물과 썰물로 인한 물살이 세고 조류가 역류 현상을 일으키며, 봉쇄 가능한 애로해역(隘路海域)으로서 '명량'을 선택한 것이다.

둘, 회령포에서 우수영으로 5회에 걸쳐 이동하는 과정에서 네 차례에 걸쳐 일본 전선이 이순신의 전선을 공격했을 때 이순신은 오히려 좋은 기회로 삼아 오합지졸이었던 조선 수군에게 이순신만 믿고 싸우면 어떤 불리한 상황에서도 반드시 이길 수 있다는 자신감과 깊은 신뢰를 강하게 불어 넣었다. 칠천량 해전에서의 악몽과 패배의식이 만연되어 있었던 조선 수군은 이순신이 솔선수범하며 앞장서서 일본 전선을 격파해 나가는 모습을 목격하면서 자신감이 회복되었다. 이순신의 부하들은 작은 승리를 반복하여 경험함으로써 자신감을 고취시킨 것이다.

셋, 9월 15일을 기해 전선을 벽파진에서 과감하게 우수영으로 옮김으로써 명량 해협의 사지(死地)를 일본 전선의 등 뒤에 두게 했다. 사지와도 같은 명량 해협을 등 뒤에 두지 않고 이를 앞에 두도록 이순신이 조치했다.

넷, 대규모 일본 전선을 좁은 명량의 수로(水路)를 통과하도록 함으로써 한꺼번에 덤비지 못하고 축차적으로 들어오게 만들었다.

다섯, 우수영으로 진을 옮긴 그날에 짧고도 강력한 연설을 통해 전의(戰意)를 북돋웠으니, 이것이 전투에 있어서 가장 강력한 정신전력을 극대화하는 조치였다. 칠천량해전에서 대패한 조선 수군 군사들의 사기 저하도 심각한 문제였다. 막강한 일본 수군과의 결전을 앞두고 군사들은 물론 장수들도 패배의식에 젖어 있었고 두려움에 떨고 있었다. 실제로 전쟁 직전에 경상우수사 배설같이 도망간 장수도 있었다.

명량대첩 전날, 이순신은 전장에 나가는 부하들에게 희망과 용기를 불어넣고, 두려움을 극복하고 전투의지를 고양시키기 위하여 연설을 하였는데 "반드시 죽고자 하면 살고, 살고자 하면 죽는다(必死則生 必生則死)"라고 하였고 또한 "한 사람이 길목을 잘 지키면 천 명의 적도 두렵게 할 수 있다(一夫當逕 足懼千夫)"라고 결전을 앞두고 전 장병과 함께 사즉생(死則生)의 각오를 다짐했었다. 이렇게 위기 앞에서 이순신은 부하를 잘 설득하였으며, 마음을 하나로 묶었고, 그리고 반드시 살 수 있다는 희망과 비전을 가슴 깊이 넣어 주었다. 아울러 전장을 피해 군영(軍營)을 이탈하는 장졸들에 대해서는 단칼에 목을 베어 군율의 지엄함을 보였다.

여섯, 실패는 했지만, 적보다 먼저 울돌목의 좁은 목에 나가 일자진(一字陣)으로 틀어막으려 했으나, 기습을 받아 시행하지 못했다. 이때 일자진의 주 목적은 물리적으로 적의 전선을 모두 파괴하는 것이 아니라, 적의 심리를 노려서 진출하려는 의지를 꺾는 것이 그 목적이었다. 즉 물리적 파괴가 목적이 아니라 심리적 파괴가 목적이었다.

그날 밤에 이순신은 고민했다. 이 전쟁에서 지면 조선은 끝이다. 놀라운 일이 생긴다. 꿈에 앞일을 예시해준다. 이날 밤 꿈에 신인(神

人)이 나타나서 "이렇게 하면 크게 이긴다(如此大捷). 이렇게 하면 패첩(如此敗捷)"이라고 알려줬다. 난중일기에 기록되어 있으나 구체적 내용은 밝히지 않았다.

전투경과 및 결과

1597년 9월 16일(양력 10월 26일) 일본 수군이 기습적으로 울돌목에 먼저 들어왔다. 이 기습에 당황한 이순신은 부하들이 나가지 않자, 이순신이 단선으로 선두에 나아갔다. 이순신이 홀로 거의 한 시간을 독전했다.

천자, 지자총포로 적선(敵船)에 포를 퍼부었다. 그러나 이순신 배가 몇 겹으로 포위되고 여러 장수들이 전투에 참가하지 않고 먼 바다에 물러가 있는데, 이순신은 특단의 조치로 군령을 내리는 '초요기(招搖旗 ; 대장이 장수를 부르는 지휘용 신호기)를 세웠더니, 중군장 김응함의 배와 거제 현령 안위의 배가 가까이 왔다.

나는 배위에서 친히 안위를 불러 "안위야! 네가 군법에 죽고 싶으냐? 도망가면 어디서 살 것 같으냐?" 하니 안위는 황급히 전선 속으로 돌입했다. 또 김응함을 불러 "너는 중군으로서 멀리 피하고 대장을 구하지 않았으니 그 죄를 어찌 면할 수 있느냐? 당장 처형할 것이나 적의 형세가 급함으로 우선 공(功)을 세우게 한다."고 했다. 이 두 배가 적진을 향해 앞서 나가자 적장이 탄 배가 그 휘하의 배 2척을 지휘하여 안위의 배에 마치 개미떼처럼 붙어서 서로 먼저 올라가려고 했다. 이에 안위와 그 배에 타고 있던 사람들은 각각 죽을 힘을 다해서 싸웠다.

나는 뱃머리를 돌려 바로 적에게 들어가서 비가 퍼붓듯이 마구 화살을 쏘니 세 배의 적들이 거의 모두 쓰러진다. 이때 녹도 만호 송여종과 평산포대장 정응 등의 배가 합류해서 쏘아 죽이니 적이 한 놈도 움직이지 못했다.

 항복한 일본인 준사(俊沙)는 안골의 적진에서 투항해온 자(者)인데, 내 배에 있다가 적의 배를 굽어보더니, "저기 그림 무늬 놓은 붉은 비단옷을 입은 자가 바로 안골의 적장 구르시마(馬多時)다."라고 외쳤다. 선봉장 구르시마가 떠내려가는 것을 발견하고 건져내 목을 쳐서 효시하니 적들의 사기가 크게 꺾였다. 우리 모든 배들은 일시에 북을 올리고 소리를 지르면서 쫓아 들어가 지자, 현자 대포를 쏘아 적선 31척을 격파했고, 일본 수군은 배를 돌리기 시작했다. 그때(12시 21분)에 조류가 바뀌어 일본 수군을 지원하는 2진, 3진과 철수하는 1진이 울돌목에서 조류에 의해 서로 부딪치는 자중지란이 일어났다.

 적장이 죽은 후 이순신에 의해 직접 격파된 배가 31척, 자중지란에 의해 깨진 배가 일본 기록으로 90여척, 도합 121척이 깨졌다. 이것은 우연의 연속이었다. 그래서 전쟁은 끝났다. 당시에 양안에 걸친 철쇄(鐵鎖)도 없었고 거북선도 없었다. 그러나 이순신은 승리했다. 이순신은 9월 16일자 난중일기에 "이것은 실로 천행이다(此實天幸)" 이라고 기록했다. 하늘도 이순신을 도왔던 것이다.

 전투결과는 조선 수군은 단 한 척의 배도 잃지 않고 전사 30명, 부상 70명 정도의 경미한 피해를 입었던데 반해 일본 수군은 지휘관 구르시마를 포함해 121척의 함선이 피해를 입고, 최소 1,800여명의 전사자가 발생하는 대참패를 당했다.

명량대첩의 승인

명량대첩의 승인은 하나, 무기체계의 우수성이다. 이는 막강한 화력과 뛰어난 전투력을 갖춘 판옥선, 우수한 함포 등이다. 둘, 지형과 조류의 이점 활용에 있었다. 이순신 장군의 또 다른 무기인 울돌목 그리고 이순신장군의 유인작전에 말려들었다. 명량이라는 해협의 조건, 이러한 지형과 조류를 이용할 줄 알았던 이순신의 전략과 전술이 있었기에 가능했다. 셋, 국가의 운명이 걸린 전투로 비전의 명료화와 승리의 가시화에 있었다. 전투의 최대 목적은 '왜군의 서해 진출 차단', 패할 경우 '조선 수군은 전면 폐지'된다는 생각을 조직 구성원이 모두 공유했다. 넷, 전투 현장의 백성들로부터 얻은 자발적인 성원과 지지였다. 다섯, 일본 수군에 대한 공포와 두려움을 제거하고 용기를 부여하기 위한 '사즉생(死則生)'의 탁월한 리더십과 '한 사람이 길목을 지키면 천명을 막을 수 있다'는 정신적인 각오였다. 여섯, 최적의 장소에서 최적의 시간을 잘 활용하였고, 솔선수범과 장수, 군사, 지휘관의 삼위일체가 된 전투였다. 조직이 풀가동 되었던 것이다. 일곱, 일본 수군들이 겁먹은 군신(軍神) 이순신 장군의 존재 자체가 승인이었다.

이순신 장군의 탁월한 리더십과 뛰어난 용병술

이순신 장군은 탁월한 리더십과 뛰어난 용병술을 발휘해서 연전연승으로 나라를 위기에서 구했다. 그는 결코 신(神)이 아니다. 그가 수십 회의 해전에서 승리하고 백성들로부터 존경을 받는 것은 그의 탁월한 리더십 때문이었다. 지금도 이순신 장군을 전 국민이 추앙하는 것은 그가 리더십의 영원한 표상이기 때문이다. 그는 항상 유비무환의 자세를 가졌고, 보민(保民), 보국(保國)이 최우선이었으며, 항상 자보전승(自保全勝)의 생각으로 사명감을 갖고 임무를 성공적으로 완수했다.

그는 끊임없이 병서를 연구하고 학습하여 지적 역량을 쌓았다. 그는 무인(武人)으로서의 삶을 살면서 유교경전과 각종병서를 가까이 했고, 특히 손자병법에 통달하여 용병술의 지혜를 찾아내었고, 실전에서는 『손자병법』을 그대로 적용하거나 응용하는 전략을 실행했다. 그의 끊임없는 연구와 학습이 그의 리더십과 용병술을 만들었고, 그를 위대한 명장으로 만들었다.

이순신 장군의 리더십과 용병술의 실체는 무엇일까. 지금부터 그의 탁월한 리더십과 뛰어난 용병술에 대해 살펴본다.

탁월한 리더십

하나, 따뜻한 인간미로 민심, 군심을 하나로 모아 전승(戰勝)을 견인했다. 생사(生死)가 걸려있는 전투행위에는 전체가 하나 되어 공동의 목표를 달성해가는 '한 마음'이 결정적 요인이 된다. 이순신은 민심, 군심, 천심을 얻어 신뢰를 바탕으로 장졸과 백성을 하나로 이끌었다. 싸움의 목적인 '나라를 구하고 백성을 구한다.'는 목표의식이 뚜렷했고, 일본의 침략으로부터 국가를 지켜야겠다는 사명이 뚜렷했다. 이러한 생각이 백성과 부하들을 하나로 묶을 수 있었다. '왜 싸우는가?'가 분명해야 하나가 될 수 있고 이길 수 있다.

또한 이순신은 '전쟁은 국민이 한다'는 사실과 국민들의 지지와 성원의 중요성을 깊이 깨달고 인식했다. 그는 주민과의 연대를 형성했고 감성경영을 통해서 그들의 적극적인 동참을 유도하였다. 이순신의 리더십 원천은 부하와 백성들에 대한 따뜻한 인간미에 있었다. 부하들과 동고동락하면서 마음을 열고 함께 일하며, 어려운 사람을 도와주는 따뜻함과 보살핌에 감동받아 위급한 상황에서 군사모집, 무기제조 등은 전쟁 승리의 원동력이 되었다. 이순신의 인간미를 나타내는 예로 을미년 9월 14일 그와 절친했던 충청수사 선거이(宣居怡)와 작별할 때는 "북쪽에 있을 때도 같이 일하고, 남쪽에 와 죽고 삶을 같이 하더니 오늘 밤 이 달 아래 잔을 나누면, 내일은 우리 서로 나눠 졌구려"하며 우정을 나누는 너무나 인간적이었다. 이순신은 '일본군이 다가 온다'는 정보를 듣고 수군을 따라 이동 중이던 피난민들이 전투과정에서 피해를 입지 않도록 신속하게 조치했다. 그가 이처럼 백성의 안전을 우선시 한 것은 군인은 백성을 보호하기 위해 존재한다고 생각했기 때문이었다.
  이순신은 백성들과 재야 선비, 승려, 노비 등 이름 없는 민초들의 활약에 크게 힘을 입었다. 이들이야말로 나라가 위기에 처할 때 마다 몸을 사리지 않는 숨은 영웅이었다. 아울러 이들을 받아들인 이순신이야말로 진정한 명장이었다.
  전쟁을 준비하고 승리하기 위한 간절한 노력들에 하늘도 도왔으니, 명량대첩 하루전인 1597년 9월 15일 『난중일기』에는 "신령스러운 분이 나타나 이기는 법을 가르쳐 주었다"고 기록되어 있는 바, 이렇게 이순신 장군은 꿈속에서조차 오직 승리만 생각했다. 그리고 이기기 위해 준비하고 또 준비했었다. 명량대첩을 치루고 나서 일기에 하늘이 도와줬다는 "천행(天幸)"이라고 적었는데 이는 천심을 얻었음을 의미한다.

이러한 민심, 군심, 그리고 천심을 얻었기에 그의 주변에는 수많은 백성들이 몰려들었다. 함선을 만들고 수리하는 사람, 활을 만들고 화약을 만드는 사람, 적의 움직임을 알려오는 사람, 바닷길을 가르쳐주는 사람, 둔전을 일으키고 고기를 잡고 소금을 구워 군량을 마련하는 사람들로 언제나 에워싸여 있었다. 이러한 것들이 바로 전쟁에서 승리할 수 있도록 견인했다.

둘, 항상 유비무환(有備無患) 자세로 전쟁준비에 최선을 다했다

이순신장군이 일본의 침략에 대비해 전투준비가 완료 된지 하루 만에 임진왜란이 시작되었다. 이는 오로지 이순신장군의 철저한 유비무환 자세의 결과였다. 전쟁에서 준비 없는 승리란 있을 수 없는 것이다.

임진왜란이 발발하기 1년 2개월 전인 1591년 2월 13일 전라좌수사로 부임하였다. 당시 조선은 오랜 동안의 평화로 군기는 해이해졌으며, 적당주의가 판을 쳤다. 평화에 젖어 고된 훈련에 불평이 많았다. 거기에 전쟁은 없을 것이라고 낙관하고 있었다.

조정에서는 '일본이 쳐들어온다. 아니다'라고 논란을 벌일 때 이순신은 여수에 부임하자마자 좌수영의 본영과 자기 관할 아래 있는 5관 5포를 세심하게 순시하며 장병을 사열하고 군기를 점검하는 등 전투준비태세 확립에 온 힘을 다했다.

그는 '전쟁을 어떻게 준비할 것인가?(How to War?)'에 대해서 '어떻게 싸울 것인가?(How to Fight?)'와 '어떻게 지원을 할 것인

가?(How to Support?)'에 대해 동시에 고민하고 다음과 같이 준비하였다.

먼저, '어떻게 싸울 것인가'에 대해서는 병력을 충원하고, 판옥선과 거북선을 건조하는 한편 화포, 대포와 같은 총통류의 제작과 관리 그리고 각종 무기체계를 준비했다. 다음은 전쟁지속능력 보장을 위해, 조정의 지원이 없어도 군량확보를 위해서 둔전을 경영했으며, 어로 작업과 소금 생산으로 수 만석의 군량미를 확보하였고, 또한 해로 통행첩을 발행하여 군자금을 확보하여 장졸들의 의식주 문제와 전투지원능력을 해결하기 위해 자급자족 경제를 운영함으로써 전쟁지속능력을 보장토록 했다. 또한 수군이 해상에서 일주일 넘게 전투를 하기 위한 전투식량도 개발했다. 대표적인 전투식량은 '찐쌀, 호로박 물통, 간장에 절인 명주천'[42] 등이 었다.

셋, 부하와 백성들의 신뢰로 어려움과 위기를 극복했다.

신뢰보다 더 큰 성공의 밑천은 없다. 이순신에 대한 높은 신뢰의 원천은 이순신과 함께하면 전쟁에서 반드시 승리한다는 능력에 대한 믿음과 그의 정의로움과 공정함, 사심 없고, 따뜻한 인간애와 인격에 대한 신뢰가 결합되어 이뤄낸 결과였다.

이순신은 오랫동안 쌓은 신뢰라는 재화를 바탕으로 위급한 상황에서도 군사를 모으고 각종 무기를 만들어 전쟁을 승리로 이끌었다.

신뢰를 잃으면 한 국가도, 크고 작은 어느 조직도 일순간에 무너질 수 있다. 그는 공사(公私)를 엄격히 구분하여 투명성을 높이면서 정

---

42) 박영희, 『조선을 구한 이순신 전함 12척의 비밀』(명문당, 2018)

의로운 삶을 통해 신뢰라는 재산을 쌓았다.

넷, 원활한 소통으로 전쟁을 승리로 이끌었다.

경청을 통한 의견수렴과 의사결정으로 구성원들의 자발적인 동참을 이끌어냈다. 이순신은 여러 사람의 의견을 듣고 함께 의논하는 것을 매우 중시했다. 허심탄회한 대화는 상·하·좌·우의 벽을 무너뜨리는데 가장 좋은 방법이기도 하고, 최선의 결론을 도출해내는 좋은 수단이기 때문이다. 사람을 인정하고 칭찬하는 것 그리고 여러 사람의 지혜를 모으는 것, 이것이 이순신의 강점이요 소통리더십의 실체였다. 소통능력이 탁월했고, 공감능력이 뛰어났다. 전문가를 중시했고, 어부들과 부하들의 의견을 소중하게 생각했다.

이순신 장군이 적은 군대와 전선(戰船)을 갖고도 일본군에 승리할 수 있었던 것은 바로 소통 때문이었다. 높고 낮은 사람들의 이야기를 모두 잘 새겨듣고 그 이야기들 중에서 좋은 이야기를 받아서 전쟁을 위한 대비책과 전술로 사용했기 때문에 승리할 수 있었던 것이다.

유성룡의 『징비록』에 "순신이 한산도에 있을 때 운주당(運籌堂;현재 한산도에 있는 제승당(制勝堂))을 짓고, 밤낮을 그 안에 거처하면서 여러 장수들과 군사 일을 의논했는데 비록 졸병이라 할지라도 말하려고 하는 자가 있으면 와서 말하는 것을 허락하여 군정(軍情)을 통하게 했고, 또 전쟁하려고 할 때는 매번 부하 장수들을 다 불러 모아서 계책을 물어 작전계획을 정한 뒤에 싸움을 결정했기 때문에 패(敗)하는 일이 없었다."고 기록되어있다.

이는 어떤 의사결정을 할 때 관계관의 의견을 경청하고 의사결정에 동참시켜 공감대를 형성함으로써 이를 시행하는 부대에서 자발성이 창출되도록 동기부여 되어 적극적으로 부여된 임무를 성공적으로 달성할 수 있었다. 이처럼 말단 병사를 비롯한 누구와도 대화했고, 또 어떤 일을 결행할 때에는 반드시 사전에 충분히 여러 사람의 의견을 들으며 신중을 기했다. 그래서 싸움에 패하는 일이 없었다.

다섯, 철저한 훈련과 확고한 기강 확립이 승리를 보장했다.

이순신은 전쟁의 승패는 평소의 훈련 상태와 군 기강을 바로 세우는데 있다고 봤다.

그는 철저한 훈련을 통해 군사를 정예화 하기 위해 훈련장으로 여수에 있는 오동도를 선정하였고, 실전과 유사한 훈련을 위해 그는 바닷물을 사이에 두고 활 쏘는 곳과 과녁을 배치할 수 있는 곳을 활터로 개발하였으며, 모의 군사 훈련도 철저하게 하였다. 특히 한산대첩을 앞두고는 학익진법 활용을 위한 노 젓기, 함대형성훈련 그리고 방향 전환 훈련에 만전을 기했다. 그는 전투가 없는 날에는 배를 바다에 띄우고 훈련을 반복했다. 배를 부리는 방법을 훈련하고 또 훈련하였다. 또한 바다는 파도 소리로 인한 지휘통제의 어려움을 극복하기 위해 누구나 쉽게 알 수 있는 우리 고유의 색상인 오방색을 이용해 멀리서도 잘 볼 수 있는 큰 깃발을 5개 색깔로 만들어 전장지휘에 활용했다.

고된 훈련에 불평도 많았으나 이순신은 솔선수범하며 부하를 감복시키고 고된 훈련을 이끌어 내었다.

이순신은 상(賞)과 벌(罰)을 분명하게 했다. 잘하는 사람에게는 상을 주고, 못하는 사람에게는 그에 해당하는 벌을 주는데 철저했다. 이것은 신뢰와 관계되는 문제다. 상과 벌이 명확할 때 신뢰가 생긴다.

이순신은 벌보다는 상을 많이 줬다. 조정에 건의 하여 직위를 주거나 승진을 시키는 일은 18회나 했고, 부하들과 회식을 하거나 상품을 주거나 노획물을 나눠 주는 일은 123회를 했다. 사실 사람의 깊은 마음을 움직이는 것은 벌(罰)보다는 상(賞)이다. 상과 벌을 적절히 활용하면서 사람들의 마음을 하나로 묶었다. 신상필벌의 원칙을 가지고 엄격한 군법을 적용하였다. 군율을 어기는 자는 경중(輕重)에 따라 목을 치기도 하고 곤장을 치기도 하여 엄정한 군기를 확립하였다. 국법을 어긴 자는 끝까지 추적하여 목을 쳤다. 긴박한 전쟁 상황에서 군대가 흐트러지지 않기 위하여 국법을 어긴 자는 엄벌에 처했다.

『난중일기』를 보면 도망병을 방조한 죄, 뇌물을 받고 도망병을 봐준 간부는 그 자리에서 척결했다. 군량미 팔아먹은 아전을 발견 시에는 그 자리에서 처단함으로서 부정부패는 사라지고 엄정한 기강이 확립되었다. 그가 처벌한 사람들은 범죄자나 죄없는 백성을 죽이거나, 부녀자를 강간하거나, 도둑질 한 사람들과 매국노들이었다. 헛소문을 퍼트린 어부도 목을 베었다.

1592년에서 1598년까지 『난중일기』에 보면 120여회에 걸쳐 엄격한 군법을 시행한 기록이 나오는데 처형이 28회, 곤장이 44회, 각종 체벌이 36회, 구속이 15회가 나온다. 무기손질을 제대로 하지 않는 부하는 곤장 80대로 다스렸고, 적진에서 도망가려 할 때는 그대로 목을 베였다. 상과 벌을 엄격하게 하여 군영의 질서와 부하의 마음을 잡았다.

이순신의 승리는 실로 엄격한 신상필벌이 있었기에 가능했다.

여섯, 참모들의 팀웍이 우수했다.

훌륭한 인재들을 모았고 우수한 참모들과 그들의 팀웍이 뛰어났다. 이순신 장군의 인재 발탁 기준은 딱하나 그것은 '능력 최우선'이었다.

작은 성공은 혼자 열심히 하면 가능하지만 큰 성공은 혼자로는 쉽지 않다. 여러 사람의 힘을 합칠 때 비로소 큰 성공을 이룰 수 있다. 현명한 사람은 여러 사람의 지혜를 잘 활용하는 사람이다.

절체절명의 위기 속에서 나라를 구하고 영웅이 된 이순신 장군의 주변에는 유능한 참모들과 이순신의 사람들이 있었다. 특히 유능하고 팀웍 발휘가 잘 되었다. 그 중에서 참모 4인방에 대해 알아본다.

먼저, 녹도만호 정운(鄭運)이다. 그는 이순신의 심중을 가장 잘 헤아리는 장수였고, 이순신 또한 가장 신뢰하고 의지했던 최측근이었다. 정운은 이순신보다 두 살 위였고 무과급제 6년 선배였다.

다음은 정걸(丁傑)이다. 그는 전라좌수사 이순신이 47세일 때 정걸은 78세로 31세나 더 많았던 노련한 해군제독이었다. 이순신은 군 경험이 풍부한 정걸이 필요했고, 정걸은 이에 응했다. 이순신의 여러 가지 전략과 군대 운영에 대해 자주 상의하고 지혜를 얻었던 자문역 참모였다. 임진왜란 전(前)에 전라좌수사를 지냈던 그는 전함과 무기 운영에 탁월한 식견을 갖고 있어서 이순신에게 많은 도움을 줬다. 직접 전투에 참여했고, 한산대첩에서는 왜군의 총탄에 부상을 당하기도 했다. 정걸은 전쟁이 끝나기 1년 전 83세의 나이로 세상을 떠났다.

세 번째는 나대용(羅大用)이다. 그는 선박 전문가로 거북선을 만드는데 결정적인 공헌을 했다. 고향 나주에서 거북선을 연구한 나대용은 스스로 이순신을 찾아왔고, 이순신은 나대용을 군관으로 임명하고 선박 건조 책임자로 임명했다. 나대용은 자신을 인정해주는 이순신을 만나 '거북선'이라는 당대 최고의 전투선을 만들어 냈다. 거북선이 첫 출전하는 사천해전에서 부상을 입고 부상이 악화되어 전쟁이 끝난 뒤에 사망했다.

마지막으로 송희립(宋希立)이다. 전쟁이 나자 형제들과 함께 의병을 이끌고 이순신 진영에 합류했고 전란 내내 이순신과 함께했다. 이순신의 옆에는 항상 그림자처럼 따라 다녔다. '좌 정운, 우 희립'이었다. '나의 죽음을 알리지 말라'는 명령을 듣고 이순신의 갑옷으로 갈아입고 마지막까지 이순신을 가까이서 보필한 장수 송희립은 '이순신의 남자'였다. 이외에도 어영담은 남해안의 지형적인 특성과 물길에 대한 풍부한 지식을 갖고 이순신을 도왔고, 또한 화약 전문가인 이봉수 등이 도왔다.

이처럼 이순신 주변에는 당대 최고의 인재들이 모여들었다. 31세 이상의 아버지뻘 되는 대 선배를 자문역으로 삼아 지혜를 얻고, 대등한 능력을 가졌고 2년 연상으로 군 선배였던 정운의 용맹을 얻었으며, 뛰어난 공학자 나대용의 자발적인 참여와 맹장 송희립의 충성을 얻어냈었다.

그는 큰 성과나 업적은 결코 혼자 힘만으로는 이뤄낼 수 없다는 것을 보여주었다. 유능한 참모들과 함께 훌륭한 팀웍을 만들어냈고, 용인술이 뛰어난 탁월한 리더였다.

뛰어난 용병술

하나, 용병술의 핵심은 자보전승(自保全勝)이었다.
이순신은 병법에 대해 열심히 공부하였다. 『손자병법』에 통달하였고, 유성룡의 병법 요약집인 『전수기의 십조(戰守機宜十條; 적군방어 방책 10가지)』 등을 탐독하였고, 이순신은 용병술을 연구하여 실전에 적용하였다.

용병술의 핵심 사상이자 전략은 바로 손자병법 제4 군형편에 나오는 '자보전승(自保全勝)'이다. 그 의미는 '나를 보존하면서 온전한 승리를 거둔다.'는 의미다. 이를 실현하기 위해 '승리를 위해 은밀하게 그 유리한 조건을 사전에 만들어 놓는 제승전략(制勝戰略)'과 '이길 수 있는 싸움은 하고 지는 싸움은 피하는 불패전략(不敗戰略)'을 구사했다.

우선순위는 '내가 보존되는 것'이다. 내가 해(害)를 입으면서 목적을 달성한다면 이는 차원이 낮은 전략이라 할 수 있다. 특히 자원이 부족한 상황, 더 보충이 어려운 상황에서는 이러한 자보전승의 전략은 매우 중요하다. 이순신의 '불패전략'은 이 '자보전승'과 같은 맥락의 개념이다. 이순신은 어떤 해전에서도 우리 편이 깨지지 않고 온전한 승리를 달성하기 위해 노력했다. 철저히 백병전을 피하고 원거리 함포 사격전을 한 이유도 그렇다. 불패란 지지 않는 것을 말한다. 필승(必勝)이 아니라 반드시 이긴다고 하는 필승에 모든 것을 걸어 버리면 그것을 이루기 위해 아군의 피해는 크게 나기 마련이다. 반드시 이겨야 하기 때문에 무리한 전투가 되고, 승패 상관없이 아군은 피해가 날 수밖에 없다.

원균은 칠천량에서 '필승'만을 생각하고 무모하게 달려들었다. 그 결과 12척의 배만 남았다. 이순신 이었기에 그 전력을 보완하여 명량대첩에서 대승리란 기적을 이룬 것이다. 이순신은 무모하게 달려드는 '필승'을 지향하는 것이 아니었다. 현명하고 신중하게 전투를 해나가는 '불패'를 지향했다. 불패는 필승보다 고차원적인 전략이다.

이순신은 전쟁의 술(術)을 아는 사람이었다. 승기를 포착하고 적의 약점을 읽으면 끈질기게 기다리다 결정적 순간에 전광석화같이 행동하는 냉철한 전략가였다. 장병의 미세한 감정의 흐름을 감지하고 거기에 불을 붙여 전승을 가져오게 하는 전략가이자 리더십의 대가였다.

둘, 정보 우위 확보로 전장 주도권을 장악했다.

불패 신화의 요체는 바로 정보에 있었다. 정보의 중요성을 일찍이 간파한 이순신은 정보의 상대적인 우위 확보를 위해 다양한 첩보 수집수단을 활용하여 수집된 첩보를 분석하고 정보판단 결과를 토대로 작전계획을 수립하고 시행하여 전쟁을 승리로 안내할 수 있었다.

당시 최고의 정보수집 수단인 인간정보를 사방팔방으로 활발하게 운영하였다. 해상의 초탐선(哨探船) 운용과 육상의 정찰 부대 및 첩보원 등을 운영하였다. 이처럼 수 많은 척후선(斥候船)을 사방팔방으로 파견하여 적을 찾도록 하여 신속하고 정확한 정보 판단력으로 전장 주도권을 장악할 수 있었다.

다양한 첩보 수집수단으로 척후선, 첩자, 어부와 왜군의 포로가 되었던 장졸, 조선의 포로가 된 왜군과 심지어 목동 등을 통해서도 정보수집 활동을 강화하였다. 1593년의 장계에는 이순신 장군이 거느린 전투함은 42척, 정탐선은 52척이라는 기록이 있고, 명량대첩에서는 전선은 불과 12척인데 반해 초탐선은 32척이나 되었다.

이순신은 특출한 정보감각과 분석력을 지녔다. 정찰조의 첩보에 100% 신뢰는 할 수 없어도, 과거의 사례, 현재 적의 동태, 적의 기도 등을 종합 분석하여 판단하였다.

　난중일기에 기록된 정보전파 수단은 대부분 전령과 봉화였다. 난중일기에 기록은 없으나 최근 연구에 의하면 신호연(信號鳶)을 많이 사용하였다고 한다. 당시 문양 자체가 극비로 취급되어 남아있는 기록이 없으나 현재까지 31가지의 연이 재현되고 있다.

　셋, 먼저 이겨 놓고 싸운다(先勝而求戰).

　이순신 장군은 '승리하는 군대는 먼저 승리할 조건을 만들어 놓은 후에 싸운다는 선승이구전(先勝而求戰)'을 실천함으로써 해전에서 매번 승리했다.

　먼저 이겨 놓고 싸우기 위해 제승전략(制勝戰略)을 구사했다. 이 전략의 핵심은 직접적인 전투 이전에 이길 수 있는 태세와 조건을 만들어 놓고 이길 수밖에 없을 때 비로소 싸워 이긴다는 뜻이다. 승리할 수 있는 상황을 조성하기 위해 정보 수집 등에 많은 노력을 기울였고, 모든 전투력을 통합하고 병력과 화력을 집중 운용함으로써 전장에서 주도권을 장악하는데 중점을 두었다.

　명량 해전을 제외하면 모든 해전에서 절대 우세한 전력을 만든 후에 전투에서 승리했다. 탁월한 전략적 안목을 바탕으로 유리한 시간과 장소를 주도적으로 선택, 승리할 수 있는 상황을 미리 조성했다. 이순신은 불리한 여건과 열세한 전력으로 힘들게 싸우려 하지 않고 가능한 유리한 조건을 만들어 압도적인 전투력으로 쉽게 이기려 했다. 이순신은 가능한 많은 배를 모아 연합함대를 결성해서 일본 수군보다 우위를 달성해서 싸웠다.

　옥포 해전에서는 조선군 91척, 일본군은 30척이었고, 사천해전에서는 조선군 26척, 일본군 13척이었다. 한산도해전에서는 조선군 59척, 일본군 73척(대선은 36척)이었다.

이순신은 이길 수 있는 싸움은 했고, 질 싸움은 하지 않았다.

넷, 적의 강점은 피하고 약점을 공격했다(避實擊虛).

이순신 장군 용병술의 핵심 중 하나는 '적의 강점은 피하고 약점을 공격하는 것'이었다. 그는 전라좌수사로 부임 후 일본 수군의 강약점을 분석한 후 승리하기 위한 전략과 전술 그리고 무기개발에 주력하였다.

이순신은 "병법에 이르기를, '나를 알고 적을 알면 백번 싸워서 백번 이기고, 나를 알지 못하고 적을 알지 못하면 백번 싸워서 백번 진다'고 하였다. 이른바 나를 알고 적을 안다는 것은 적과 나의 장단점을 비교해 헤아린다는 뜻이다."라고 말했다.

일본 수군의 강점은 우리에게 없는 조총을 가지고 있었고, 칼싸움에 능했으며, 백병전에 강하였다. 조총 및 사무라이 칼을 이용한 등선(登船) 육박전인 근접용병전술이 천하제일의 수준이었다.

이에 이순신은 기존의 단병전으로는 왜군과 싸워 이기기 어렵다는 사실을 간파하고 왜군 조총(鳥銃)의 유효사거리인 30미터 밖의 원거리에서 함포를 사격해 적선을 격파하는 원거리포격전을 만들어냈고, 적의 등선 육박전에 강한 일본 수군을 무력화시키기 위해 거북선을 임진왜란 하루 전날 진수했다. 학익진법으로 거북선을 앞세워 화포사격으로 적을 물리치는 전술을 채택했다.

이순신장군의 승리요인은 함정의 전투능력과 함선의 무기사격능력에 있었다. 먼저, 함정의 전투능력을 보면, 일본 수군의 주력선인

안택선(길이 30미터, 2층 구조, 300여명 승선)과 조선수군의 주력선인 판옥선(길이 30미터, 2층 구조, 300여명 승선)은 외형은 비슷했으나 전투능력은 판옥선이 압도적으로 우세했다. 배를 만드는 방식이 배의 성능과 견고성을 결정짓는다. 판옥선은 밑이 평평하고, 안택선은 앞이 뾰족하다. 회전력은 판옥선이 뛰어났다. 판옥선은 소나무로 만들었고 못은 참나무 못을 이용해 전함을 건조했고, 일본함정은 삼나무에 쇠못을 사용함으로써 쇠못이 녹이 슬고 빠지는 약점이 있었다. 조선의 함정은 일본함정에 비해 매우 견고했다. 이것이 조선수군과 왜 수군과의 전력의 차이를 만들어 냈고, 해전 승리요인으로 작용했다.

조선 수군의 가장 큰 특징은 함포에 있었다. 배에 함포를 장착하고 다니면서 사격했다. 대표적인 조선의 함포는 천자총통(길이 130cm, 구경 15cm, 사거리 400m)이었고, 이순신 함대 250여척의 배에 장착했다. 판옥선은 견고해서 사방에 많은 포를 배치할 수 있었다. 함포 수와 함포의 파괴력 측면에서 왜군 전함을 압도했다. 조선 전함 1척당 함포 수(數)는 16문, 판옥선은 12문이었다. 반면 일본 수군은 등선육박전을 기본 전술로 채택했기 때문에 전함에 함포를 탑재하지 않았다. 다만 왜장이 탄 배에만 직경 3cm 내외의 1-2문의 소형함포를 탑재했다. 한산도 해전의 승패는 포격전에서 판가름 났다.

다섯, 한번 승리했던 방식으로 전투하지 않았다(戰勝不復)

연전연승의 비결은 전승불복에 있었다. 이순신 장군은 항상 지난 전투승리방법을 반복하지 않고, 항상 새로운 상황에서 전투를 새롭게 구상하고 준비했다. 어떻게 살아남고 전투력을 보존하면서 승리할 수 있는가를 고민했고, 그 전략을 끊임없이 쏟아 냈기에 가능했다.

매 해전마다 아군의 상황, 적군의 상황, 지형과 조류를 집중 분석하여 계획을 수립하고 훈련시킨 후 전투에 임하였다.

이순신의 탁월한 리더십은 따뜻한 인간미와 원활한 소통으로 장졸과 백성들의 마음을 하나로 모아 모든 해전에서 승리를 이끌어 냈었다. 또한 그의 뛰어난 용병술의 핵심은 자보전승(自保全勝)을 위해 제승전략(制勝戰略)과 불패전략(不敗戰略)에 있었다.

2. 춘천전투, 김종오 6사단장의 유비무환 리더십

춘천지구전투는 낙동강지구전투, 인천상륙작전과 함께 6.25전쟁의 승패를 가름한 3대 전승으로 평가받고 있다. 그 이유는 서울을 빼앗긴 국군의 주력부대가 수원 이남에서 적에게 포위 섬멸되는 것을 막는 결정적인 역할을 했기 때문이다.

소련이 공개한 자료에 의하면, 1940년대 말부터 1950년대 초에 소련이 북한에 제공한 무기는 같은 기간 중공군에 지원한 무기보다 더 많았다고 한다. 스탈린(Stalin)이 한반도 전체를 장악하기 위해 얼마나 많은 공을 들였는가를 보여주는 대목이다. 북한은 6.25전쟁이 발발하기 6개월 전부터 38선 주변 북한 주민들에게 철수 명령을 내리고 크고 작은 도발을 끊임없이 자행하며 위협했다. 그러나 무슨 이유인지 국군(國軍) 수뇌부는 '북한의 도발 위협'을 심각하게 받아들이지 않았다. 반면에 전선의 일부 지휘관과 장병들은 미비한 장비와 열악한 환경 속에서도 실전적 훈련과 확고한 정신무장으로 북한의 도발에 대비하고 있었다. 그 대표적인 사례가 김종오 대령이 지휘한 제6사단이었다. 그 결과 제6사단은 6.25전쟁이 발발하자 북한군의 기습남침에 맞서 싸워 첫 승리를 거뒀는데, 그것이 '춘천지구전투'였다.

정세 오판의 대가는 참혹하다

우리는 역사에서 정세를 오판하고, 유비무환의 중요성을 제대로 인식하지 못하여 혹독한 대가를 치른 사례가 많은데, 두 가지만 이야기하고자 한다.

먼저 율곡 이이(李珥)는 1582년(선조15년) 12월 병조판서에 임명되자 선조에게 "미리 10만의 군사를 길러서 도성에 2만, 각 도(道)에 1만을 두되, 변란이 있을 경우에는 10만 명을 합쳐 위급한 때의 방비를 삼으소서."라고 건의 했다. 그러나 당시 붕당(朋黨)에 휩싸인 조정에서는 반대했다. 특히 류성룡은 "평화시에 군사를 양성하는 것은 호랑이를 길러 우환을 남기는 것과 같다."라고 반대하고 나섰다. 이렇게 해서 율곡의 10만 양병 건의는 실현되지 못하였고, 조선은 거의 무방비 상태에서 임진왜란을 맞게 되었고, 조선의 백성들은 커다란 고통을 받았다. 류성룡은 임진왜란이 끝난 후 자신이 쓴 '징비록(懲毖錄)'에서 "율곡은 참으로 성인(聖人)이다. 만일 그의 말을 시행하였다면 나라일이 어찌 이 지경에 이르랴! 지금은 그의 말이 모두 척척 들어맞는다."라고 진술하면서 율곡의 정확한 예언을 듣지 않았던 것을 크게 후회하였다.

다음은 6.25발발 당시 채병덕(蔡秉德) 육군총참모장과 이형근 제8사단장 이야기다. '6월 위기설'에 관한 구체적인 정보보고가 채병덕 총참모장에 의해 번번이 묵살되자, 제8사단장 이형근 준장(후에 초대 합참의장과 육군 참모총장)은 몹시 분개했다. 더는 참을 수 없다고 생각한 그는 사표를 제출했다(사표는 수리 안 됨). 당시 채병덕 육군총참모장은 "별일 없을 것"이라고 했다. 그런 이후 이형근은 6월 10일 단행된 군 인사에서 대전에 있는 제2사단장으로 전출 명령을 받았다. 그러다가 6월 25일 새벽 전면 남침을 당하자 채병덕 총참모장은 크게 놀라며 허둥대기 시작했고, 전 국토는 유린당하고 많은 피해를 입었다. 유비무환의 정신으로 사전 준비를 철저히 하는 것이 얼마나 중요한 지를 보여준다. 역사상 그러한 인물들이 많았는데, 특히 6.25전쟁 때 김종오 제6사단장은 더욱 주목된다. 그는 개전 초기에 춘천을 3일간 지켜냄으로써 오늘의 대한민국을 존재케 하는데 크게 기여했다. 한 사람의 탁월한 유비무환의 리더십이 국가를 구(求)한다는 사실을 지나간 역사는 우리에게 명심하라고 지금도 가르쳐 주고 있다.

춘천지구 전투 경과 및 결과

춘천지구 전투는 국군 6사단과 북한군 2군단 예하 적2사단, 12사단 간 전투였다.

6.25전쟁 당시 북한군의 기본전략은 '고도의 기동력과 집중된 공격'으로 국군을 최단시간 내에 격멸한다는 단기 속결전이었다. 이를 위해 개전 3일내에 서울 부근의 국군 주력부대를 포위 섬멸하는 것이 무엇보다 중요했다. 북한군 2군단은 춘천과 홍천을 점령한 후 서울 동남쪽과 수원방향으로 우회 기동해 국군을 포위할 계획이었다. 이에 대해 국군 6사단은 적목리로부터 진흑동까지 84km의 광정면을 방어하기 위해 좌측에 7연대를 춘천북방에, 우측에 2연대를 홍천·현리 북방에, 19연대를 예비로 원주에 배치했다. 당시 제6사단의 2연대는 6월 20일 사단에 배속되어 가까스로 이곳에서 8연대와 진지교대를 마쳤으며, 예비대인 19연대도 5월 1일에 배속되어 제대로 된 전투태세를 갖추지 못한 상황이었다. 적2사단은 춘천을 점령한 후 양평-수원방향으로 공격하여 서울지역 국군 퇴로 및 증원을 차단할 목

적이었다. 적12사단은 홍천을 점령하여 국군 7연대의 퇴로를 차단하고 원주에서 증원된 19연대를 격파할 목적으로 공격하였다. 그러나 적2사단은 춘천에서 공격이 부진하여 돈좌되었다. 이에 북한군 2군단장 김광협은 적12사단의 1개 연대를 제외한 주력을 춘천의 동측방 공격에 투입하였다. 적2사단의 서울 동남방의 진출이 지연될 경우 북한군의 전반적인 작전계획에 차질이 생길 것을 우려한 적 2군단장의 조치였으나, 6사단의 철저한 방어와 강력한 공세 때문에 춘천 조기 점령에 실패했다.

춘천지구 전투를 승리로 이끈 결정적인 주역의 하나는 김성 소령이 지휘하는 제16포병대대와 김용배(육사 5기) 소령이 지휘하는 제7연대 1대대이다. 6월 25일 38도선 경계부대가 북한군의 기습 공격을 받고 철수하여 신속히 소양강 선상의 준비된 진지에 투입하였다. 이 때 국군을 얕잡아 보고 옥산포 및 우두산 일대까지 공격해오는 북한군을 맹렬한 보병·포병 협동 공격으로 격퇴시켰다. 이 때 적2사단은 40%의 병력손실로 결정적인 피해를 입었다. 이렇게 승리를 거두게 된 배경에는 적의 포탄이 날아오는 가운데서도 16포병대대는 춘천시민의 자발적인 도움으로 소양강 이북에 보관 중이던 5,000여발의 포탄을 소양강 이남으로 옮겨 전투기간 내내 부족함이 없이 포병화력을 지원할 수 있었다.

춘천지구 방어전투결과 적 사상자 6,792명, 포로 122명, SU-76자주포 18문, 장갑차 2대, 모터싸이클 3대, 박격포 8문, 중기관총 15정 등의 전과를 올렸다. 적2사단과 12사단은 심대한 병력과 장비 피해를 입고 춘천 점령에 실패했다. 이에 화가 난 김일성은 춘천전투의 패전의 책임을 물어 7월초에 적2사단장과 적12사단장 그리고 적2군단장을 교체하였다. 이로써 개전이후 3일간이나 춘천을 확보하여 선전했던 국군 6사단은 홍천, 횡성, 원주, 제천을 거쳐 7월1일 충주로 철수하였다. 북한군을 저지한 3일간의 전투는 한강방어선 구축과 유엔군 참전을 위한 시간을 확보한 구국의 전투였고, 국군이 거둔 첫 승전일 뿐만 아니라, 북한군의 수도권 외곽 포위기도를 완전히 분쇄함으로써 국군이 반격의 발판을 마련한 중요한 승리였다. 그 승리에는 유비무환의 리더십을 펼친 김종오 6사단장의 역할을 빼놓고 말할 수 없다.

김종오 6사단장의 유비무환 리더십

김종오(1921-1966)장군은 충북 청원 출신으로 일본의 중앙대학을 다니다 소집된 학병출신이었다. 1950년 6월 25일 북한군이 기습남침을 개시했을 때 38선에 배치된 4개 사단 중 김종오의 6사단만이 적의 진출을 지연시킬 수 있었다. 이는 김종오 사단장이 위기의식을 갖고 철저한 전투준비와 전투수행능력을 갖추는데 최선을 다한 탁월한 리더십의 결과였다. 이렇게 승리를 견인한 요인은 무엇이었는지 살펴본다.

먼저, 전투의지 고양을 통한 강인한 정신력 강화에 지휘역량을 집중시킨 점이다. 춘천·홍천전투가 성공할 수 있었던 요인은 무엇보다도 춘천을 사수하겠다는 강인한 정신력으로 무장된 정신자세였다. 이러한 정신력은 적에 대한 적극적인 공세행동을 가능하게 하여 국군의 전투력을 과소평가하고 있던 북한군에게 엄청난 물리적, 심리적 타격을 가했다.

다음은 적극적인 정보활동이었다. 정보 없는 작전은 상상할 수 없다. 불확실한 전장 속에서 정보 수집활동을 통한 적의 기도를 정확히 판단하고 지형의 조건을 잘 활용하였고, 적의 취약점을 파악하고 공격하였다.

세 번째는 간부교육을 선행한 철저한 교육훈련이었다. 사단장이 간부교육의 중요성을 인식하여 중·소대장급 초급지휘관(자)들은 보병학교 초등군사반 교육을, 대대장들은 고등군사반 과정을 이수하도록 하였다. 이 결과 각급제대의 지휘관(자)들은 각급 제대별로 판단한 적정과 상황을 토대로 타이밍(Timing)을 놓치지 않고 적극적인 공세행동을 실시하는 등 실전에서 그 능력을 발휘함으로써 작전 초기부터 주도권을 장악할 수 있었다. 병사들은 교육훈련이 너무 가혹하다는 불평을 할 정도였지만, 결과적으로 그들의 귀중한 생명을 보존하고 전투에서 승리할 수 있었다. 모든 부대가 대대급 훈련을 마친 상태여서 높은 전투력을 유지할 수 있었다.

네 번째는 6.25전쟁 초기 병력과 장비의 열세, 특히 전차와 자주포 등은 병사들에게 공포와 심리적 불안감을 주었다. 이러한 상황에서 가장 우려되는 것은 전장공포로 인한 사기저하와 전장 이탈현상이었다. 그러나 6사단은 소부대전술훈련 강화로 병사들을 심리적으로 안심시켰고, 근접전투에서도 승리할 수 있었다.

다섯째, 포병화력의 집중운용과 작전의 융통성을 발휘하였다. 사단장 주도하에 적의 약점을 공략하기 위하여 적의 주력이 지향된 곳에 예비대와 포병을 집중 운용하는 등, 예하 부대 간의 협조 등이 잘 이루어졌다. 특히 제 16포병대대는 6월 27일 북한군 2개 사단이 춘천을 점령하기 위한 총공세시 북한군 2사단에 무려 40%에 달하는 손실을 입혔다.

마지막으로 공비소탕 경험과 외출, 외박 통제가 주효했다. 당시 6사단은 38선 부근에서 잦은 충돌로 인한 전투와 후방지역에서의 공비토벌작전 등으로 실전 경험이 도움이 되었다. 또한 전 육군이 장병의 50%를 외출, 외박을 허용할 때, 6사단은 외출, 외박을 통제하고 전투준비에 몰두한 점 등이다.

철저하게 준비하는 자만이 승리한다

춘천지구전투는 '위기의식을 갖고 준비하는 자만이 승리를 쟁취할 수 있다'는 '유비무환(有備無患)'의 중요성을 철저하게 '일깨워 준 전쟁'이었다. 장차 일어날지 모르는 한반도에서의 전쟁은 정치심리전, 사이버전, 기만전, 전자전, 비정규전, 전면전 등 도발 가능한 전쟁양상별 시나리오를 준비하고, 그에 따른 계획을 수립하고 훈련해야 한다. '군은 오늘이라도 전쟁이 터질 수 있다'는 각오 아래 완벽한 전투준비태세를 갖추기를 모든 국민들이 기대한다. 이러한 것들이 춘천지구전투의 교훈을 기억하는 이유이며 우리가 해야 할 일이다.

3. 워커장군과 백선엽장군의 리더십
 (Stand or Die !/내가 물러서면 나를 쏴라!)

6.25전쟁 70주년을 맞이하면서 국가의 운명이 풍전등화의 위기에 처했을 때 하나뿐인 목숨을 초개와 같이 버리면서 나라를 구하기 위해 위국헌신한 분들의 모습이 떠올라 가슴이 뜨거워짐을 느낀다. 오늘의 대한민국이 있게 한 6.25전쟁의 한 장면 '낙동강방어선전투'에서 목숨을 바쳐 얻은 자유와 평화를 생각 한다. 6.25전쟁은 젊은 세대에게는 '잘 모르는 전쟁'이고, 노년들에게는 '잊혀져가는 전쟁'이다. 그러나 지금도 '끝나지 않은 전쟁'이다.

낙동강방어선 전투

반격의 발판을 마련한 낙동강방어선 전투는 1950년 8월1일부터 9월 14일까지 45일간 벌어졌다. 서울 함락이후 아군의 방어전은 기본적으로 '공간을 내주고 시간을 버는 지연작전'이었다. 하지만 8월이 되면서 '더 이상 내줄 공간이 없는 상황'이 돼버렸다. 방어선 중에서 어느 한 곳이라도 뚫리면 그것은 곧 '대한민국의 멸망'이었다. 워커(Walton H. Walker) 미 8군사령관이 낙동강을 최후의 방어선으로 선정하게 되는 시기는 대전 북쪽의 금강-소백산맥 방어선이 돌파된 직후인 7월 17일경이었다. 낙동강방어선으로 결정하게 된 요소로 국군과 미군 및 미국 본토 증원부대 상황, 유엔 해·공군 지원능력, 북한군의 전력, 지리적 조건, 부산항의 양륙(揚陸) 능력 등에 관한 각종자료를 다각적으로 분석한 후 낙동강방어선을 최후의 저지선으로 선정하고, 이 선에서 적의 진출을 저지한 다음 총반격을 실시한다는 계획을 수립하였다.

이에 대해, 워커 미8군사령관은 최초방어선을 마산-왜관-영덕에 이르는 약 240km 구간을 선정했다. 그러나 낙동강이라는 천연장애물의 유리한 점, 방어선에 배치할 병력절약을 통한 예비대 확보, 발달된 도로망을 이용한 내선작전의 이점을 활용하기 위해, 8월 11일 마산-왜관-포항을 잇는 180km로 전선을 축소 조정했다. 왜관을 축으로 동쪽으로 포항까지 Y선, 남쪽으로 함안까지 X선을 설정했다. 더 이상 물러설 수 없는 마지막 방어선이었다. 김일성은 7월 20일 충북 수안보에서 "8월 15일까지 부산을 점령해 통일전쟁을 끝내라."고 지시했다. 이에 따라 북한군은 10여개 사단, 14만 여명의 병력을 동원해, 8월과 9월 두 차례의 총공세를 가해왔다. 8월에는 왜관-다부동-대구 방면에 주공을 지향했으나, 아군의 완강한 저항으로 돌파에 실패하자, 9월에는 모든 방면에서 돌파를 시도해 아군은 한때 영산, 다부동, 영천, 포항을 동시에 돌파 당하는 백척간두의 위기를 맞기도 했다. 낙동강 전투의 마지막 분수령은 영천이었다. 적 15사단이 9월 6일 영천읍을 점령하면서 방어선이 연쇄 붕괴될 위험에 처했다. 이에 반격작전으로 전환한 국군 2군단은 8일 영천읍을 탈환한데 이어 9일부터 총 7개 연대의 병력을 동원해 대대적인 반격을 감행, 9월 12일에는 최초의 방어선을 회복했다. 영천전투의 승리로 안정시킨 아군은 9월 15일 인천상륙작전을 감행할 수 있었다. 낙동강전투는 마산과 영산 돌출부전투는 미군들이 주로 수행하였고, 영천, 안강, 기계, 포항전투는 국군이 주도한 전투이며, 다부동전투는 국군과 미군이 함께 싸운 전투다.

낙동강전투에는 대한민국을 지킨 두 명의 위대한 영웅이 있었으니, 바로 워커장군과 백선엽장군이었다.

"Stand or Die !"(지키느냐, 죽느냐)

월튼 워커장군은 1889년 미국 텍사스에서 출생하였고, 1912년 미국 웨스트포인트를 졸업하였으며, 제1차 세계대전 참전 및 제2차 세계대전 당시 조지 패튼장군 휘하 기갑사단장으로 참전한 역전의 노장이다. 그의 특이한 용모와 강한 책임감과 강렬한 전투의지 때문에 '불독워커'라는 별명으로 불리기도 했다. 그는 1950년 7월 13일 미8군 초대 사령관으로 부임했고, 1950년 12월 23일 현 도봉구에서 교통사고로 순직하였다.

낙동강방어 작전시 워커장군에 부여된 임무는 '부산교두보를 확보하고, 당시 극비리에 추진 중이던 인천상륙작전에 호응하여 즉시 공세작전으로 전환할 수 있도록 준비하는 것'이었다. 미8군사령관 워커 중장은 1950년 8월 1일 '워커라인'이라는 낙동강방어선을 설치했다. 대구의 관문인 왜관과 다부동에서 '전쟁의 명운'을 건 결전이 준비되고 있었다. 미8군사령관 월튼 워커장군은 낙동강전투가 시작되기 직전인 1950년 7월 29일 모두가 승리에 대한 자신감을 잃어가고 있을 때, 미 25사단을 방문한 자리에서 "더 이상의 후퇴는 없다"고 못 박으면서 "Stand or Die!"라며 비장한 명령을 내리고 낙동강전선을 죽음으로 지키겠다는 강한 의지를 보여줬다. 미국 언론들조차 워커장군의 지휘방식이 지나치게 가혹하다고 비난할 정도였으나, 장군은 단호한 태도로 방어전을 지휘해 마침내 낙동강을 사수할 수 있었다.

워커장군이 지휘한 낙동강방어 작전의 성공요인은 다음과 같다. 첫째, 공중우세권 및 제해권 장악이었다. 이로 인해 적 병력집결이 불가했고, 북괴 전차를 무력화했으며, 기동력을 분산시킬 수 있었다. 둘째는 병력 및 물자의 신속한 증원이었다. 군수품의 국내 사전 비축을 위해 긴급물자는 공중수송으로, 기타물자는 해상수송을 시행하였다. 셋째, 교두보의 치안확보에 주력했다. 특히 전투경찰대 활용을 극대화하였다. 북한군 제2전선부대의 유격활동을 통제하기 위해 피난민 통제 및 구호, 교통통제 및 야간 통행금지 강화 등을 실시하여 내선 작전의 위험성을 극복하기 위해 주력하였다. 넷째, 내선의 잇점을 이용하여 기동예비대인 미 24사단, 1해병여단을 효과적으로 운용하였다. 다섯째, 워커장군의 탁월한 지휘통솔력이었다. 워커장군은 가장 위험한 전투현장을 직접 방문해 부하들에게 용맹하고 과감한 전투의지를 주입해 절체절명의 낙동강방어 작전에서 전세를 역전시켜 대한민국을 구출한 주인공이 되었다.

"내가 물러서면 나를 쏴라!"

백선엽장군은 1920년 평남 강서에서 태어나 일제시대 때 평양사범학교와 만주 봉천군관학교를 나와 만주군 육군중위로 복무했다. 대한민국 정부수립 후에는 군사영어학교를 수료했다. 6.25전쟁시 낙동강방어선에서 다부동을 사수하여 백척간두의 위기에서 나라를 구했고, '6.25 전쟁 영웅'으로 떠올랐다.

김일성은 개전 초반의 승세에도 불구하고 국군의 지연전, 미군의 참전 등으로 조바심을 보이며 8월 국군과 유엔군을 대상으로 총공세를 폈다. 미 8군은 왜관 좌측에 미1기병사단, 우측에 국군1사단, 그 우측에 6사단이 배치됐다. 1사단은 15연대를 좌익, 12연대를 중앙, 11연대를 우익에 배치했다. 방어정면은 21km 이었다. 사단의 예비 병력을 별도로 두지 않고 모두 전선에 배치했다. 1사단은 1950년 8월 18일 밤부터 23일까지 북한군과 7차례나 교전하였다.

1950년 8월, 나라의 운명이 낙동강전선에 달려있었고, 전선(戰線)의 붕괴는 '대한민국의 붕괴'를 의미했다. 백선엽장군은 다부동 고개에서 굶주리고 지친병사들이 공포에 질려 집단으로 퇴각하자, 맨 앞에 나서 "내가 물러서면 나를 쏴라"며 전투를 독려했다. 이에 힘을 낸 병사들이 고지를 지켜냈다. 다부동전투 내용은 미(美)군사학교 교재와 전사(戰史)에 실려 있다.

다부동 전투 중 수행했던 주요전투 내용을 살펴본다. 먼저, 1950년 8월 12일 다부동전투를 앞두고 낙동강방어선 X선(왜관-남지-마산)과 Y선(왜관-다부동-영천-기계-포항)이 만나는 왜관 협조점에서 국군 1사단과 미군 1기병사단은 각각 1개 소대병력을 교차 파견 배치해서 한·미군간 긴밀히 협조하였다. 8월 13일에는 미군으로부터 3.5인치 로켓포 5문을 지원받아 12, 15연대에 각각 2문, 11연대에 1문을 분배하고 배치했다. 1사단은 새로 보급 받은 3.5인치 로켓포로 적 전차 10대를 파괴했다. 국군은 적 전차를 파괴할 수 있는 무기를 갖지 못했으나 그때 당시 보급 받은 3.5인치 로켓포는 적 전차를 파괴할 수 있었다.

  8월16일 11시 58분, 오키나와에서 발진한 B-29 폭격기 5개 편대 98대가 26분간, 900톤의 폭탄을 낙동강 대안의 북한군의 병력 및 군수물자 집적소인 구미의 남쪽 칠곡군 약목일대(가로 5.6km, 세로 12km의 직사각형)에 융단폭격을 실시했다. 미국 공군의 대규모 융단 폭격은 북한군의 싸우려는 전투심리와 전투의지를 꺾어 놓았다. 그러나 북한군은 다부동 지역에 마지막 몸부림으로 최대 공세를 멈추지 않았다. 이에 미 8군은 미 제27연대와 미 23연대를 투입시켜 다부동 방어에 나섰고, 이때 미군과 북한군 사이에 전차전이 벌어졌다. 6.25전쟁의 최초의 전차전이었다. 결과는 북한군이 완패했고, 북한군은 그때서야 공격기세가 한풀 꺾이게 되었다. 또한 적이 가산산성에서 산등성이를 타고 야간에 백선엽 1사단장을 생포하기 위해 야간에 사단사령부를 기습했다. 현상금도 걸렸다. 북한 돈 10만원이었다. 당시 북한 돈 100원으로 소 한 마리를 살 수 있었다. 이때를 전후해 북한군 13사단 포병연대장 정봉욱 중좌가 투항했고, 뒤이어 사단 참모장 이학구 중좌도 투항했다. 북한군이 수뇌부부터 무너지고 있었다. 다부동 전투결과 1사단은 장교 56명을 포함해 2,300명의 전사자를 냈고, 미군도 1,282명의 전사자가 발생했다. 북한군은 5,690명이 사망한 것으로 파악됐다.

  이러한 다부동 전투의 승리는 백선엽 사단장의 탁월한 리더십의 결과였다. 이를 살펴보면, 첫째, 먼저 승리할 여건을 만든 후 전투를 수행하는 것이었다. 상황을 빨리 판단하고 확신이 서면 신속히 결행했다. 둘째, 사단장은 가장 위험한 지역에 위치하여 진두지휘했다. 특히 다부동 고개에서 사단장이 직접 진두지휘해서 이 지역을 사수했다. 셋째, 발생 가능한 우발상황을 상정하여 미리 예측하고 대비했다가 실제 상황에 부딪쳤을 때 그대로 실행했다. 넷째, 실전 위주의 간부들의 능력은 전쟁터에서 살아남고, 싸워 이기는 군인이 필요하다고 강조했다. 다섯째, 부하를 매우 아끼는 장군이었다. 백선엽장군은 지프를 타고 가다가도 고생하는 병사들을 보면 내려서 부하들을 격려하고 함께 담배를 피우는 등 부하를 매우 사랑하는 장군이었다.

위국헌신(爲國獻身)만이 나라를 지킬 수 있다

우리가 이만큼 살고 있는 건, 나라를 지키기 위해 목숨을 바친 영웅들의 덕분이다. 과거의 불행을 잊어버리면 그 불행은 또 다시 찾아온다. 낙동강전투의 승리는 대한민국을 국가 멸망의 위기에서 나라를 구한 구국의 전투였다. 낙동강방어선이 최후의 보루로 지탱할 수 있었던 것은 국군과 유엔군 그리고 경찰, 학도병, 소년병, 노무부대 등의 위국헌신 정신과 실천이 있었기 때문이다. 자라나는 세대에게는 우리가 어떻게 전쟁을 극복하였는지 제대로 가르쳐야 한다. 우리는 전쟁을 각오할 때 더 큰 전쟁을 막을 수 있다. 70년 전 전쟁을 겪으며 그 무엇보다 자유의 소중함을 체험했고 우리의 핵심가치로 자유가 떠오르게 되었다. 그 자유를 지키기 위해 목숨을 던졌던 것이다. 자유수호 전쟁은 지금도 계속되고 있다.

4. 지평리전투와 몽클라르 리더십
중장에서 중령으로 강등하여 참전한 몽클라르 대대장

얼마 전 '지평리 압승'으로 유명한 역사의 현장을 다녀왔다. 그곳에서 지평리전투 전적비와 기념관을 둘러보고, 6.25전쟁 당시 치열했던 지평리 분지를 바라보면서 그때 전투장면을 상상하며 머릿속에 그려봤다.

6.25 전쟁의 흐름을 바꾼 것은 인천상륙작전과 미군 제 2사단 제 23연대전투단에 배속된 프랑스군 대대가 주도한 지평리 전투였다. 압록강까지 북진했던 국군과 유엔군은 중공군의 개입으로 파죽지세로 밀리면서 한반도에서 유엔군의 철수까지 검토하게 되었다. 이 때 최초 전세를 역전시키는데 결정적 역할을 했던 것이 몽클라르가 지휘했던 프랑스 대대였다.

프랑스군 참전 배경

프랑스는 당시 유엔안보리 상임이사국이면서도 국내외 사정으로 기존부대의 파병이 어려워 현역과 예비역 중에서 지원자들로 편성된 보병 1개 대대를 파병했다. 현역과 예비역의 비율은 장교의 경우 5:5였고, 부사관은 7:3이었다. 그리고 병사들은 1:9였다. 이는 당시 프랑스 육군의 현역 부족 현상을 잘 나타내준다. 각 중대는 지원병들의 과거 경력과 출신을 고려해 편성했다.

그러한 프랑스대대는 전투경험이 풍부한 노련한 군인들로 구성되어 있었으며, 대부분 인원이 인도차이나 지역에서 실제 참전 경험이 풍부한 베테랑들이었다. 프랑스 대대는 단순히 국가적 이익의 차원을 넘어 똑같은 목표와 이상을 수호하기 위해 편성된 부대였다. 1·2차 세계대전의 역전의 용사이자 계급이 중장이었던 몽클라르 장군 스스로 중령으로 강등하여 대대장직을 맡게 되었다. 한편 프랑스 대대에는 한국군 1개 소대가 배속되었는데, 전쟁기간 중 프랑스와 한국의 장병들이 산과 들을 누비며 생사고락을 같이했다. 몽클라르는 한국군 병사 2명을 선발하여 프랑스 '쌍시르' 육군사관학교에 추천하여 입학시키고, 임관시켰다.

기적 같은 대승, 지평리전투

지평리 전투는 1951년 2월 13일부터 15일까지 경기도 양평군 지평리 일대에서 미국 제2보병사단 23연대전투단과 이에 배속된 프랑스 대대가 중공군 39군과 3일간 벌인 격전이다.

1950년 10월말 중공군이 개입함으로써 압록강 초산까지 올라간 국군과 유엔군이 중공군에 3개월간 정신없이 밀렸다. 중공군은 1951년 1월 당시 수원과 이천, 횡성을 점령하고 원주와 여주 부근까지 차지했다. 승승장구하던 중공군은 8개 연대 3만 명을 앞세워 지평리를 에워싸고 진격해오고 있었다. 지평리는 횡성과 여주에서 35Km, 원주와 이천에서 40Km 각각 떨어진 군사적 요충지였다.

한편 유엔군은 지평리를 에워싼 산들에 전초부대를 파견할 만큼 병력이 넉넉지 않았기 때문에, 23연대장 프리먼 대령은 마을 주위에 직사각형 모양으로 견고한 방어선을 구축했다. 그리하여 23연대 3개 대대와 용맹한 프랑스군 1개 대대 및 1개 레인저중대(Ranger Company) 그리고 이들을 지원하는 전차 14대, 중(重) 박격포 그리고 105밀리 곡사포 18문, 155밀리 곡사포 6문이 요소요소에 배치시켰다. 이른바 23연대전투단의 진용이 갖추어진 것이다. 지평리를 지키던 미군 23연대 3개 대대 5,500여명과 프랑스 1개 대대 500여명을 6Km에 걸친 방어선을 따라 2,000여개의 참호를 파고 중공군을 맞았다.

중공군들이 꽹과리치고 나팔과 피리소리와 함께 함성을 지르며 인해전술로 프랑스군 진지로 공격했을 때, 프랑스 대대는 먼저 휴대용 손 싸이렌을 요란하게 울리며 기선을 제압하고, 착검을 한 프랑스군들이 용맹스런 함성을 지르고, 수류탄을 던지며 중공군을 향해 돌진했다. 중공군이 항상 사용해왔던 인해전술이 먹혀들지 못하고 오히려 당황하기 시작했다. 병력은 불과 1개 대대에 불과했지만 중공군의 인해전술을 막아낼 수 있었다. 프랑스군은 외인부대 용사답게 '최후의 1인까지 싸우겠다.'는 결연한 의지로 싸워 승리했다.

이 전투에서 압도적인 승리를 할 수 있었던 것은 미군 포병화력의 최대 활용, 공중전력 지원, 기관총 사용의 극대화 그리고 야간전투에서 C47 항공기에 의한 조명탄 투하작전과 대대장 몽클라르의 리더십이 결정적인 역할을 했다. 특히 몽클라르의 부하를 지휘 통솔하는 리더십이 탁월한 결과였다. 그는 전장에서 싸워 이기는 방법을 알고 있었기 때문이다. 한편 프리먼 연대장 역시 전투 중 부상을 당하고서도 계속 싸우다가 전투 마지막 날 후송될 정도로 책임감이 강한 지휘관이었다. 이 전투는 프리먼 연대장과 몽클라르 대대장이 만든 합작품이었다.

중공군 3만 명 대 23연대전투단 6천여 명이 싸워 미군과 프랑스군은 52명 전사, 42명 실종, 259명 부상을 당했을 뿐이지만 중공군 5,000 여명이 전사하는 기적과 같은 대승을 거뒀다.

몽클라르의 리더십

몽클라르는 어떤 사람인가. 그는 1892년 헝가리에서 태어났다. 아버지는 헝가리 출신의 귀족이었고, 어머니는 프랑스인이었다. 그는 한국에 파병되기 전에 현역 육군 중장이었다.

몽클라르는 개명한 새 이름이었고 원래 이름은 마그랭 베르네르(Magrin Verneney)였다. 랄프 몽클라르(Ralph Moclar)는 1940년 레지스탕스 활동으로 인해 가족이나 친척이 나치로부터 박해 받는 것을 피하기 위해서 새로운 이름으로 개명한 것이다.

당시 국방부차관은 "미군은 대대장이 중령인데 어떻게 중장이 가느냐?"고 묻자, 몽클라르는 "그러면 중령 계급장을 달고 가겠다."고 하였다. 계급에 죽고 계급에 사는 군인으로서는 상상하기 어려운 일이다. 세계전사에 유례가 없는 사례다. 몽클라르 장군은 '계급에 죽고 계급에 사는 군인이 아니라 전쟁에 죽고 전쟁에 사는 군인'이었고, '계급보다 더 중요했던 자유에 대한 신념'이 강한 장군이었다. 기적과 같은 승리를 이끌어낸 몽클라르의 리더십은 어떤 특징이 있는가? 그는 고결한 군인정신을 심어 주었다. '자신의 부하들을 위해 희생할 것, 병사 각각에 주의를 기울일 것, 부정한 행위들을 묵과하지 말 것, 자신의 고통을 무시할 것, 무슨 일이 있더라도 자신을 극복하기위해 노력할 것' 등의 교훈을 그의 소년병 시절부터 얻게 되었던 것이다.

몽클라르는 '자유를 위해 싸우자'는 뚜렷한 전쟁목표를 제시하는 등, 정신력을 중시했다. 아울러 장병들에게 "자신의 틀에서 벗어나 활기있고, 열정적이며, 활동적인 인간이 되어야 전쟁에서 승리할 수 있다."고 말했다. 그는 외인부대의 덕목인 용맹을 강조했고, 부하들의 정당한 불평에 귀를 기울였고, 그렇게 함으로써 부대원간의 단결을 이끌어 낼 수 있었다. 부하들이 고칠 수 있는 실수에 대해서는 관용과 이해로 대했다. 그는 항상 병사들과 같이 숙식을 하고 진지의 참호 속 병사들을 일일이 찾아보았으며, 각자의 이름을 부르고 격려하면서 열심히 싸우기를 독려하고 이곳저곳 전투 장소를 누비고 다녔다. 이러한 것들이 몽클라르를 믿고 따르게 했고, 치열한 전투에서 승리할 수 있게 만들었다. 이 같은 놀라운 승리는 바로 몽클라르의 참된 군인정신과 탁월한 리더십의 결과였다.

희생과 자유와 평화의 가치

오늘날 우리들은 이 나라가 어떻게 지켜졌는지, 이 나라를 지키기 위해서 미국이나 영국, 프랑스, 터키, 심지어 에티오피아, 콜롬비아까지 와서 우리를 위해 싸워줬다는 사실을 잘 모르고 고마움을 모르는 것 같다. 미군과 프랑스군은 혹독한 추위, 전술적으로 불리한 지형여건 속에서도 수많은 희생을 감수하면서 한국을 위해 싸우고 또 싸웠다. 국내외적으로 어려운 상황에도 불구하고 한국 전선에서 잘 싸워준 몽클라르의 프랑스군에 한 없이 고맙다. 우리는 몽클라르장군에 대해 고마운 마음을 결코 잊어서는 안된다. 한 나라의 자유와 평화는 공짜로 거저 얻어지는 것은 결코 없다. 자기 나라를 스스로 지킬 의지와 힘이 있을 때만이 가능하다.

5. 베트남전의 영웅, 채명신장군 리더십

채명신 장군은 전장에서 늘 장병들과 함께한 사령관이다, 그는 장군 묘역을 마다하고 사랑하던 파월 병사들 곁에 고이 잠들어 계신다. 채장군은 시대의 영웅으로, 시대의 거인으로, 시대의 참군인의 모습으로 우리에게 다가온다.

그러한 채명신 장군은 누구이고 어떤 사람인가, 그리고 우리가 그분으로부터 배우고 익혀야 할 정신은 무엇일까. 그에 대해 살펴보고자 한다.

채명신(蔡命新)(1926-2013)장군은 1926년 11월 27일 황해도 곡산에서 태어나 자유를 찾아 1947년에 월남하여 1949년 육사 5기로 임관했고, 1951년 1월 '백골병단(유격부대)'의 연대장으로 북한군 후방 지역에 침투하여 북한군 대남유격대 총사령관 중장 길원팔을 생포했다. 1965년 주월 한국군사령관에 임명되어 3년 8개월간 지휘했으며 1972년 육군중장으로 전역했다. 생전에 그는 태극무공훈장 1회, 을지무공훈장 4회, 충무무공훈장 6회, 화랑무공훈장 5회 등이 그의 용맹한 삶을 증명해준다.

저자는 채장군님을 직접 모시고 근무하지는 않았지만, 생도시절에 채명신 장군으로부터 전투경험담을 직접 들었고, 또한 전쟁기념사업회 회장 시절에 일반시민을 대상으로 한 특별강연에 모셔서 베트남전쟁에 관한 이야기를 들으면서 크게 감명 받고, 존경해왔다.

베트남전쟁에서 미군은 월남 정세판단을 잘못하여 실패했고, 주월한국군은 채명신 사령관이 게릴라전에 대한 본질을 꿰뚫어 보고, 뛰어난 한국군 특유의 군사전략으로 성공했다.

베트남전에서 우리가 흘린 피는 결코 헛되지 않았다. 한국군의 참전은 우리나라의 경제발전에 초석이 되었으며, 한국군의 우수성을 세계만방에 알렸고, 군 장비 현대화의 기틀을 마련했다. 또한 한국군 32만 여명의 전투경험을 갖게 된 매우 의미 있고 값진 참전이었다.

생전의 채 장군의 어록과 회고록 그리고 강연 시 들었던 내용을 종합하여, 우리가 배우고 익혀서 계승해야할 '채명신 정신'을 다음과 같이 정리해본다.

투철한 위국헌신의 정신과 애국심

채명신 장군은 오로지 위국헌신의 일념으로 국가와 군을 위해 일평생을 바친 시대의 거인이었다. 끝없는 부하사랑과 애국심 그리고 민심을 중시했고, 자유 수호정신과 부국강병의 길에 항상 앞장섰던 군인의 표상이자 참 군인이었고, 후배들의 롤 모델이었다. 자기희생과 헌신을 바탕으로 적을 두려워하지 않는 용기와 자신감을 가졌고 생각하는 전투전문가였다. 그리고 전투하기 전에 치밀한 계획과 완벽한 준비 그리고 철저한 훈련으로 필승의 군대를 만들어 6.25전쟁과 베트남전쟁에서 패배를 모르는 승리를 만들어 내는 무적의 군인이었다.

우리나라에는 말로만 애국하는 사람들이 많다. 당시 월남전에 참가한 장병들이 김치가 먹고 싶다고 하여 미군에 요청하였다. 한국에서 온 김치 캔(K-ration, 전투식량) 뚜껑을 개봉하자 새빨간 녹물이 나왔다. 기술이 없어서 녹이 슬었던 것이다. 채 사령관은 이 김치캔을 가지고 병사들에게 갔다. 처음에 환호했으나 김치캔을 열어본 병사들은 "사령관님, 이게 김치입니까?"하고 항의 했다. 그는 병사들을 향해서 말했다. "우리나라는 김치캔 하나 제대로 만드는 기술이 없어서 핏물 나오는 김치가 됐다. 이걸 안 먹겠다고 하면 맛있는 일본산 김치캔이 들어오고, 그 대금은 일본이 가져간다. 그래도 핏물 나는 김치를 안 먹을 것인가?" 그러자 장병들은 "핏물이라도 조국을 위해서 먹겠다."고 했다. 파월 장병이 정말 애국자였다. 그러고 나서 장병들도 울고 사령관도 울었다.

게릴라전의 명장

채장군은 6.25전쟁과 월남전을 치루면서 게릴라전의 명장이 됐다. 베트남전쟁에서 게릴라전의 본질을 꿰뚫어 보았고 한국적 전술인 '중대단위 전술기지'를 창안하여 베트남전에서 한국군 작전을 성공으로 이끌었다. 게릴라전의 본질인 '인민은 물이요, 게릴라는 물고기이다'에서 '물과 물고기를 분리하면 성공할 수 있고, 분리에 실패하면 백년이 가도 이길 수 없다.'고 판단하였고, 그래서 군사작전 30%, 대민지원 및 심리전에 70%의 비중을 두었다.

'백 명의 베트콩을 놓치는 한이 있어도 한 명의 양민을 보호한다'는 것을 기본 방침으로 정하고, '물과 물고기'를 분리하기 위해 '중대단위전술기지'를 운영하면서 야간 매복으로 야간작전의 주도권을 장악하고, 낮에는 마을에 내려가 대민지원과 심리전을 했다. 심리전은 '물질을 주는 것이 아니라 마음'을 주도록 강조했고, 마을에서는 연세가 많으신 어르신이나 촌장들에게 공손하게 예의를 갖추며 겸손하게 대하였고, 무릎을 꿇고 담뱃불을 붙여드리는 등 주민들의 마음을 얻는데 주력했다.

　베트콩들의 본거지인 빈딘성 퀴논 중부에 있는 평야지역인 고보이 지역은 베트콩들의 세금착취, 식량과 군사비 등을 조달하는 중요한 지역이었다. 한국군이 처음부터 전투를 잘하는 것은 아니었다. 한국군에게 피해를 주기 위한 베트콩들이 설치한 함정(깊이 2m, 2개의 철창에 소똥을 발라 파상풍유발, 독사를 넣어둠)으로 한국군은 작전에 막대한 지장을 받았다. 그래서 고민 끝에 월남인들은 한국 인삼을 좋아한다는 사실을 알고 함정작전에 도움을 주는 분에게 인삼을 주겠다고 약속하고 실행함으로써 함정 문제를 해결하였다. 이 지역의 주민들을 우리 편으로 끌어들이고 주민과 게릴라들을 분리시키는데 성공하였으며 베트콩점령지역을 한국군 통제지역으로 점차 평정해갔다. 이러한 고보이에서의 한국군의 전략은 뚜렷한 성과로 나타났고, 이 무렵 1966년 5월 29일자 '런던 타임즈' 기사에서 '미군이 한국군의 고보이 전략을 배웠거나 또는 한국군이 월남전을 전담했더라면 손쉽게 끝났을 것이다.'라는 극찬 기사로 한국군의 위상제고는 물론 신뢰가 매우 높아졌다. 또한 1966년 8월 '두코전투'에서 맹호기갑연대 1개 중대는 그들보다 6배나 많은 월맹군 2개 대대의 기습을 받았지만 대승을 거뒀다. 아군 7명이 전사했지만 월맹군 187명을 사살했다. 아울러 1967년 2월 '짜빈동전투'에서 해병 청룡부대 1개 중대로 적 1개 연대 공격을 막아내고 적 243명을 사살했다. 이러한 놀라운 전투결과는 당시 미국 언론은 '제2차 세계대전 이래 최고의 승전보'라고 했고, 전 세계 언론은 '보지 않고는 믿어지지 않는 월남전의 기적을 한국군이 만들어 냈다'고 했다. 그 후 미군들은 채명신 장군을 '군신(軍神)'이라 부르며, 한국군에 적극적인 협조와 지원을 아끼지 않았다.

탁월한 리더십

훌륭한 인성과 뛰어난 창의력으로 업무를 지도, 감독, 확인했다. 그는 "전장 터에서는 네가 살아야 내가 살고, 내가 살아야 너도 산다."는 전우애의 중요성을 강조하면서 부하 보기를 친자식처럼 대하였다. 또한 능력과 인격에 대한 높은 신뢰로 상하가 하나 되어, 싸우면 반드시 승리할 수밖에 없는 리더십의 진수(眞髓)를 보여 주었다. 소위로 임관 후 제주도 9연대 소대장으로 부임한 채명신을 경계하는 소대원들을 골육지정으로 대하여, 그의 통솔 철학이 된 '골육지정의 리더십'을 터득했고, 부하가 생명을 바쳐 상관을 위하게 만드는 건 '골육지정의 통솔'뿐임을 깨달았다. 그는 '전장에서 부하들의 피를 덜 흘리게 하기 위해서는 평시 철저한 교육훈련을 통해 강한 군인을 만들어야 하며, 전투를 할 때는 솔선해 먼저 뛰어들어야 한다.'고 역설했다. 6.25 전쟁 당시 백골병단을 이끌 때는 죽음을 두려워하지 않는 강력한 군인정신으로 '전장의 불사조'로 명성을 떨쳤다. 그는 우리에게 '자유수호를 위해 죽음을 두려워해서는 안 된다.'는 교훈을 남겼다. 그는 전투승리를 위해 사전에 철저한 준비와 훈련으로 필승의 군대를 만들었고 승리를 가져오게 하였다.

베트남전의 교훈

채명신 장군은 "월남은 국민의 존경을 받는 지도자가 없었고, 스스로 자기 나라를 지키고자 하는 의지가 국민이나 군인들에게 없었으며, 군은 군기가 문란하고 전투력이 없었다. 또한 정부나 군 고위층의 부패가 심각해서, 이런 나라는 외국에서 도와줘도 결코 적과 싸워 이길 수가 없다."고 강조했다. 특히 이러한 약점을 이용한 공산주의자들의 선전과 선동 그리고 심리전에 망할 수밖에 없었고, 그래서 월남은 지도에서 사라졌다. 그는 베트남전의 교훈을 말하면서 "한국이 월남과 같은 나라가 되지 않도록 해야 한다"고 강조했다. 베트남전의 교훈에서 배워 국민과 군인이 하나 되고, 전투의지가 확고할 때 싸워 이길 수 있다.

우리 모두는 이러한 채명신 장군의 정신을 가슴에 새기고 대한민국을 지켜 내는데 최선을 다해야 한다. 그래야 나라도 살고 나도 살아남는다.

수(數)많은 사선(死線)을 넘으셨던 '불사조(不死鳥)', '6.25전쟁과 베트남전의 전쟁영웅 채명신 장군'의 위국헌신과 리더십 이야기들을 우리나라의 젊은이들과 군 장병들이 배우고 익혀 대한민국의 자유와 평화를 지키는 디딤돌이 되어야 한다.

지금 우리가 누리고 있는 경제적 풍요와 자유는 거저 얻어진 게 아니라 베트남전쟁 당시 채명신 장군을 비롯한 주월 한국군 32만 여명의 장병들의 피와 땀과 눈물이 큰 자양분이 되었다. 이러한 베트남전쟁의 이야기들은 국민들의 머릿속에서 잊혀질 게 아니라 반드시 기억되어야 할 대한민국의 역사이다. 오늘의 대한민국의 위기를 극복하도록 모든 국민이 하나 되어 노력할 때에 우리의 미래는 희망이 있고 밝을 것이다.

에필로그

 심한 산고(産苦)를 겪고 옥동자를 탄생시킨 기분이다. 오랜 기간 평소에 메모하고 자료를 모으고 생각하여 정리하는 습관 덕분에 이 책이 나오게 되었다.
 이 책의 내용들은 전문 서적과 연구물, 각종 세미나 자료, 전문가와의 대화와 토론, 신문과 방송자료, 인터넷 자료, 최근에는 유튜브 자료 등에서 자료들을 모아서 정리하고 주제를 선정하였다.

 저자는 강원도 횡성에 위치한 '민족사관 고등학교'를 방문하여 다산 정약용선생과 충무공 이순신 장군의 정신을 이어받기 위해서 노력하는 모습을 볼 수 있었다. 특히 매주 월요일에 남녀 학생들이 한복을 입고 시행하는 '애국조회'를 통해 '애국심'을 고양시키는 모습에서 크게 감동을 받았다. 이스라엘의 '마사다 요새'를 방문하여 마지막 한 명까지 죽음으로써 조국을 지키려 했던 호국정신을 배웠다. 부산에서 배편으로 한 시간 거리인 대마도를 방문하여 일본인들이 러일전쟁에 대비하기위해 대마도를 남북으로 분단하는 운하를 만들었다. 분단된 남북을 연결하는 만관교라는 교량 위에서 만감이 교차했다. 왜 우리는 한국에서 훨씬 가까운 대마도를 방치했을까 하는 아쉬운 생각도 해봤다. 이승만 대통령이 독도를 우리 영토로 확정하면서 일본 정부에 대마도를 한국에 반환하라고 요청했다는 얘기도 떠올랐다.

  이러한 과정에서 많은 것을 보면서 배우고 느끼면서 많은 생각을 했었다. 이러한 것들의 결과물이 이 책이기도 하다.

  미국의 사상가 겸 시인인 랠프 왈도 에머슨(Ralph Waldo Emerson. 1803-1882)의 '무엇이 성공인가'라는 시(詩)에서 "…자기가 태어나기 전보다 세상을 조금이라도 살기 좋은 곳으로 만들어 놓고 떠나는 것, 자신이 한때 이곳에 살았음으로 해서 단 한 사람의 인생이라도 행복해지는 것, 이것이 진정한 성공이다."라고 하였다. 저자는 이러한 인생을 살기 위해 소명의식을 갖고 노력했고, 이 책을 정성을 다해 집필했다.

  '어리석은 자는 자기 스스로의 경험을 통해 배우나, 지혜로운 자는 남의 경험 속에서 더 많은 것을 배운다'는 말대로 미래를 준비하고 대비한다는 자세로 남의 경험을 배워 자기 것으로 만들어서 자기 자신을 지키고 소속된 조직을 지켜내야 한다.

  지혜는 자신과 타인의 경험, 그리고 과거의 역사 속에서 나온다. 자신의 경험은 제한적일 수밖에 없다. 자연히 세상을 살아가는 지혜는 타인의 경험과 사회의 역사 속에 쌓여있는 풍부한 지혜를 어떻게 활용하느냐이다. 이 책을 통해서 모든 사람이 지혜로운 삶을 살아가기를 바란다.

저자는 이 책의 내용이 많이 미흡하고 부족하다고 생각한다. 그러나 많은 사람들이 인생을 살아가는 데 도움이 되기를 바라는 마음이다.

모든 독자들이 어제에서 배우고(learn from yesterday), 오늘을 열심히 살아가며(live today to the full), 내일을 희망하는(hope for tomorrow) 삶이 되기를 간절히 바란다.

인 쇄	2024년 4월 15일
초 판 발 행	2024년 4월 15일
지 은 이	선영제
펴 낸 곳	도서출판 보림에스앤피
펴 낸 이	채연화
출 판 등 록	제 301-2009-113호
주 소	(우)04624 서울 중구 퇴계로 238 (충무로5가)
전 화	02-2263-4934~5
팩 스	02-2276-1641
전 자 우 편	wonil4934@hanmail.net
디자인·제작	(주)보림에스앤피
정 가	15,000원
I S B N	978-89-98252-80-9(03910)

이 책은 저작권법에 따라 보호를 받는 저작물이므로 무단 전재와 무단 복제를 금지하며,
이 책의 내용의 전부 또는 일부를 이용하려면 반드시 저작권자의 서면 동의를 받아야 합니다.